OS MUITOS NOMES DE SILVANA

Blucher

OS MUITOS NOMES DE SILVANA

Contribuições clínico-políticas da psicanálise sobre mulheres negras

Ana Paula Musatti-Braga

Os muitos nomes de Silvana: contribuições clínico-políticas da psicanálise sobre mulheres negras

Editora Edgard Blücher Ltda.

Série Psicanálise Contemporânea
Coordenador da série Flávio Ferraz
Publisher Edgard Blücher
Editor Eduardo Blücher
Coordenação editorial Jonatas Eliakim
Produção editorial Lidiane Pedroso Gonçalves
Preparação de texto Maurício Katayama
Diagramação Negrito Produção Editorial
Revisão de texto Ana Lúcia dos Santos
Capa Laércio Flenic
Imagem da capa iStockphoto

Blucher

Rua Pedroso Alvarenga, 1245, 4º andar
04531-934 – São Paulo – SP – Brasil
Tel.: 55 11 3078-5366
contato@blucher.com.br
www.blucher.com.br

Segundo o Novo Acordo Ortográfico, conforme 5. ed. do *Vocabulário Ortográfico da Língua Portuguesa*, Academia Brasileira de Letras, março de 2009.

Dados Internacionais de Catalogação na Publicação (CIP)
Angélica Ilacqua CRB-8/7057

Braga-Musatti, Ana Paula
Os muitos nomes de Silvana : contribuições clínico-políticas da psicanálise sobre mulheres negras / Ana Paula Musatti-Braga. – São Paulo: Blucher, 2021.
390 p. (Psicanálise Contemporânea / coord. de Flávio Carvalho Ferraz)

Bibliografia
ISBN 978-65-5506-208-3 (impresso)
ISBN 978-65-5506-206-9 (eletrônico)

1. Mulheres e psicanálise. 2. Negras. 3. Discriminação social. 4. Feminilidade. 5. Racismo. I. Título. II. Ferraz, Flávio Carvalho. III. Série

21-2063 CDD 616.8917

Índice para catálogo sistemático:
1. Psicanálise

Para Luis,
João, Francisco e Pedro

Temos que exigir da política o que podemos exigir do amor, que não seja uma experiência que dê a ilusão de preencher o vazio, senão que dê a possibilidade de afrontá-lo e suportá-lo da maneira mais digna possível.

Jorge Alemán

Conteúdo

Prefácio – Sobre mulheres negras: uma posição psicanalítica

Aviso aos leitores: atenção, este livro pode gerar incômodo!

Este livro, *Os muitos nomes de Silvana: contribuições clínico-políticas da psicanálise sobre mulheres negras*, apresenta uma tese, no sentido radical do termo: é uma tomada de posição da psicanalista e pesquisadora Ana Paula Musatti-Braga, nas perspectivas teórica, clínica, social e ética, sobre o que opera, silencia, angustia e transita no laço social quando se trata das relações raciais, particularmente com as mulheres negras.

Posição ancorada em extensa pesquisa bibliográfica e na escuta psicanalítica na escola, na casa, na rua, na cidade. Escutas realizadas na cidade de São Paulo, Brasil, mas as vozes que se pronunciaram atravessam lugares e tempos – atravessam os muros entre as classes sociais, entre negros e brancos, homens e mulheres; atravessam os muros da academia e do método – psicanálise, sociologia, história, geografia etc.; atravessam os países, as escolas, as casas, as cadeias; atravessam o tempo das gerações, da transmissão, o passado atualizado no presente, congelando o futuro; as fronteiras entre o subjetivo, o privado e o político, o individual e o social. Todo esse atravessamento opera-se de modo muito simples – acompanhando e registrando de modo implicado o dia a dia de Silvana, suas falas sobre as suas relações com os filhos, familiares, amigos, e seus encontros nas instituições, na cidade.

O livro incomoda porque elucida como opera, por meio dos muitos nomes de Silvana, no miúdo da vida, o racismo nosso de cada dia, de cada um, o chamado racismo estrutural. As cenas interpelam o leitor e permitem, dependendo do lugar social e da cor de quem lê, identificações e desidentificações, conceitos centrais do livro. As análises articulam clínica, teorias e história social.

Vale situar que o livro é fruto do doutorado de mesmo nome, realizado na Psicologia Clínica do Instituto de Psicologia da Universidade de São Paulo e finalizado em 2015. A proposta da tese iniciou-se em 2010, época em que pouco se falava da questão, especialmente na psicanálise ou mesmo na psicologia. Muito antes, Ana Paula construía conosco nosso laboratório de ideias, afetos e pesquisas, *Psicanálise, sociedade e política*. As questões da clínica, dos discursos e dos laços sociais estavam presentes nos debates, com ênfase nos impactos da desigualdade socioeconômica e na resistência dos analistas em escutar o sofrimento sociopolítico ou integrar na teoria os discursos sociais discriminatórios. Trabalhamos com os sujeitos submetidos ao que chamamos de desamparo discursivo e com o silenciamento produzido, dado o alarde discursivo dos campos sociais e jurídicos que buscam apagar a humanidade de pessoas a partir de desqualificações identitárias referidas a classe social, gênero, cor, e que determinam o lugar social de subalternidade, e justificam e naturalizam a sua marginalização.

Os aspectos raciais, no entanto, mesmo podendo ser escutados na clínica, chegaram paulatinamente, com expressiva contribuição do trabalho da Ana Paula Musatti-Braga. Como ela conta no livro, no início, o projeto de pesquisa não abrangia a *cor*; o tema era "Entre a mulher e a mãe: a sexualidade numa escola pública de São Paulo – um estudo psicanalítico". Ela relata:

> *Estava com a intenção de me aprofundar na bibliografia sobre o que seria* ser mulher, mãe e pobre *em São Paulo, a fim de buscar apreender o que estaria sendo afirmado e esperado com relação a essas mães na escola, para, assim, finalmente escutar por que tantos desconfiavam com tamanha intensidade do desejo destas mulheres, (des)qualificadas como* mães *e quando faltava esse significante, como* putas. (p. 337)

No entanto, continua a autora, a cor

> *tornou-se um dos* traços *fundamentais, um dos pilares. Acredito que situar quando a* cor *entrou para mim como algo a ser levado a sério pode ajudar a levar a sério um ponto que segue responsável por tanto sofrimento, silenciamento e desconhecimento: sabemos o quanto aquilo que não é escutado, insiste, encontrando caminhos cada vez mais precários ou dolorosos diante da surdez do outro, resultando em sofrimentos do corpo e da alma.* (p. 338)

A cor torna-se a marca do caso (Brémond, Dumézil, Gaugain, Tauber, Treton, & Ziri, 1992) de Silvana, caso clínico-político que, com seus muitos nomes, descortinou o atravessamento do racismo na realidade subjetiva, social e política. Musatti-Braga trouxe ao Laboratório, em mesas-redondas e seminários abertos a todos, autores negros e negras que se debruçavam também sobre o tema, atos que seriam óbvios, não fosse a estratégia de apagamento dessas produções, como ela discute em um dos capítulos.

O apagamento e desconsideração do racismo embrenhado nas relações sociais é uma das estratégias políticas para perpetuar a inscrição dos negros e negras na rede discursiva advinda do passado escravista, exigindo e naturalizando a submissão às relações sociais de exclusão e de exploração. Como diz Kabengele Munanga, que nos honrou com a sua presença na banca de defesa da tese que deu origem a este livro, o racismo brasileiro é o crime perfeito, negado por vários artifícios, como o discurso sobre democracia racial ou sobre a suposta miscigenação natural – crime perfeito, na medida em que costuma tomar a própria vítima dos atos racistas como responsáveis (Munanga, 2009, 2012).

O livro elucida e destrincha essas artimanhas, seus efeitos e as modalidades de resistência dos sujeitos. Ao mirar os holofotes para o que deveria ficar nas sombras, contribui tanto para as pessoas enredadas nesses processos como para denunciar e incitar mecanismos de rompimento com esse apagamento e segredo de polichinelo – o rei está nu, como todos já sabiam, mas precisa ser pronunciado em vários tempos e lugares, inclusive na academia, na universidade e na psicologia, lugares que também perpetuam o apagamento; porém, estando esses sujeitos advertidos, têm a chance de reconhecer a falácia do discurso que perpetua essas relações racistas.

Com esses devidos avisos, convido o leitor para navegar nesse campo infamiliar, estranho, (des)conhecido que Ana Paula Musatti-Braga nos possibilita trilhar. Ela inicia apresentando-nos seu percurso teórico-clínico-político, apresentando-nos Silvana, seus muitos nomes, "uma mulher entre muitas mulheres", "muitas histórias e uma só cor".

O capítulo "Sandra: sobre a invisibilização das mulheres negras brasileiras" aborda, sob a ótica da política e do desejo, o branqueamento como uma política de Estado que se autoriza por um suposto desejo de branquitude atribuído aos negros e negras. Indicando que não se trata de uma questão do passado ou situada nessa ou naquela política, o capítulo estende-se ao silenciamento e apagamento da produção intelectual dos autores e enfrenta o constrangedor silêncio dos psicanalistas sobre a negritude e a condição social. Mais além, demonstra os apagamentos das psicanalistas negras e o silenciamento de suas obras, mais especificamente das de Virgínia Bicudo, Neusa Souza e Lélia Gonzalez; e recupera e utiliza essas e outros autores para avançar na temática. Dessa época para cá, essas autoras, entre outros autores negros e negras, têm tido seus livros reeditados e suas ideias estudadas.

O tema do apagamento deliberado da história dos negros e negras do Brasil na história oficial, a queima de arquivos, a distorção da história pelo mito da harmonia racial e do sincretismo cultural reaparecem nas Considerações Finais. Neste capítulo, a autora enfatiza que essa versão oficial omite o que o livro demonstra: a prevalência da desigualdade social e racial. Com dados e depoimentos, aponta que, "no Brasil, a pobreza *tem cor*, como a têm as prisões e os homicídios". Destaca a atualidade do racismo, na medida em que a desigualdade racial não é somente o fruto do passado escravista, mas

> *de uma violência e desigualdade que continuam a realimentar-se seja nas oportunidades que se fazem em torno da vida – trabalho, escola, moradia, saúde –, seja nas decisões e condenações que se fazem em torno da morte – homicídios, encarceramento e lutos impedidos.*

Esse racismo emaranhado no laço social precisa ser analisado e articulado à outra ponta da relação social, à branquitude, traço também insidioso e invisibilizado que permeia a cena e as relações sociais. Como os outros capítulos, "Sônia: uma história escravizada e seus rastros" ressalta a potência dos negros e negras em resistir diante da insistência em dominá-los, em desumanizá-los, presente no cotidiano e nas histórias das pessoas - um pouco de alívio e torcida que incita o leitor como aliado na luta.

Apesar da criatividade e força na resistência, o capítulo "Suzana e o retorno das algemas" é particularmente difícil de ser atravessado, pois aborda os destinos dos filhos, dos jovens negros lançados ao encarceramento e à morte. Embora os dados sejam conhecidos – e ignorados quando não aprovados pela maioria –, é impactante quando os números se convertem em histórias de captura, de jovens sendo caçados pela criminalização da miséria e das saídas sociais, da cultura e dos movimentos sociais.

A dimensão da servidão associada ao sexismo nos soa estranhamente familiar quando Musatti-Braga descortina o passado nas figuras atuais. As figuras da santa-mãezinha e as atuais patroas, as escravas amas de leite e as babás, as mucamas e as empregadas domésticas e mulatas desvendam a trama social, a servidão e a exploração do trabalho somadas à exploração sexual, ao aspecto do racismo que considera o corpo da mulher negra disponível e exige sua servidão sexual. Nas palavras da autora no capítulo "Considerações Finais",

> *A herança do passado escravista, em nome de um país tão festivo e inclusivo, teria ficado omitida, obturada, principalmente no que se refere à servidão, relação compulsória que traz imiscuídos o sexo e o poder, entre mulheres negras e homens brancos. Essa nossa origem, que aponta, ao mesmo tempo, algo do prazer e da dominação, do erotismo e da violência na relação entre brancos e negros, por meio da mãe preta e da escrava amásia, não tendo sido lembrada o suficiente,*

> *admitida e reconhecida na sua complexidade, apareceria ainda presente em uma repetição e transmissão de alguns desses traços no nosso cotidiano.*

Ela acrescenta:

> *O que se transmitiria, no meu entender, seria essa suposta permissividade sobre o corpo dessas mulheres, um corpo que seria depositário dos desejos mais incontroláveis, uma tela sobre a qual se projetaria um gozo pleno e infinito, mas à custa de ser, esse corpo, domínio e propriedade de um outro.*

Diante desse cenário, a autora debate, a partir de Fanon (1952/2008), um contorno sexual no racismo – o sujeito branco, no seu encontro com o negro, vive algo insuportável, na medida em que o negro seria o *não-eu* do branco, e vice-versa. Nessa esteira seguem contribuições originais da autora a respeito do racismo, amparadas nos conceitos de estranho e êxtimo, vindos da psicanálise.

Com a transparência intelectual que lhe é própria, Ana Paula nos conta:

> *Vale alertar que, ao tomar essa dica de Fanon, minha via de entrada para a leitura da bibliografia que consultei se deu, a princípio, de um modo aparentemente invertido em relação à via de meus interlocutores. Uma vertente seria atentar para o que teria sido* introjetado, *internalizado pelos sujeitos negros a partir do que o imaginário social teria lhes atribuído, ou seja, tratar do que seria insuportável para os negros.*

Com a dica de Fanon, a autora passa a destacar outro aspecto relacionado à branquitude que sustenta o racismo – a *projeção nos negros e negras* do que seria insuportável *para os brancos*. Ela considera que

> *o insuportável para o branco e o insuportável para o negro estavam articulados e implicados como duas faces de uma mesma questão, da mesma forma que as articulações entre o* negro como não-eu do branco *e o* branco como não-eu do negro.

Desta feita, a análise acrescenta à hipótese de um suposto ideal de beleza e de valor na figura da mulher branca o seu avesso. O que é insuportável ao branco ou à branca ver no corpo da menina e da mulher negra é seu próprio gozo, desconhecido e desmedido – ela encarna o assustador do Outro sexo.

Desse ponto de inflexão, o livro passa a abordar as vicissitudes de tornar-se *uma* mulher negra, termo de Neusa Souza. Apoiado em Isildinha Nogueira, Neusa Souza e Tiago Reis, o livro permite descortinar o processo de tornar-se uma mulher para além dos marcadores sociais da cor e gênero para tomá-los como marcas, inscrições que remetem a uma origem, a uma história, a uma etnia, subvertendo-as e singularizando seu processo, apontando de que modo e sob que aspecto de seu desejo dará destino a essas marcas. Tal processo também é político e coletivo, pois promove modificações no imaginário social que precisam ser sustentadas em outros discursos sociais – daí a importância dos movimentos políticos, da universidade, entre outros, que podem barrar os interesses de manutenção de poder e privilégios.

Com essa apresentação, agora convido o leitor, devidamente advertido, a visitar o livro e as histórias nele presentes. Mais do que isso, convido para participar desse processo de, nas brechas já abertas por homens e mulheres negros, e com as elucidações das artimanhas político-ideológicas que mantêm um determinado jogo de poder, ser capaz de somar na construção de um comum.

Termino com a epígrafe do livro:

> *"Temos que exigir da política o que podemos exigir do amor, que não seja uma experiência que dê a ilusão de preencher o vazio, senão que dê a possibilidade de afrontá-lo e suportá-lo da maneira mais digna possível"* (Jorge Alemán)

Boa leitura!

Miriam Debieux Rosa

Referências

Brémond, B., Dumézil, C., Gaugain, M., Tauber, B., Treton, D., & Ziri, M. (1992). Las razones de un seminario. In C. Dumézil. *La marca del caso: el psicoanalista por su rastro* (pp. 15-29). Buenos Aires: Nueva Visión.

Fanon, F. (2008). *Pele negra, máscaras brancas*. Salvador: Edufba. (Trabalho original publicado em 1952).

Munanga, K. (2009). Nosso racismo é um crime perfeito. *Revista Fórum, 77*. Recuperado de https://fpabramo.org.br/2010/09/08/nosso-racismo-e-um-crime-perfeito-entrevista-com-kabengele-munanga/

Munanga, K. (2012). O Racismo e o Negro no Brasil: questões para a Psicanálise – Etapa II. Evento promovido pelo *Depto. de Psicanálise do Instituto Sedes Sapientiae*. Recuperado de https://www.youtube.com/watch?v=FxQLI7DAtTA&ab_channel=-DepartamentodePsican%C3%A1lise.

Apresentação

Este livro, originado de minha tese de doutorado, é o resultado de muitos encontros. Para fazer o percurso aqui relatado, tão estrangeiro a mim mesma e, em certo sentido, soterrado em minha história por décadas, foi necessário que eu encontrasse muitos parceiros de jornada. Em 2004, o encontro com Miriam Debieux e com o grupo do *Laboratório de Psicanálise, Sociedade e Política*, da Universidade de São Paulo (naquela época ainda com outro nome, mas já com uma clara posição clínico-política), foi determinante, pois marcou minha clínica e minha escuta daí em diante; ela bem sabe da minha admiração, mas reitero aqui a minha gratidão. Também em 2004, graças à abertura de Ana Elisa Siqueira, pude iniciar meu trabalho na escola municipal em que ela é diretora e, nesse espaço, aproximar-me de sua comunidade – o que acabou por definir o tema da minha pesquisa de doutorado. Meu encontro com minha entrevistada foi o maior responsável pelo meu interesse na temática racial; a ela agradeço por ter me concedido seu depoimento com a paciência necessária para que eu pudesse *escutá-lo*. Durante a pesquisa, a disponibilidade da Marieta Madeira e da Claudia Berliner em ler os meus rascunhos foi essencial. Aline Martins, Marta Cerruti e Sandra Alencar foram interlocutoras indispensáveis, não só antes, mas também à medida que o trabalho foi tomando forma. Cristina Rocha teve um papel fundamental ao me devolver, em forma de comentários e questões, o encontro inquietante que relatou ter sentido na leitura do texto. O encontro com Kabengele Munanga e José Moura Gonçalves Filho, durante a defesa da tese, no início de 2016, foi imprescindível, tanto pelos apontamentos preciosos que me permitiram revisões no texto original, como por esses professores enfatizarem e demonstrarem a importância de não recuarmos nas articulações entre psicanálise e relações raciais. Depois da tese, multiplicaram-se os encontros com interlocutores generosos, que me levaram para mundos antes desconhecidos, com caminhos abertos por Priscilla Santos de Souza e Maria Lúcia da Silva; sou muito grata pela oportunidade de adentrar esses novos terrenos e pela delicadeza e confiança com que me apresentaram a eles.

De lá para cá já se passaram alguns anos; mudanças importantes vêm ocorrendo nos estudos que trafegam na interface da psicanálise e das relações raciais; hoje é possível celebrar e usufruir das produções e contribuições de Marcio Farias, de Deivison Faustino, entre muitas outras; elas são um alento e uma esperança da construção de uma psicanálise implicada e criativa. Optei por não tentar "atualizar" o texto que se segue incluindo nele as reflexões fundamentais que uma nova e rica bibliografia pode ensejar. Limito-me aqui a comemorar que ela tenha surgido e a deixar ao leitor o convite para conhecê-la.

Neusa Souza, depois de nos ter trazido contribuições tão importantes sobre a psicanálise e as relações raciais, parece ter experimentado uma certa liberdade ao poder se dedicar ao estudo das psicoses. Curiosamente, comigo, o caminho foi o inverso: tendo iniciado minha experiência clínica e acadêmica com o tratamento das psicoses, foi nestas pesquisas de agora que me deparei com este outro estrangeiro que habitava em mim e com minhas histórias vividas em *pretuguês*, como diria Lélia Gonzalez.

Não se faz uma travessia assim sem ter suas entranhas reviradas. Lembro de um sonho, durante a escrita da tese, no qual meu cabelo se tornava cada vez mais crespo. Acordada, assustei-me, pois me dei conta de que nada externamente havia mudado, somente todo o resto.

São Paulo, outubro de 2021

Introdução

Uma vez que foi *Silvana* a maior responsável pelas feições e rumos deste livro, não seria possível começar de outro modo que não apresentando-a, por meio de seus muitos nomes. Trata-se de tentar reproduzir, aqui, o modo como também fui me aproximando dela: mais buscando ouvir e elencar *detalhes* do que tentando compor um *todo* que os comportaria.

Os muitos nomes de Silvana

Conheci *Sandra* em 2009, durante uma reunião em uma escola municipal onde trabalhei por sete anos, encontro de que fizeram parte, além dela e seu filho (de 16 anos), três educadoras da escola e eu, como psicanalista do *Grupo de Estratégias em Educação*. *Sandra* escutou atenta e pacientemente o que lhe diziam sobre seu filho: que ele intimidava os outros e não estava fazendo o que era proposto como atividade pedagógica. Simplesmente respondeu que esse caminho não havia sido ela quem tinha traçado para o filho; dizia perceber que ele não estava envolvido no estudo, o que ela lamentava, pois considerava este tão importante que havia, ela mesma, feito um enorme esforço para voltar a estudar.

No cotidiano das escolas, em que é tão disseminada a crença do fracasso escolar como responsabilidade da família ou do próprio estudante, a postura de *Sandra* denotava uma tranquilidade que exigia certo cuidado para não ser vista como descaso ou resignação. Um *pequeno detalhe* que me chamara muito a atenção é que ela não parecia estar, de forma alguma, indiferente ao que ocorria, mas também não parecia tomar a fala sobre seu filho como algo pelo qual devesse se responsabilizar. Não era por meio da culpa que ela respondia: não parecia devedora da instituição e não se desculpava, nem em nome próprio, nem em nome do seu filho.

Ela, definitivamente, não correspondia às esperadas obrigações diárias de acompanhamento escolar como provas de amor e dedicação, valores tão disseminados em alguns contextos sociais; porém, demonstrava por seus atos que não poderia ser considerada descuidada ou omissa, nem na sua casa, nem na sua comunidade. Contava que uma vizinha havia abandonado seus quatro filhos e que algumas famílias da região haviam assumido os cuidados e responsabilizado-se por eles: ela, sem heroísmo ou vitimização, contava que acolhera um deles, por tempo indeterminado.

Foi em um outro tempo, quatro anos mais tarde, que a reencontrei, buscando conhecer mais de perto a potência de um discurso que me parecia, no mínimo, recusar categorias e julgamentos apressados. Nessa entrevista em sua casa, ela me disse como se sentia bem no posto de saúde, onde médicos e enfermeiras a conheciam e sabiam quem ela era, e isso era recíproco, já que era moradora do bairro desde criança. Nas escolas, porém – e nisso não fazia distinção entre elas –, a sua sensação era de que os diretores ou educadores faziam diversas acusações sobre seus filhos, e

Sandra imaginava que, no fundo, eles estariam pensando que "se ela desse mais educação pro filho dela, ele não seria assim".

* * *

Meu encontro com *Sônia* aconteceu na casa dela, uma das primeiras casas construídas naquele bairro, a casa em que morou desde criança e da qual não pretende sair: "*Meu avô era mestre de obras... meus avós vieram para cá, não tinha essa casa, fizeram um cômodo, construído com muito suor*". A forma como *Sônia* relata o percurso da família paterna inscreve esse suor em uma linha de continuidade dos tempos de escravidão e do período pós-abolicionista, mas também carrega novas inscrições: o suor do trabalho que constrói a própria casa não pode ser comparado ao suor do trabalho fruto da exploração, e *Sônia* sabe disso. "*Minha bisavó era escrava, minha avó nasceu no Ventre Livre, ela falava muito que sofreu, que era muito triste... passavam necessidades, ficavam com o que sobrava. [Com o fim da escravidão], a discriminação continuava... tinha as pessoas que tinham que trabalhar por qualquer coisa, senão morriam de fome... continuavam escravas*".

Foi nessa casa que *Sônia* viu muitos primos e tios circularem, transformando-a numa casa cheia e movimentada, e, desde então, sempre quis ter uma família numerosa: "*Desde os nove anos sempre quis família grande. Alguém tem que dar sequência na família, sobrenome morre também se não dá sequência. Vou dar continuidade... continuidade na família que é bonita*".

* * *

Conheci *Suzana* quando, na saída do segundo encontro em sua casa, contou-me sobre a detenção recente de dois de seus filhos. A sua fala produzia uma sensação bastante enigmática, pois parecia extremamente dura e rude com seus filhos, a ponto de poder ser tomada por uma fala rancorosa e punitiva, como se não houvesse sofrimento ou pesar: "*eu digo: 'eles fizeram, agora tem as consequências, não vou passar a mão na cabeça. Fizeram coisa errada, agora têm que pagar por isso*'". No entanto, logo em seguida, apontava que não era exatamente disso que se tratava, pois o motivo de sua rudeza passava por outras vias: "*Vou lá, vou visitar, não vou largar. Tem uma prima que o filho dela foi preso, ela não quer saber, eu é que fui visitar... Agora ela nem quer saber do filho dela. Eu não passo a mão na cabeça, senão, acham que podem fazer qualquer coisa que tudo bem, estuprar, matar*".

Um dos filhos foi detido ao ser confundido com o outro e foi julgado por uma infração que não fora de sua autoria: "*achei bonito isso, criei meus filhos muito juntos, e ele assumiu o crime do irmão; confessou como se tivesse sido ele, porque jamais iria querer incriminar o irmão dele*".

* * *

Deparei-me com *Selma* quando cheguei à sua casa, em dezembro de 2013, após conseguir seu número de telefone com o filho, dizendo a ele que queria entrevistá-la para uma pesquisa. Ela, muito solícita, marcou um horário: no dia, quando cheguei, não se apressou em me receber; também não me fez esperar mais do que o curso de sua vida exigia. Contou-me muitas histórias, e, quando lhe indaguei sobre se alguma vez ela havia se sentido discriminada, acabou se lembrando de algumas situações. Talvez não tenha sido por acaso que, depois de seu relato, foi buscar diversas fotos de família. Entre todas, resolveu destacar duas, como se quisesse meu testemunho ou confirmação: uma em que aparecia seu filho *mais clarinho*, e outra em que estava seu neto *quase branco*.

No relato de cada uma das cenas, expunha-me uma das faces do preconceito e, quando chegou na segunda, só vi um *flash*: cru, como se as palavras tivessem me abandonado momentaneamente e tivessem me deixado com ela, diante do horror. "*Eu estava com uma cadeirante na escola que eu trabalho e tinham três meninos negros brincando por ali. Aí a mãe dela falou 'Olha uns macaquinhos!'. Eu falei: 'É! Macaquinho brinca, corre, pula... que nem eles estão fazendo'; só não falei: 'tudo que sua filha não faz!'*".

Selma, negra como os meninos, expunha-me com esse relato o quanto pôde se *discriminar* numa cena tão *discriminatória*, sendo capaz de enxergar muito além daquela agressão e violência. Ela me apontava que o que era, a princípio, uma desqualificação, revelava, ao ser proferida, uma outra face. O que *Selma* era capaz de me mostrar é que havia na fala daquela mãe o retorno da imobilidade insuportável do corpo da própria filha, encarnado e escancarado no corpo ágil daqueles meninos.

* * *

Sofia me recebeu toda vestida de branco, cabelo raspado, coberto por um turbante, e fazendo-me sinal para eu entrar com calma em sua casa, explicando-me, com toda a paciência, que, naquele dia, não iria me cumprimentar com abraço e beijo. Contou que toda a sua família sempre fora do candomblé. "*Toda a minha família pertencia ao candomblé, eu sou agora . . . Todos nós, quando nascemos, nascemos com um orixá, é tipo um anjo da guarda . . . o meu é Iansã, que é dona do fogo: mulher muito guerreira, teve nove filhos, como eu; vive no mundo, não gosta de ficar em casa, como eu; gosta de conhecer pessoas, correr o mundo...*". *Sofia* me contou dos orixás, de como são bonitas as cerimônias; convidou-me para ir à festa que encerraria o seu período de três meses recolhida em casa. Contou-me que foi seu pai de santo quem, lendo os búzios, disse-lhe que seu caminho era a universidade, e "*como a professora também tinha me dito, decidi: vou fazer faculdade de pedagogia*".

* * *

Perceber que *Sandra, Sônia, Suzana, Selma* e *Sofia* são todos nomes de uma *mesma mulher* e que nisso não há nada de atípico é entrar no complexo campo das identificações. "A identificação é o recurso do humano que responde à ausência de identidade do ser consigo mesmo: a insustentável leveza do ser" (Fingerman & Dias, 2005, p. 21).

Se *Sandra* não é como *Suzana*, nem *Selma* é como *Sofia*, é porque não podemos pensar no sujeito fora do laço com o outro. *Selma* mostra a foto dos descendentes mais claros por um sonho de branqueamento ou como resposta à pesquisadora branquinha que ela mal conhece e não sabe como a enxerga?

Silvana está em cada um desses nomes e em todos eles; seria ainda ela se não fosse *Sandra*? Seria ela mesma se deixasse de ser *Sônia*? A questão é: o que é fundamental para que o sujeito se reconheça como o mesmo, como sendo ele mesmo? "... a relação desse 'é ele' com o 'ainda ele', está aí o que nos dá a experiência mais simples da identificação" (Lacan, 1961-1962/2003a, p. 53).

> *A "identidade" de tal sujeito múltiplo e contraditório é, portanto, sempre contingente e precária, fixada temporalmente na intersecção das posições de sujeito e dependente das formas específicas de identificação. (Mouffe, 2001, p. 4)*

Se diante dessas identificações que são provisórias o sujeito se agarra a um nome só, ou o outro lhe fixa e congela em um único nome, isso só pode ter como consequência um estreitamento de sua existência singular.

O traço que ia se destacando quanto mais eu conhecia *Silvana* era a forma como ela deixava à mostra essa tensão, essa inadequação entre o nome que o outro estaria lhe imputando e a sua experiência pessoal. Se a história do sujeito é a história de suas identificações (Mouffe, 2001), *Silvana* apontava, em cada um dos seus relatos, uma das faces desse processo: aquela em que o sujeito se separa da nomeação de um outro, se discrimina do nome que o Outro lhe dá.

Silvana parecia sempre precavida: é possível que ela tenha, por muitas vezes, sido reconhecida só como *Sandra* - mãe de alunos indisciplinados - ou talvez como *Suzana* - mãe de filhos detidos -, pois aparecia na sua fala sempre a desconfiança de uma nomeação que lhe soava imposta e insuficiente. Se ela se sentia tão fundamentalmente também *Selma* e *Sofia*, a serviço de quê, tantas vezes, esses nomes não podiam aparecer no seu encontro com o outro?

Se parece tão evidente pensar o sujeito como discordante de si mesmo, na multiplicidade de seus traços identificatórios, então, de onde viriam as forças que o engessariam constantemente em uma identidade única?

Quando os muitos nomes viram um

Meu primeiro encontro com *Silvana* ocorreu *dentro* de uma escola municipal de ensino fundamental (EMEF) de São Paulo. Meu desejo de entrevistá-la, e que foi configurando a intenção desta pesquisa, também. *Dentro*, porque constituí, com três psicanalistas, um *Grupo de Estratégias em Educação*, em 2004, nessa instituição, que criou uma série de dispositivos coletivos, buscando trabalhar com as questões do cotidiano escolar. *Dentro*, também, porque fui membro do *Conselho Pedagógico* dessa EMEF por vários anos e, mais ainda, porque lá estive como *mãe* de um aluno que cursou os quatro primeiros anos do ensino fundamental.

Talvez tenha sido essa marca, de ter circulado em muitos lugares dentro dessa escola, que permitiu que eu me aproximasse de várias maneiras das mulheres-mães de alunos: eu, com meus muitos nomes, provavelmente as convocava também com nomes variados, e isso mobilizou em mim uma urgência de pesquisar o modo como elas se sentiam reconhecidas, faladas e olhadas.

Embora, de início, de uma maneira um tanto vaga e difusa, pareceu-me que algumas educadoras convocavam as mães dos alunos, e principalmente algumas delas, para uma posição que a mim soava excessivamente materna. Sem esquecer que essas mulheres deveriam realmente ser convocadas sob uma condição que era a de mães de alunos, tanto nessa escola como em outras – porque era esse o lugar social delas lá –, o que ia se delineando era a presença de um enunciado, sempre prestes a aparecer, que estava muito além de suas obrigações e seus deveres como mães.

Acredito que esse estranhamento aparecesse pelo contraste de como eu, pessoalmente, sentia-me convocada. Haveria de se considerar que, se nessa escola um dos meus nomes era *mãe*, este não era o único: era possível que essa distinção se devesse ao fato de eu trabalhar com as educadoras; mas essa explicação não me parecia suficiente. Eu observava que, em relação a todo um grupo de familiares que circulavam nessa escola – universitários e de classe média –, essa convocação se dava de uma maneira muito mais branda, semelhante à que se fazia em relação a mim.

A hipótese que foi tomando corpo era a de que algumas mulheres precisavam se apresentar de uma maneira excessivamente marcada pelo *lugar de mãe* – considerando uma determinada concepção de como ser mãe – para serem dignas de confiança e respeito na escola. As falas que as remetiam a atividades em que não estavam incluídos os filhos – como o lazer, a relação com o companheiro, a vaidade delas –, que em outros contextos sociais poderiam ser valorizadas como uma conquista e um *direito da mulher*, produziam, aparentemente, alguma desconfiança.

Nesse sentido, parece-me essencial lembrar que

> *é a partir de uma certa concepção e fantasia sobre a paternidade, a família, a sexualidade e o domínio que alguns, e somente eles, são percebidos como podendo ter acesso à cidadania, ao gozo, à palavra. (Rosa, 2000, p. 81)*

Curiosamente, a essa impressão – de que algumas mães de alunos dessa escola precisavam se mostrar *totalmente mães* – se somava outra percepção, efeito de uma cena que se fazia ouvir, tanto pela sua insistência como pela sua truculência, em um dos *Grupos de Conversas*[1] com adolescentes, que coordenávamos. Era um grupo que, por escolha dos alunos, era formado só por rapazes, de 14 a 16 anos. Entre eles, estava um dos filhos de *Silvana*, que foi, posteriormente, quem me levou até ela. Nesses encontros, invariavelmente, um aluno – e nisso eles se revezavam – se referia ao nome da mãe de outro, mas de uma maneira tão alusiva que eu nem sequer conseguia identificar a quem aquela fala se referia: era um fragmento do nome ou do apelido, ou uma palavra que guardava (para quem tinha dito e para quem entendia) algum tipo de associação à mãe de um deles. O simples fato de fazerem referência à mãe de alguém era tomado como ofensa grave, que legitimava que o aluno atingido agredisse severamente o outro. Indagados sobre seus atos, eles afirmavam apenas, "ele está falando da minha mãe" ou "ele está chamando minha mãe de puta". Por várias semanas,

1 O *Grupo de Conversas* foi um dos dispositivos criados pelo *Grupo de Estratégias em Educação*. Ocorria semanalmente, durante o horário de aula, com presença voluntária.

essa cena ocupou a maior parte do tempo do grupo: repetida à exaustão, parecia apontar para algo que não conseguia inscrição; ou seja, indicava e permitia supor um *outro dito*, uma *outra cena*.

Por que insistiam tanto em defender a honra de suas mães, como se elas estivessem sempre sendo acusadas, ou como se sua reputação estivesse a todo momento em jogo? Todos naquele grupo se defendiam incessantemente de serem considerados *filhos da puta*. De onde vinha essa acusação? Tanto por seu excesso como pela sua repetição, essa cena fazia supor um *não dito social* referido às *configurações familiares* e à *posição dessas mulheres* nessa comunidade escolar (Rosa, 2004).

A radicalidade da punição presenciada nessas situações, nesse grupo, e o fato de saber-se que essa experiência não era exclusiva dele fizeram-me pensar em um *mal-estar silenciado*.

Os silenciamentos, as ofensas, o que tem valor ou o que é vergonhoso nem sempre são conscientes e fáceis de localizar na rede discursiva - entendendo-se aqui o discurso como um laço do sujeito com o outro, com o mundo e com sua verdade inconsciente, e remetendo, portanto, tanto às questões identificatórias com o semelhante e com os ideais da cultura como àquilo que toca sua relação com o desejo e o gozo (Lacan, 1969-1970/1994).

Com esse contraste, entre a insistência de algumas educadoras em chamar as mães de certos alunos por um único nome - *mãe* - e a de certos alunos em afirmar que seus colegas estavam chamando suas mães por um único nome - *puta* -, foi se delineando um interesse por destrinchar como operava essa transformação daquilo que seriam traços identificatórios tão múltiplos e contingentes nas mulheres, nessa redução tão estreita, representada por estes dois significantes.

Sabe-se que a impossibilidade de resposta à pergunta "o que quer uma mulher?" ou "o que é uma mulher?" teria muitas vezes trazido a representação da *mãe* como o que definiria o lugar da *mulher*. Essa sobreposição da *mãe* e da *mulher* aparece em diversos textos psicanalíticos – a começar por Freud, que entendia o *tornar-se mãe* como uma saída para o *tornar-se mulher*, naquilo que considerava a *feminilidade normal*. Ao longo de sua obra, ele deixou clara sua limitação na abordagem da sexualidade feminina, ainda que tenha publicado diversos escritos sobre o tema que viriam a marcar os estudos psicanalíticos pós-freudianos.

Lacan teria avançado muitíssimo diante do impasse da elaboração freudiana sobre a sexualidade feminina, ao compreendê-la como algo da ordem do indizível, ou seja, que não se recobre com a linguagem, substituindo o que seria a questão da *identidade* feminina pelo que seria o *gozo feminino*.

O gozo feminino, ao invés de propor e inaugurar o que seria a verdadeira natureza feminina, acabaria por desnaturalizar não só o que seria *a mulher*, mas também *o homem* (Amaral, 1998). Segundo Lacan, diante da castração, uma mulher mais do que se *unifica*, ela se *desdobra*. Assim, seu gozo, outro em relação ao fálico, ficaria em uma condição de tal alteridade que só poderia ser considerado como *Outro sexo*, um sexo como *Outro* (Lacan, 1972-1973/1985b).

Não teria sido à toa a consideração de Freud de que *ter um filho* seria a saída por excelência para a mulher, diante da castração; pois podemos considerar que, se a condição de *mulher* não cria conjunto, a condição de *mãe* o cria. "Freud atribui ao filho o papel de significante da identidade feminina, à falta de um outro sinal" (André, 1987, p. 198).

São inúmeras as formações sintomáticas ou identificações que se cristalizam e transformam-se em *supostas identidades*, que podem surgir diante do inominável do gozo feminino. Isso porque o insuportável de não poder construir um saber que recubra a sexualidade feminina lança homens e mulheres (nem Freud teria escapado) em saídas precipitadas, precárias e alienantes.

Não parece excessivo ou abusivo lembrar que essas *saídas singulares* estão sempre inseridas em uma trama discursiva, ou seja, remetem à inscrição do sujeito no discurso do Outro e dependem, portanto, de deslocamentos de classe, de gênero, de relações de poder (Kehl, 2010).

Nesta pesquisa, parti em busca de algumas dessas mulheres, exatamente as que eram reiteradamente chamadas pelos seus filhos de *não putas* e convocadas pelas educadoras como completamente *mães*, tentando conhecer os muitos nomes de cada uma. Entrevistando-as, eu pretendia encontrar na fala de cada uma delas a singularidade de suas inscrições na rede discursiva como *mães* e *mulheres*; mas também, por compartilharem de lugares próximos nessa rede, eu buscava aquilo que poderia trazer alguma luz sobre essas inscrições nesse campo social.

Assim, a escola foi o lugar onde esta pesquisa nasceu; provavelmente o que apareceu lá carregava as marcas de não ter sido ouvido em um lugar qualquer: há de se considerar que o espaço escolar amplifica as questões do que seria educar e criar os filhos, uma vez que se tornou especialista em transmitir as premissas da "família estruturada e adequada". Apesar do risco de não poder me livrar por completo das marcas dessa pertença inicial, que a escolha das entrevistadas tenha surgido pela porta da escola carregava a grande vantagem de se constituir como um lugar de pertença para todos: o ensino fundamental é universal e obrigatório, diferentemente dos lugares de atenção à saúde e à justiça, que já trazem as marcas de situações de crise. Com isso, eu buscava evitar um risco para o qual Claudia Fonseca (2002a) tão bem alertara: muitas das pesquisas relativas aos "grupos populares" são realizadas em lugares de atendimento para pessoas que estão doentes, em conflito com a lei ou em um momento de crise, uma vez que geralmente são feitas em clínicas, abrigos, hospitais ou tribunais de justiça. O que se encontra de dados de pesquisa ali, sem dúvida, é de grande valor, mas não podem ser desconsiderados o contexto e a situação em que foram colhidos.

A pesquisa saiu desse ambiente escolar para a vida, para o bairro, para a rua, para a casa dessas mulheres, e, quando fiz o contato com aquelas que escutei, apresentei-me como tendo pertencido àquela EMEF, mas já estando do lado de fora. Havia deixado de ser mãe de aluno nessa escola e também havia encerrado meu trabalho como psicanalista lá: agora estava como pesquisadora-psicanalista, e foi assim que pude entrar na casa delas.

Uma mulher entre muitas mulheres: muitas histórias e uma só cor

Embora o meu propósito inicial fosse entrevistar várias mulheres, meu encontro com *Silvana* trouxe uma mudança de direção: apesar de ter escutado algumas delas – tanto durante meu trabalho nessa EMEF como nesse momento mais estritamente de *pesquisa* –, foi no relato de *Silvana*, com seus tantos nomes, que me deparei com o que configuraria este *caso clínico*. O que supunha ter ouvido na escola – que, principalmente em relação a algumas mulheres, havia um nome (*puta* ou *mãe*) que, embora insuficiente e insatisfatório, incidia com uma força que as fixava apagando qualquer outro – ficava evidente no discurso dessa mulher.

Se, de início, escolhi *Silvana* como uma representante dessas mulheres – acuada como mãe, na reunião na escola, e acusada como puta, no grupo de conversa com os adolescentes do qual fazia parte seu filho –, a escolha dela como *caso clínico* se deu pela sua disponibilidade e capacidade de enunciar, para mim e em mim, a questão que se tornou o cerne desta pesquisa.

Se as mulheres não podem ser definidas por um referente que as identifique, apontando para o inapreensível e o inominável do gozo feminino e para a multiplicidade de identificações, de onde viriam as forças que engessariam tais mulheres em identidades tão únicas e tão fixas?

Silvana se tornava singular ao sublinhar que, diante das suas identificações – parciais e contingentes –, percebia um movimento, por parte do outro, que tendia a reduzi-la a nomeações tão estreitas quanto desqualificatórias. Ela parecia apontar esse fato no relato de cada encontro, situando o nome que imaginava ter para o outro e que estaria prestes a ser violentamente estampado no seu ser. A intensidade dessa resistência que apareceu no relato de *Silvana* foi o que me permitiu apostar na força das acusações às quais ela se sentia exposta, acusações que seriam tanto silenciosas quanto insidiosas e que, provavelmente, não recairiam exclusivamente sobre ela. Assim, ela será tomada como o *caso clínico*, mas as outras mulheres que pude escutar ao longo desses onze anos, desde o primeiro contato com essa comunidade escolar até o momento da escrita, também vão aparecer neste livro: de forma lateral, mas não menos importante. O relato delas aparecerá ecoando ou cotejando o de *Silvana*, buscando iluminar e apontar algumas questões desse campo social no qual todas se inscrevem.

Elas são mulheres com condições socioeconômicas semelhantes, cujas casas ficam em terrenos ou quintais compartilhados, e que começaram a trabalhar antes dos 14 anos, em casas de famílias; mulheres que não cumpriam os preceitos do que seria esperado de uma mãe nessa escola, ao mesmo tempo que se mostravam orgulhosas, fora de lá, de terem conseguido criar todos os seus filhos sem depender de ninguém; mulheres cuja honra era defendida a qualquer custo pelos seus filhos diante da nomeação *puta*, que, pronunciada explicitamente ou não, era sempre por eles escutada. Mas, então, percebi que compartilhavam também uma outra marca, uma marca que nos diferenciava. Entre tantos traços identificatórios diferentes dos meus, estava também a nossa cor. Eu, uma pessoa de cor branca; e elas, de cor negra.

Foi também *Silvana* quem soube me mostrar esse elemento fundamental que perpassava a pesquisa e que reconfigurou a minha questão: embora estivesse na cara, eu não tinha podido ver, nem tinha conseguido escutar. Já que eu pretendia pesquisar como essas mulheres se sentiam reconhecidas, indaguei se *Silvana*, alguma vez, tinha se sentido discriminada, e foi então que ela relatou três situações nas quais colocou sua cor, negra, como elemento fundamental nessa discriminação.

Portanto, ao tomar o discurso dessas mulheres pelo prisma da psicanálise, levando em conta as dimensões do inconsciente, do desejo e do gozo na relação com o outro – ou seja, no laço social –, eu não poderia deixar de fora a questão das desigualdades econômica e racial.

Os poucos trabalhos que eu fora conhecendo sobre as mulheres negras pertenciam ao campo da psicologia social; como se a afirmação, pela psicanálise, de que o inconsciente e o psiquismo não têm cor bastasse para justificar uma escassez no campo das pesquisas psicanalíticas sobre o tema. Foi do meu encontro com *Silvana* que essa afirmação começou a me parecer não só insuficiente, mas relacionada à "flácida omissão com que a teoria psicanalítica tratou, até então, este assunto" (Costa, 2003, p. 152), omissão esta que não poderia passar despercebida.

A frase pronunciada por Isildinha Batista Nogueira, de que "psicanaliticamente, não existe o inconsciente negro", provavelmente é um consenso no meio psicanalítico. No entanto, o que é tão raro quanto necessário é tomar a sério a continuação desta frase: "mas existe o inconsciente atravessado pela negritude" (Nogueira, 2012).

O fato de que *Silvana*, como as outras mulheres desta pesquisa – nomeadas na escola somente como *mães* ou *putas*–, fosse negra e pobre seria uma coincidência?

O esforço das educadoras de colocarem-nas em um lugar tão materno não seria um efeito do receio do que elas pudessem representar como *mulheres*? A reputação de cada uma delas, tão fervorosamente defendida pelos seus filhos, não poderia apontar justamente o temor de que, não sendo reconhecidas como exclusivamente *mães*, elas ficassem reconhecidas como necessariamente *putas*?

Se, segundo Lacan (1972-1973/1985b), as mulheres se constituiriam como o *Outro sexo* pela alteridade que introduziriam no discurso dos saberes e das certezas, não podemos supor que essas mulheres negras e pobres, por portarem um corpo socialmente concebido como representando o corpo exótico e o excesso de gozo, encarnariam ainda mais o *continente negro*?[2] Nesse caso, elas seriam as Outras, não só ante o discurso masculino, mas também em relação às mulheres das quais se fala prioritariamente, seja na psicanálise, seja no discurso da escola, seja na mídia em geral.

A violência do que parecia depositado tanto em *Silvana* como em várias outras entrevistadas não poderia ser consequência de terem se transformado em encarnação do estranhamente familiar, do indizível, do insuportável, do vazio sobre a relação sexual? Lembrando que a dominação abrevia e congela a experiência do estranhamento, degradando-o em desprezo (Gonçalves Filho, 2008),

---

2 *Dark continent*, termo utilizado por Freud em "A questão da análise leiga" (Freud, 1926/2014d).

não seria legítimo pensar que o enunciado sempre prestes a aparecer, *puta*, estaria revelando algo dessa degradação?

Seria impossível adentrar essas questões sem abordar o lugar discursivo ocupado por *Silvana*, o que exige retomar o de tantas *mulheres negras brasileiras* hoje e ontem. Não podemos separar nenhum desses três nomes: "mulheres", "negras" e "pobres",[3] ou melhor, *mulher-erotismo/cor/pobreza*, para escutar *Silvana*, pois são nomes completamente articulados e imbricados na sua fala. No Brasil, comumente, retira-se a *cor* como ponto essencial, sob o argumento de que a *pobreza* já a englobaria. Na psicanálise tem sido mais grave: geralmente se retiram tanto a *cor* quanto a *pobreza*, e o erótico rouba a cena. Já nas ciências sociais, normalmente é o *pulsional* ou o *erótico* que fica de fora. Tentar articular os três parece ambicioso, mas inevitável.

Busco ajuda, nesse caso, na articulação que Lacan faz entre o inconsciente e a política: "Não digo a política é o *inconsciente*, simplesmente: o *inconsciente* é a política"[4] (Lacan, 1966-1967, p. 93, tradução nossa). Assim, quando ele fala do inconsciente, está incluído tanto erotismo como gozo e desejo: Com a política, o que é contemplada é a relação sócio-histórica, que, no Brasil, inclui tanto a cor como a pobreza.

Como lembra Caterina Koltai, a concepção lacaniana de que *o inconsciente é social* teria permitido explicitar ainda mais o que já estaria no texto freudiano,

> *ou seja, a recusa da clássica distinção entre individual, singular e coletivo e social, postulando uma*

3 Utilizaremos o termo "pobres" como usado pela pesquisadora Cynthia Sarti (1996, p. 2): os "destituídos dos instrumentos que, na sociedade capitalista, conferem poder, riqueza e prestígio".

4 Tradução nossa: "no digo la política es el *inconsciente*, simplemente: el *inconsciente* es la política".

> transindividualidade primordial, *através da qual o sujeito é, por definição, marcado pela História, e não apenas por papai e mamãe. (Koltai, 2012)*

A proposta metodológica foi a de incluir a fala de *Silvana* no campo social e, a partir dessa inscrição, retornar a sua fala singular; então, voltar ao campo social e dali, novamente, ao sujeito, e assim sucessivamente, de forma que essa dupla causação entre o sujeito e o campo social não poderia ser entendida como uma passagem de um ao outro atravessando fronteiras; seria, isso sim, uma passagem de uma dimensão a outra, como faces diferentes, mas contidas uma na outra. Essa característica bastante peculiar pode ser ilustrada por meio de uma figura topológica chamada Banda de Moebius.[5] Nela, o direito e o avesso se encontram em continuidade e contidos um no outro, subvertendo o uso comum do "cara ou coroa". Não dá para pensar o sujeito fora do campo social; não dá para pensar o campo social sem sujeitos.

Para pensar o campo social, dois conceitos foram fundamentais: o Outro na sua dimensão histórica e social, conforme pude apreender na obra lacaniana, e o *imaginário social*, conforme pude ler, a partir das indicações de Miriam Debieux (Rosa, 2004), em Castoriadis.

Sobre o primeiro ponto, parto de um trecho de Lacan (1954/1986):

> *No simples fato de que me defino em relação a um senhor como seu filho, e que o defino, a ele, como meu pai, há algo que, tão imaterial quanto possa parecer,*

---

5 Esta indicação da Banda de Moebius como forma de articular o *sujeito* e o *campo social* ou o *singular* e o *comum* está presente na proposta de Andrea Guerra e Aline Martins (2013), bem como na de Jorge Alemán (2013).

> *pesa tanto quanto a geração carnal que nos une. E mesmo, praticamente, na ordem humana, pesa mais. Porque, antes mesmo que eu esteja em condições de pronunciar as palavras pai e filho, e mesmo se ele está gagá e não pode mais pronunciar essas palavras, todo o sistema humano em volta já nos define, com todas as consequências que isso comporta, como pai e filho. (p. 183)*

O que Lacan está considerando como *todo o sistema humano em volta*, que definiria e marcaria os sujeitos, trazendo uma série de consequências, estou nomeando, a partir do seu desenvolvimento posterior, como o Outro, na sua dimensão social e histórica.

Já o conceito *imaginário social* formulado por Castoriadis[6] aponta que toda sociedade instaura, cria o seu próprio mundo, na qual está incluída, ou seja, toda sociedade é um sistema de interpretação do mundo. Ela funcionaria, portanto, por meio dessas *significações imaginárias sociais*, entre as quais podemos citar a concepção de *polis*, cidadão, tabu, virtude, pecado, homem/mulher/filho, dinheiro, entre outras (Castoriadis, 1998).

Nesse sentido, ao levar em conta o Outro e o *imaginário social*, será necessário nos servirmos dos textos da antropologia social para melhor situarmos *Silvana*, as outras mulheres incluídas neste livro e também eu, na rede discursiva - incluindo as relações afetivas e hábitos cotidianos, gestos, concepções de vida e de morte, de paternidade e maternidade, de vizinhança, modos de circular, lugares permitidos, locais proibidos.

---

6 Miriam Debieux salienta o quanto este conceito seria preferível ao de ideologia quando se procura articular construção subjetiva e laços sociais, constituindo-se como uma criação real "cuja substância é tanto histórico-social como político-libidinal" (Rosa, 2004, p. 339).

Também será necessário situarmos, ou melhor, situarmo-nos, no momento histórico que vivemos e no que seus antepassados viveram no nosso país: a memória que sobre eles se produziu, ou justamente, no caso das mulheres negras, a que se deixou de produzir, a memória silenciada. Recuperar essa história impedida por meio de pequenos rastros e entrelinhas, buscando contar uma história que não seja somente aquela contada pelo vencedor, é tarefa árdua de vários historiadores que trabalham com uma micro-história, das quais me servirei bastante. Acredito, com Jeanne Marie Gagnebin, na esteira de Benjamin, que a história "a contrapelo" coincide com a reflexão crítica sobre o presente (Gagnebin, 2011).

Uma vez que meu intuito foi escutar mulheres negras e pobres, e que tantas vezes a rede sociossimbólica nas quais se inscrevem as torna tão pouco visíveis, utilizarei diversos depoimentos breves, trechos de músicas, pequenos testemunhos colhidos nas redes sociais ou relatados em pesquisas anteriores, todos considerados possibilidades de sensibilizar os ouvidos para o que Lacan havia denominado como *o sistema humano* em que estamos inscritos. Para muitos de nós, até então iludidos de que falamos uma língua neutra, aquela que nos seria comum e que o seria também para vários de nossos pacientes, e de que fomos criados em um campo discursivo tão acostumados a uma suposta neutralidade racial, a escuta de alguns desses depoimentos pretende nos fazer atentar para meneios da linguagem, entonações, sensações vividas cotidianamente, marcas identificatórias outras que não as nossas próprias. Não podemos nos esquecer de que "todo discurso se apresenta como prenhe de consequências, só que obscuras" (Lacan, 1968-1969/2008, p. 33) e de que nossos ouvidos estão também inscritos em todo um código de linguagem em que fomos socializados e estamos marcados, também nós, por gerações de psicanalistas brasileiros que acharam que a questão racial era uma questão somente para "os outros", tomando-se também eles-nós por uma cor neutra.

O trecho de uma música de *rap* pode nos ajudar a entrar num território e num cotidiano que, para muitos de nós, é bastante estrangeiro, porém, muito conhecido e habitado pelas mulheres entrevistadas nesta pesquisa, e, nesse sentido, seria um dos modos de nos aproximarmos de um campo discursivo tão próximo e tão distante. Talvez seja uma forma possível de narração do que é quase inenarrável, no sentido que Gagnebin (2006) recupera na obra de Benjamin (1936/2014c), o narrador sucateiro: não o que pretende recolher os grandes feitos, mas o que recolhe os cacos de uma tradição em migalhas, os detritos, os elementos de sobra do discurso histórico que se referem ao sofrimento indizível.

Entre os narradores sucateiros, ou aqueles que poderíamos ainda chamar de contrabandistas da memória,[7] trarei os depoimentos pessoais de pesquisadoras negras, tanto da antropologia como das ciências sociais ou da psicanálise, relatados nas suas próprias pesquisas. Isso porque é bastante comum, nas produções de pesquisadoras negras dessas áreas, a utilização de situações pessoais e intimistas para exemplificar as teorias e o uso de uma linguagem muitas vezes mais próxima do estilo oral, mesmo mantendo o rigor teórico e acadêmico.

Acredito que essa proximidade que estou apontando na rede discursiva entre alguns breves depoimentos e as mulheres sobre as quais esta pesquisa se debruçou são proximidades contingentes, ou seja, que podem ocorrer entre mulheres separadas temporalmente por séculos ou que habitam territórios muito distantes, com algumas marcas identificatórias que as aproxime contingencial e provisoriamente. O contrário pode ocorrer também: mulheres tão vizinhas e contemporâneas podem encontrar-se em uma rede discursiva posicionadas de maneira absolutamente distinta. Nesse

---

7 *Los contrabandistas de la memoria* é o título do livro de Jacques Hassoun (1996).

sentido, tomo emprestadas as palavras de Gregório Baremblitt, pela sua genial lucidez: "Torna-se até incômodo desmistificar a alegre estupidez que consegue achar alguma nota cromática em comum entre Fanon e Pelé" (Baremblitt, 1990, p. 81).

É imprescindível salientar que há o risco de que esses pequenos depoimentos possam ser tomados como uma tentativa de buscar costurar um depoimento no outro para formar um tecido composto por uma identidade única entre os negros brasileiros ou entre as mulheres negras brasileiras, colhendo aqui e acolá testemunhos de qualquer homem e mulher negros brasileiros, em qualquer tempo, como prova deste conjunto. Aberração que seria incorrer no que Edith Piza (2012) tão bem aponta como uma intensa individualização e neutralidade racial, na percepção dos brancos, e uma visibilidade excessiva atribuída à cor e ao grupo, ao perceber os sujeitos negros.

Nesse sentido, os pequenos depoimentos não encontrarão na sua sequência uma síntese que os reúna e cerque como um grupo identitário, mas pretendem proporcionar a quem lê algumas impressões e experiências, seja pelos contrapontos em alguns casos, seja pela repetição em outros, com datas às vezes tão próximas e tempos às vezes tão distantes, ou ainda pela capacidade de colocar em palavras o que muitas vezes beira o impronunciável.

Também será com o intuito de relembrar a todo momento a impossibilidade de um discurso que se construa como identidade para as mulheres negras que a apresentação do texto será feita em capítulos cujos títulos conterão, cada um, um dos nomes que atribuí a uma mesma mulher.

A obscuridade momentânea mantida até a revelação dessa decisão de dar muitos nomes à mesma *Silvana* teve também esse intuito, de sustentar um tempo de dúvida antes de concluir. A tentativa é de manter no próprio formato e estilo do texto a impossibilidade de reunir as várias mulheres desta pesquisa em uma unidade total: não podem ser tomadas numa totalidade nem entre elas, nem entre cada uma delas: "Já encontraram, vocês, seres totais? Talvez seja um ideal. Eu nunca vi nenhum. Eu não sou total, não. Nem vocês" (Lacan, 1954-1955/1985a, p. 307).

Esta maneira de transmissão da clínica, utilizando resenhas ou *vinhetas clínicas*, é uma forma de *praticar a teoria*, segundo as palavras de Nasio, ou seja, uma maneira privilegiada do lugar da clínica na teoria (Nasio, 1997, 2000). Diferentemente do exemplo clínico, que buscaria a apresentação exaustiva dos atendimentos, as *vinhetas clínicas* consistiriam em sequências curtas, pontuais, cuja intenção seria ilustrar a elaboração teórica, mas colocando-a em cena. A *vinheta clínica* faria parte do conceito de tal maneira que seria uma dramatização deste. Os vários nomes de *Silvana* pretenderam aproximar o leitor do complexo campo das identificações, da multiplicidade dos traços identificatórios em relação às mulheres negras e do risco de tomar esses traços como identidades fixas, para recuperar algo do impacto que me fez tomá-la como *caso clínico*.

Cada um dos nomes de *Silvana* se transformou no nome de um capítulo não só para não nos deixar esquecer de que ela, como todos nós, é sempre discordante e diferente de si mesma, mas para marcar uma temática, uma rede de articulações a que fui repuxada com sua fala.

O que primeiro será possível constatar é que, via de regra, tais mulheres, como também os homens negros, foram invisibilizadas socialmente, em um discurso marcado historicamente pelo ideário do branqueamento. Tomar-se o branco como marco de referência teria tido como uma de suas consequências o silenciamento e apagamento das mulheres negras brasileiras, dos seus testemunhos e das suas produções. Os psicanalistas, com raras exceções, parecem ter sido cúmplices desse apagamento, em uma produção teórica que toma as mulheres brancas e com alto poder aquisitivo como objetos de estudo, mas que comumente as nomeia como *as mulheres brasileiras*. A psicanálise no Brasil, de maneira geral, além de desconsiderar as questões da desigualdade social e racial, produziu um apagamento das produções teóricas de psicanalistas negras brasileiras, que trouxeram articulações fundamentais sobre esse tema. É o que pretendo abordar no capítulo: "Sandra: sobre a invisibilização das mulheres negras brasileiras".

O impedimento à memória da escravidão, com seu consequente desamparo discursivo sobre os sujeitos, é o centro do capítulo "Sônia: uma história escravizada e seus rastros". Diferentemente de outros episódios traumáticos da humanidade sobre os quais se produziu, posteriormente, algum tipo de reconhecimento coletivo da sua existência e gravidade – como o extermínio dos judeus durante o nazismo –, a escravidão brasileira ainda não recebeu tratamento digno de sua memória. Não bastasse não poder saber de onde vieram e a origem de seus familiares, os negros brasileiros foram e são submetidos a uma versão da história que os descreve como passivos, hipersexualizados e pouco afeitos a relações familiares. Além disso, o mito da democracia racial recobriu, por muito tempo, com seu manto, o horror da submissão e da violência, inclusive sexual, com que os negros foram tratados ao longo de séculos.

Fossem os castigos e a violência sobre os negros algo apenas do passado, já seria terrível. No entanto, a desigualdade racial foi sendo reatualizada a cada momento histórico, o que fica evidente no número de mortes e encarceramentos da população negra atualmente. Não se pode escutar a história de *Silvana*, o que se passou com seus filhos, seu ex-marido, seu irmão, sem considerá-la como um destino comum aos homens negros neste país. Em "Suzana e o retorno das algemas", pretendo apontar que a desigualdade no

Brasil não é só social – como se costuma crer –, mas também racial. A dificuldade de incluir em um jogo com cartas tão marcadas o que há de singular é algo que pretendo destacar.

Em "Selma: sobre a servidão, o racismo e o sexismo" é que começaremos a sair de um campo discursivo mais genérico, que inclui os negros brasileiros de maneira geral, para algumas questões pertinentes às *mulheres negras*. Partindo das *mães pretas* e das *mucamas* do tempo da escravidão, pretendo abordar as relações de servidão atuais, seja por meio das figuras das babás, seja das empregadas domésticas. Marcadas também pela cor, essas profissões revelam o quanto relações de dominação apareceram e continuam aparecendo imiscuídas no campo afetivo e o quanto o corpo erógeno de homens e mulheres brasileiros estaria marcado por alguém destituído de reconhecimento social. Estes teriam no seu íntimo algo da inadmissibilidade da presença do corpo negro, e o racismo apareceria com toda a sua violência por atestar a presença da mulher negra como estrangeiro íntimo insuportável. As mulheres negras, historicamente vistas como detentoras de um prazer sem amarras e de um gozo desmedido, produziriam efeitos insuportáveis no psiquismo de homens e mulheres brancos, tendo como consequência comum a degradação de situações de estranhamento diante delas, em relações de desprezo e racismo.

Representar para o outro o insuportável gozo, com o temor e o fascínio que lhe são próprios, traz às mulheres negras um desafio gigantesco. No capítulo "Sofia e o tornar-se uma mulher negra", buscarei expor alguns dos desafios e resistências a esse caminho. Se o caminho do posicionar-se como mulher traz uma relação com o gozo que não se encerra na norma fálica, isto é, a relação com um *Outro sexo*, o que dizer da mulher negra? Esta seria vista, seguindo a trilha do que estou defendendo, ainda mais como um *Outro gozo* e um *Outro sexo*, uma vez que representaria, não só para homens brancos, mas também para mulheres brancas, aquela que teria um gozo sem amarras. Será preciso um trajeto que parta da concepção de como ser mãe segundo o discurso oficial e do quanto as modalidades alternativas das mulheres pobres e negras as levaria a serem facilmente reconhecidas como mães relapsas ou mulheres devassas, apontando a dificuldade de encontrarem um lugar de inscrição no discurso social que não as desqualifique como mães *e* mulheres. Também será necessário percorrer o que as pesquisas psicanalíticas que abordaram as mulheres negras formularam a respeito do universo erótico delas. Nessas pesquisas, o imaginário social que recairia sobre as mulheres negras como *Outro sexo*, fica apagado ante uma formulação de que o mal-estar delas estaria ancorado basicamente no não cumprimento do padrão estético valorizado hegemonicamente. O que estou formulando como hipótese é que, mais do que a vergonha oriunda de um corpo que não seria atraente, o que afligiria essas mulheres seria um corpo atraente demais, que correria o risco de se ver invadido pelo olhar voraz de um outro insaciável. Esse entendimento retoma a questão de uma suposta *identidade negra* e do *tornar-se mulher* por uma nova via, conforme pretendo apontar. Como incluir esse olhar do outro sobre a mulher negra, uma vez que o imaginário social e o campo discursivo são ingredientes essenciais para a constituição psíquica, sem cair, no entanto, em um campo identitário, será o desafio. Entendo identificação e desidentificação como dois processos interligados e necessários para o sujeito manter sua "insustentável leveza do ser". Tão insustentável quanto imprevisível, o caminho de constituição psíquica de cada mulher negra só poderá ser, tão somente, segundo acredito, o tornar-se *uma* mulher negra, no sentido de sua singularidade, muito mais do que de sua unidade.

1. Sandra: sobre a invisibilização das mulheres negras brasileiras

> *O sindicato dos lojistas dirigiu um ofício ao delegado da Segurança Pessoal, pedindo providências para o trânsito de pessoas pela rua Direita, sábado e domingo, especialmente com relação às pessoas de cor... Acham feio aquele desfile de negros no centro, que constitui a única manifestação da presença do negro em São Paulo (senhor negro entrevistado por Virgínia Bicudo, década de 1940).*[1]

> *Nas lojas da cidade, quando a gente entra para comprar alguma coisa, só é atendida depois de muito esperar (mulher negra entrevistada por Virgínia Bicudo, década de 1940).*[2]

> *Vivo isolado de certas situações sociais, e assim acontece com todos os negros de minha classe – acham-se afastados*

1 Caso nº 8 (Bicudo, 2010, p. 75).
2 Caso nº 6 (Bicudo, 2010, p. 71).

> *de certos aspectos da vida social (senhor negro entrevistado por Virgínia Bicudo, década de 1940).*[3]

> *A pessoa vai se esforçar o resto da vida para permanecer invisível, não porque é uma coisa que ela quer se blindar, ela quer se tornar invisível para não ser agredida (Leandro Roque de Oliveira, o Emicida,* rapper, *2014).*[4]

> *Durante uma de suas sessões, desesperada . . . chorando, dizia que não conseguia mais parar de emagrecer . . . Era evidente que esse emagrecimento todo representava uma vontade inconsciente de desaparecer, de "dar sumiço" em seu "corpo negro" (Isildinha Nogueira, psicanalista, década de 1990).*[5]

> *. . . ela [mulher negra] não está na capa das revistas, ela não está na capa da Crescer – revista de bebezinho – não têm bebezinhos negros; depois, não está na capa da Playboy . . . Ela não está na revista de moda, ela não está na revista de cabelos (Daniela Gomes, jornalista, 2013).*[6]

O que há em comum entre esses depoimentos, tão díspares quanto ao momento histórico e à situação em que foram pronunciados, tão diversos em relação ao contexto em que vieram a público?

---

3 Caso nº 8, senhor negro, de "classe social intermediária", segundo a autora (Bicudo, 2010, p. 75).

4 Recuperado de http://ponte.org/quando-voce-chama-a-pessoa-de-macaco-voce-esta-jogando-toda-a-humanidade-dela-no-lixo/.

5 Nogueira (1998, p. 162).

6 Depoimento no documentário *25 de julho – Feminismo negro contado em primeira pessoa*. Recuperado de www.youtube.com/watch?v=J6ev2V-Ee3U.

Invisibilização e desaparecimento social: subexposição e superexposição

Havia afirmado que nossa[7] concepção de sujeito exige que sua fala seja considerada levando-se em conta sua inscrição no laço social, ou seja, o lugar em que o sujeito e o outro a quem se dirige se situam na rede discursiva. Se esse é um dos pilares deste livro, como reunir os depoimentos de negros e negras brasileiros tão distantes temporalmente, pertencentes a grupos sociais e faixas etárias variados e dirigidos a diferentes interlocutores? O que há de comum entre a fala da analista Isildinha Nogueira sobre sua analisante na década de 1990 e a denúncia expressa pelo *rapper* Emicida? O que perpassa tanto os depoimentos para uma pesquisa sobre relações raciais ocorrida há cerca de oito décadas como o depoimento de uma jornalista negra, 73 anos depois?

Esses testemunhos são de negros e negras que se dizem e reconhecem-se assim, habitam o eixo Rio-São Paulo e comungam de algum sentimento de *invisibilização*, que reverbera e repete-se, trazendo um elemento comum de inscrição na rede discursiva. É essa repetição e insistência que nos permite tratar tal *invisibilização* como algo que marca esses sujeitos em um certo tipo de transmissão por esse Outro sócio-histórico. Agrupá-los tem somente o efeito de colocarmos contingencialmente esses sujeitos sob essa marca comum. Isso não significa promover o desaparecimento da singularidade de cada um deles, como se fossem todos idênticos, e, sim, salientar, por meio da escuta dessa repetição, essa marca com que cada negro ou negra brasileiro(a) que mora em São Paulo terá de se haver, quase inexoravelmente, ao longo da vida.

---

7 Concepção compartilhada e defendida pelo grupo de pesquisa do Laboratório Psicanálise, Política e Sociedade, coordenado pela Prof.ª Miriam Debieux Rosa.

Daí que procurarei escutar a fala de *Sandra* nessa rede discursiva, amplificada por todas essas falas de outros sujeitos que, não sendo ela mesma, apontam, no entanto, algo que é também dela. Apontam uma pertença comum, de tal modo que, ao escutar como ela se sente *silenciada* e *invisibilizada*, não se pode perder de vista todo um *silenciamento* e *apagamento* produzido socialmente, que perdura no Brasil ao longo de muitos anos.

O que é preciso deixar claro nesse momento é que, para escutar a fala de *Sandra*, não é possível deixar de apontar, em primeiro lugar, uma marca de distinção em relação aos brancos brasileiros, experimentada e relatada pelos negros brasileiros e que a colocaria, com outras mulheres negras, em uma posição discursiva peculiar. Uma marca articulada a uma questão fenotípica, ou seja, traços físicos como formato de rosto, tipo de cabelo e coloração da pele, que, com outros marcadores, como a condição econômica e educacional, colocaria brancos e negros, em diversas situações, em posições discursivas bastante diferenciadas.

Enquanto no Brasil essa marca viria a partir de uma articulação com a aparência ou o fenótipo, em outros países tal articulação se daria pela descendência. Ser branco ou ser negro nos Estados Unidos dependeria da origem étnica e genética de cada pessoa; tanto assim que, diferentemente daqui, lá, um descendente de uma família negra há menos de três gerações, independentemente de sua aparência, seria considerado negro (Segato, 2005; Schucman, 2014; Schwarcz, 2014).

Essa sensação de *invisibilidade* seria, então, partilhada por sujeitos que teriam em comum uma mesma *segunda pele que constrói realidades*, como diria Lilia Schwarcz (2014). Espero ter esclarecido que não estou querendo estimular pertencimentos raciais e crenças em raças no sentido biológico, mas estou partindo da constatação de que, embora raça, no sentido genético, não exista, no Brasil "a raça existe na cabeça dos racistas e de suas vítimas" (Munanga, 2005-2006).[8]

O que defendo, acompanhando Kabengele Munanga (2005-2006), Lilia Schwarcz (2014) e Rita Laura Segato (2005), entre outros que realizam pesquisas imprescindíveis no Brasil, é que haveria representações sociais e políticas que exerceriam uma influência concreta e fundamental no modo de pertencimento e reconhecimento dos sujeitos brancos e negros, sendo a discriminação racial neste país inquestionável, camuflada, insidiosa e persistente.

Ser negro, no Brasil, significa ter traços que lembram e remetem ao processo de escravização, de modo que alguém pode ser negro e não fazer parte dessa história diretamente, ou seja, não descender de ancestrais apreendidos e escravizados, mas ainda assim carregar essa marca que será lida no contexto dessa história (Segato, 2005).[9]

Essa *segunda pele que constrói realidades* será tomada, neste livro, como algo que promove processos identificatórios fundamentais, mas não será considerada como constituindo identidades fixas. Como veremos ao longo destas páginas, defenderei que esses marcadores sociais devem ser vistos como contingentes e não essencializados; eles inscrevem o sujeito em uma certa posição nesse Outro sócio-histórico, com consequências nas representações sociais e no imaginário social, mas isso não significa conceber a

---

8 Kabengele Munanga defende que o uso dos léxicos "etnia", "identidade" ou "diversidade cultural" como forma de tentar combater o racismo é absolutamente ineficaz, uma vez que "o racismo é uma ideologia capaz de parasitar em todos os conceitos" (Munanga, 2005-2006, p. 53).

9 Vale dizer que esse processo não se dá em relação à população indígena brasileira; a "identidade do índio" exigiria conteúdos de etnicidade substantivos: "Se, no caso do negro falamos de identidade racial (ou de fundamento racial), no caso do índio podemos falar confortavelmente de identidade étnica" (Segato, 2005, p. 5).

construção de uma identidade coerente e acabada, seja ela branca, seja ela negra ou qualquer outra.

Essas identificações contingentes se evidenciam, por exemplo, quando esses diferentes sujeitos cujos depoimentos foram apresentados relatam que se sentem *invisibilizados*, e considero que isso não deva ser entendido como algo individual, e, sim, como algo singular remetido a uma posição discursiva que lhes é, naquele ponto, comum. Outras identificações contingentes vão aparecer durante este livro, de modo a apontarem porque também defendo que, em nosso país, a pele de cada um tem como consequência uma *segunda pele*.

Entendo, com José Moura Gonçalves Filho (2008), essa sensação de "ter que dar sumiço em si mesmo" como um dos efeitos da dominação, e é preciso lembrar e afirmar que, no Brasil, essa relação de dominação aparece articulada, há séculos, com a cor.

"Quando quem fala é todavia impedido de falar, impedido de opinar, impedido de responder por um ponto de vista e participar de decisões, começa a desaparecer socialmente" (Gonçalves Filho, 2008, p. 68), e *Sandra* parece perceber isso com sagacidade; talvez por isso mesmo ela insista em não desaparecer.

> *Na escola não tem afinidade, diretor, pedagoga só falam "olha, o Y está assim, assado e assina aqui" [o termo de ocorrência escolar]. Se o diretor entra, teria que ouvir deles [alunos], mas [os alunos] não conseguem falar, só eles [educadores] falam, não deixam o aluno falar o que foi a realidade . . . Aluno mente? Nem sempre. (Sandra, 2013)*
>
> *São pessoas [educadores] que acham que estão acima da mãe, mas nós que somos os pais. Então, deveria ser:*

> *"temos que ouvir os pais". Mas não dão essa liberdade. (Sandra, 2013)*

O que *Sandra* aponta é uma relação entre esses impedimentos (de falar, de opinar e de responder) e o processo de dominação: não só sente que os outros (educadores) não querem escutá-la - e também não querem escutar nem seus filhos, nem os outros alunos e familiares da escola - como aponta que isso se dá porque esses outros *acham que estão acima da mãe.*

Não fosse a escuta de tantos outros depoimentos a que tive acesso por meio de pesquisas anteriores sobre negros brasileiros, alguns destes reproduzidos no início deste capítulo, e outras tantas falas que pude escutar quando desta pesquisa, eu poderia ter a falsa impressão de que essa *invisibilização* seria monopólio do universo escolar ou uma dificuldade individual de *Sandra*. No entanto, quando a queixa de *Sandra* é escutada lembrando-se de sua inscrição na rede discursiva, acredito que aquilo que ela aponta da postura dos educadores, longe de ser um funcionamento exclusivo dela ou, ainda, desta escola ou das instituições de ensino, seria uma reprodução, no universo escolar, de um discurso de dominação e humilhação política.[10]

Assim, a fala de *Sandra* toma outros contornos que não somente a sua relação com a escola de seus filhos, quando cotejada com vários testemunhos dos diversos modos de se sentir *desaparecendo socialmente* em tantos outros espaços públicos além da escola. Foi também isso que escutei de *Neide*, outra entrevistada, que disse o quanto se sentiu completamente *silenciada* nos atendimentos médicos pelos quais passou.

---

10 Para um aprofundamento da questão da humilhação política, os trabalhos de José Moura Gonçalves Filho (Gonçalves Filho, 2007, 2008) são preciosos.

Neide me contou que, quando teve seu primeiro filho, não sabia como tinha engravidado e como ele nasceria. Apesar de ter realizado seu pré-natal desde o início até o final da gestação com o mesmo médico, este nunca lhe perguntara se ela tinha alguma questão e, com isso, ela nunca *sentira abertura* para lhe expor suas dúvidas e perguntas.

> *Eu ia lá todo mês, mas morria de vergonha de falar pro médico. Meu filho ia nascer e eu não sabia nem por onde ele ia sair! (Neide, 2006)*

Por que uma boa pergunta deixa de ser feita? Quem é *Neide*? O que quer saber sobre seu corpo? Quais são seus receios como mãe de primeira viagem? Quem é *Sandra*? O que ela acha que se passa com seus filhos na escola?

"*Então, deveria ser: 'temos que ouvir os pais'. Mas não dão essa liberdade*", nos diz *Sandra*, ou "*não tinha abertura*", nos diz *Neide*.

É possível perceber o desdobramento dessa resistência em ouvir quando, a cada encontro com o outro, no lugar do estranhamento diante do não saber de antemão *quem ele é* ou *o que quer dizer*, se o concebe como já sendo conhecido, movimento que *Sandra* explicita ao apontar as apressadas conclusões que acredita que o outro atribui sobre ela. Ao não lhe perguntar, não indagar e não *fazer questionamento*, a sensação que ela tem é de que o outro já a condenara de antemão:

> *Acho que no fundo [os educadores] estão pensando: "se ela desse mais educação pro filho dela, ele não era assim". (Sandra, 2013)*

Nesse caso, é possível atribuir essas conclusões precipitadas a uma resistência nessa relação de estranhamento, uma resistência que é agravada e potencializada pela desigualdade social e racial. O estranhamento fruto do encontro com o heterogêneo, quando se trata de uma relação de dominação, em vez de permitir uma abertura para o outro, produz desprezo, como se o outro não tivesse rosto ou nome (Gonçalves Filho, 2008).

Na fala de *Sandra* sobre a postura dos educadores, ainda que pudesse ocorrer algo semelhante com famílias brancas em condição social desfavorável, a questão da sua cor não pode ser menosprezada. Os depoimentos do início deste capítulo ajudam a corroborar essa hipótese, pois vários deles são de negros com uma condição social bastante favorável, e, mesmo assim, a sensação de *precisar sumir* ou de *não ser enxergado* permanece nos seus relatos. Ou seja, estou considerando que a desigualdade social não é suficiente para pensar o lugar social ocupado por *Sandra* e tantas outras mulheres negras e pobres, sendo a desigualdade racial algo fundamental na reflexão desse processo de *silenciamento* e *invisibilização*.

As pessoas são agentes de surpresa, e não máquinas previsíveis: por que então nos relacionamos com determinadas pessoas como se não tivessem seus mistérios e sua singularidade insondável? Diante dessa pergunta, José Moura Gonçalves Filho (2008) propõe uma resposta: no olhar do branco, o negro estaria em uma posição compulsória de um serviçal, de um subordinado – esta seria a razão de ele estar aí.

A *invisibilização* e o *silenciamento*, ou seja, a *subexposição*, caminham lado a lado com a *superexposição*. Isso significa que não é suficiente pensar que o sujeito *desaparece* socialmente, pois ele pode até ser excessivamente notado, como acontece quando é reconhecido somente pela via da periculosidade ou da patologização. Nesse caso, não é que ele se torne invisível, mas sim que só pode ser enxergado desde um único e mesmo lugar: "*se ela desse mais educação pro filho dela, ele não era assim*", nas palavras de *Sandra*. O sujeito que desaparece socialmente não é enxergado nem reconhecido como um sujeito, alguém que teria subjetividade, desejos, aspirações, emoções e receios singulares.

> *É por superexposição que a gente se relaciona com os servos, como se soubéssemos suficientemente quem são eles, por que e para que estão ali . . . a gente sabe o que esperar dele, esperamos aquilo a que está obrigado. É obrigatório que nos satisfaça. (Gonçalves Filho, 2008, p. 69)*

Diríamos que, da mesma maneira que *Sandra* mostra o quanto ficaria *subexposta* nesse processo de *desaparecimento social* a que se sente convocada, explicita essa face da *superexposição*, na medida em que percebe que o outro age como se ela já pudesse ser conhecida, simplesmente pelo lugar social que ocupa, sua cor, sua condição socioeconômica.

O ingresso das pessoas no espaço público já as marca, imediatamente depois da leitura de gênero, binariamente, entre excluídas e incluídas, a partir de um conjunto de vários indicadores, dentre os quais, como está sendo afirmado, a cor é o mais forte (Segato, 2005). A consequência desse processo, conforme Miriam Debieux Rosa (2002) afirma, é que o direito não só à cidadania, mas ao gozo e à palavra seria, em nosso país, privilégio de alguns – os incluídos. Os outros estariam fadados a *vidas secas*,[11] a um campo de

11 Este termo foi utilizado por Miriam Debieux Rosa (2002) em seu texto "Uma escuta psicanalítica das *Vidas Secas*" em referência ao livro de Graciliano Ramos *Vidas Secas*, que traz como temática os efeitos devastadores da miséria.

necessidades básicas, portanto, sem desejos e sem mistérios, *subexpostos* e *superexpostos*.

Estou considerando essas duas experiências, da *invisibilização* e da *superexposição* a partir das dimensões de singularidade e de campo social. Para isso, parti do pressuposto de que a singularidade e o campo social não podem ser tomados como separados e isolados, nem como sobrepostos (como se fossem a intersecção de dois conjuntos), e, sim, como *contidos um no outro*, conforme apontei anteriormente. Assim, ao invés de se pensar a singularidade e o campo social como o direito e o avesso separados com margens delimitadas, estou propondo o direito e o avesso em uma continuidade. A *Banda de Moebius* auxilia e ilustra esse movimento, que, embora pareça uma passagem do singular ao campo social e vice-versa, é um movimento em que não há margem de separação entre essas dimensões. Por essa razão, pude seguir de uma face da banda – o discurso singular de *Sandra* – para esta outra-mesma face: sua inscrição no campo social, de modo que meus ouvidos ficaram sensíveis a algumas repetições e marcações desse campo discursivo, escutando significantes que em outros contextos não soariam, para mim, destacados da cadeia discursiva. Dessa forma, pude destacá-los por ter escutado *Sandra*, e pude escutar *Sandra* desde uma nova dimensão a partir do destaque desses significantes.

A *invisibilização* e a *superexposição*, na medida em que *não* são situações a que todos estão referidos igualmente no nosso país, fazem com que muitos de nós tenhamos de nos deslocar das palavras que são nosso solo comum e que nos acostumamos a ouvir como se fossem partilhadas do mesmo modo por todos. É preciso lembrar que também nós, brancos, estamos inscritos de alguma maneira na rede discursiva para podermos ouvir que vários sujeitos, diferentemente de nós, não se sentem *enxergados* de antemão, na sua vida cotidiana: sentem-se *silenciados* ou *superexpostos*.

Fazer esse deslocamento do que frequentemente se entende como individual para o sujeito inscrito no laço social tem inúmeras consequências. Além de considerar que essa sensação de *subexposição* e de *superexposição* não pode ser entendida como uma questão de cada um desses sujeitos em particular, esse deslocamento tem por efeito inseri-la em um tecido social que marca tanto os sujeitos *visíveis* quanto os *invisibilizados*. Significa articular essa sensação de *invisibilização* não só em relação a quem denuncia seus efeitos, mas em relação àqueles que estão imbricados com a produção destes. Ou seja, trata-se de uma sensação que não pode ser entendida como uma questão pertinente unicamente à população negra brasileira, e sua complexidade não pode ser atribuída a uma dificuldade que lhes caberia exclusivamente.[12] Ela está inscrita em toda uma trama das relações raciais no Brasil, que se inicia com o nosso país, e não se pode puxar esse fio sem articulá-lo a todo o tecido social no qual *estamos*, de algum modo, todos inscritos.

Quando esses sujeitos dizem que não são desejados nas ruas da cidade, que não gostam de aparecer temendo retaliações, que não se reconhecem nas revistas e comerciais, que não são escutados e considerados na escola, o que estão apontando?

A produção da *invisibilidade* dos sujeitos cujos testemunhos recolhi se dá em uma relação intrínseca com os sujeitos que são *visibilizados* cotidianamente. Quem são os sujeitos que podem aparecer? Quem são os sujeitos que podem ser vistos nas ruas, que estão nas capas de revistas e nos comerciais, que são escutados na escola?

No Brasil, eles são brancos.

---

12 Bento (2012a) trabalha muito bem esse aspecto no seu artigo "Branqueamento e branquitude no Brasil", citando o que Hasenbalg chamou de "acordo tácito" na sociedade brasileira: não se falar sobre o racismo e encarar as desigualdades raciais como um problema do negro.

> *Se você não nasceu no terreiro, se você não nasceu na escola de samba, nem num lugar onde tem uma manifestação de matriz africana: você se fada a uma vida branca, a uma vida de pessoa branca, suas referências são referências brancas mesmo sendo uma pessoa negra. (Depoimento de Priscila Di Lá, 2013)*[13]

O sujeito negro estar fadado a uma *existência branca* seria a chave de entendimento para a sensação de *invisibilização* enunciada nos diversos testemunhos acima. Essa é uma questão bastante complexa que será abordada e problematizada ao longo deste livro. Haveria uma injunção a referentes simbólicos hegemônicos, marcados por referenciais de famílias com alto poder aquisitivo, brancas, como se esta fosse a única existência possível com valor, que sugeriria, a princípio, que o sujeito, para existir, precisaria desaparecer (no sentido de sua existência física) ou fazer desaparecer suas referências (cor de pele, pertença social, herança cultural), assentando sua humanidade em uma referência simbólica que não seria a sua.

Como ser visível sendo negro, em um campo de referências em que o branco foi tido como universal e tomado como a referência da própria condição humana?

O negro no mundo dos brancos: produção do branqueamento e da branquitude

Seja para afirmar-se ou para negar-se, o negro toma o branco como marco referencial, afirma-nos Neusa Souza, em uma tentativa

13 Depoimento no documentário *25 de julho – Feminismo negro contado em primeira pessoa*. Recuperado de www.youtube.com/watch?v=J6ev2V-Ee3U.

(muito bem-sucedida, aliás) de tratar da experiência de "ser-se negro" no que chama uma "sociedade branca": "De classe e ideologia dominantes brancas. De estética e comportamentos brancos. De exigências e expectativas brancas" (Souza, 1990, p. 17).

A observação de que os meios de comunicação utilizam o modelo branco quando precisam mostrar uma família, um adolescente ou uma criança (Bento, 2012a), salvo bem-vindas exceções, continua valendo[14].

> *Esses dias, eu estava no salão que sempre vou para fazer meu cabelo e estava lendo revista de penteados pra noivas e comecei a dar risada e falei: "que legal, mulher negra não casa!". Porque não tem mulher negra com penteado para noivas. (Daniela Gomes, jornalista, 2013)*[15]

> *Todas nós, em algum momento do jardim da infância, aprendemos que, para colorir um desenho de uma pessoa, usa-se o lápis cor de pele, o ilustríssimo. Alguma coisa entre rosa e laranja, ou salmão, ou bege, ou creme, ou tudo isso ao mesmo tempo, que seria o tom perfeito para pintar bochechas, pernas e barrigas, afinal, é a cor que representa a pele das pessoas. Mas de quais pessoas? (Zaíra Pires, redatora e blogueira, 2013)*[16]

---

14 Essa afirmação se baseia nos estudos coordenados pela Prof.ª Iraí Carone, do IPUSP, entre 1993 e 1996. De lá para cá é preciso considerar várias mudanças relativas a essa (in)visibilização dos negros, seja por interesses mercadológicos decorrentes do aumento de negros consumidores no mercado (Reis Filho, 2005), seja pela luta política, seja como efeitos de políticas afirmativas.

15 Depoimento no documentário *25 de julho – Feminismo negro contado em primeira pessoa*. Recuperado de www.youtube.com/watch?v=J6ev2V-Ee3U.

16 Recuperado de http://blogueirasnegras.org/do-cor-de-pele-ao-nude/.

Essa universalidade do branco como padrão fica quase caricatural quando nos lembramos de que esse termo "cor de pele", embora ausente nos dicionários brasileiros mais consagrados, esteve presente nas caixas de lápis de cor dos fabricantes mais conhecidos até recentemente.

Uma vez que o número de termos escolhidos pelos entrevistados como autodenominação da cor de suas peles em pesquisa nacional por amostra de domicílios (PNAD), do IBGE, realizada em 1976, chegou a 136, a utilização e existência do termo "cor de pele" neste mesmo período torna-se emblemática.

É essencial perceber o quanto *o branco* passou a ser tomado naturalmente como o universal, a regra, o parâmetro de normalidade, uma vez que essa naturalização perdura, infelizmente, em diversas pesquisas psicanalíticas, conforme poderá ser visto mais adiante.

Por ora, pretendo apontar que a construção desse ideário do branco como universal e ideal no nosso país encontra raízes históricas longínquas, sucintamente mencionadas a seguir.

Branqueamento como política de Estado

Conforme lembra Maria Aparecida Bento (2012a, p. 25), "considerando (ou quiçá, inventando) seu grupo como padrão de referência de toda uma espécie, a elite fez uma apropriação simbólica crucial que vem fortalecendo a autoestima e o autoconceito do grupo branco em detrimento dos demais".

É possível sintetizar todo esse processo sob o nome de *branqueamento*, processo esse que abarca e abarcou brancos e negros e que, embora tenha sido inventado pela elite branca brasileira, foi apontado por ela como sendo um problema exclusivo dos negros (Bento, 2012a).

> *Branqueamento, não importa em que nível, é o que a consciência cobra da gente, prá mal aceitar a presença da gente. Se a gente parte pra alguma crioulice, ela arma logo um esquema prá gente "se comportar como gente". (Lélia Gonzalez, socióloga, 1980)*[17]

Considero o *branqueamento*, com Gonzalez (1984), Hofbauer (2007), Carone (2012), Bento (2012a) e Piza (2012), como um ideal, construído socialmente, que associa *status* social elevado à cor/raça branca, disseminado tanto entre brancos como entre não brancos, com efeitos sociais e políticos.

Essa articulação entre o embranquecer e uma experiência de ascensão social fica facilmente compreensível com o depoimento seguinte:

> *Quando eu era negro minha vida era muito difícil. (Dentista negro, Minas Gerais)*[18]

Hofbauer (2007) aponta que, embora a maioria dos pesquisadores credite esse ideário do branqueamento ao final do século XIX, com a proximidade do fim da escravidão, as raízes dessas noções de branco e de negro associadas a ideias moral-religiosas

---

17 Apresentado na reunião do Grupo de Trabalho "Temas e Problemas da População Negra no Brasil", no IV Encontro Anual da Associação Brasileira de Pós-graduação e Pesquisa nas Ciências Sociais, Rio de Janeiro, 31 de outubro de 1980, publicado em Gonzalez (1984, p. 227).

18 Entrevistado recentemente por Lilia Schwarcz (2014, p. 102).

têm sua origem em um discurso religioso medieval.[19] "Desde os primórdios das línguas indo-europeias, o branco representava o bem, o bonito, a inocência, o puro, o divino, enquanto o negro era associado ao moralmente condenável, ao mal, às trevas, ao diabólico, à culpa" (Hofbauer, 2007, p. 3).

O que esse autor afirma é que, durante séculos, foi um discurso de base religiosa que sustentou e legitimou a escravização de negros africanos, de modo que os jesuítas defendiam a vinda de africanos escravizados[20] para o Brasil como um modo de "salvar as almas de gentes enegrecidas" (Hofbauer, 2007).

Andreas Hofbauer aponta o quanto "no contexto colonial e imperial brasileiro, estabelecer-se-ia um ideário – que se tornaria hegemônico – que fundia, de um lado, 'negro' com a condição de escravizado e, de outro, associava 'branco' aos ideais morais-religiosos e ao status de livre" (Hofbauer, 2007, p. 4).

Os frequentes relatos de viajantes do começo do século XIX que traziam a ideia de "melhorar a cor" e "aprimorar o sangue" demonstram que já havia, naquele momento, um ideal de branqueamento. Esse ideal, com caráter fortemente ideológico, tinha o grande potencial de dificultar uma organização em torno de reivindicações comuns e inibir reações coletivas por parte dos não brancos, induzindo-os a buscarem se apresentar e aproximar-se do

19 Hofbauer (2007) mostra como a reinterpretação de um trecho do Antigo Testamento teve uma importância fundamental associando culpa e imoralidade com a escravidão: trata-se da maldição de Noé, que condenou o filho de Ham por causa de um comportamento imoral a ser "o último dos servos dos seus irmãos". "Interesses políticos e econômicos fariam com que, já em textos de importantes letrados medievais, os descendentes de Ham se transformassem em negros" (Hofbauer, 2007, p. 3).

20 Utilizar o termo "escravizados" tem o intuito de explicitar o caráter relacional envolvido no escravismo.

padrão hegemônico, negociando de maneira individual alguns privilégios (Hofbauer, 2007).

A ideologia do branqueamento foi sofrendo transformações importantes no imaginário social desde o período pré e pós-abolicionista até o momento atual. Se, inicialmente, estava relacionada a um receio e anseio das elites brancas - dada a população ser majoritariamente negra no período próximo ao abolicionismo –, hoje seu sentido é de "um tipo de discurso que atribui aos negros o desejo de branquear ou de alcançar os privilégios da branquitude[21] por inveja, imitação e falta de identidade étnica positiva" (Carone, 2012, p. 17).

A pergunta que fica é: como um problema que seria próprio das elites brancas - o receio de que os negros, com um contingente maior que os brancos, pudessem se revoltar e rebelar-se contra a sua condição de subalternidade frente aos brancos - passou a ser interpretado ideologicamente como um problema pertinente aos negros, expresso no desejo de branquear? (Bento, 2012a). Para responder a esta pergunta, a autora defende que " uma boa maneira de se compreender melhor a branquitude e o processo de branqueamento é entender a projeção do branco sobre o negro, nascida do medo, cercada de silêncio, fiel guardião dos privilégios" (Bento, 2012a, p. 39).

No período pré-abolicionista, foram se desenvolvendo, além da argumentação em favor do fim da mão de obra escrava, ideias de branquear o povo brasileiro, uma vez que a miscigenação era um fato dado e irreversível. Essas ideias se sustentavam em uma adaptação brasileira da teoria científica de J. A. Gobineau, a qual condenava o cruzamento inter-racial, afirmando que este ocasionava a

21 Bento (2012a) conceitua a branquitude como os traços de identidade racial do branco no Brasil, a partir das ideias de branqueamento (p. 25).

perda de pureza do sangue e a produção de seres que comprometiam o potencial civilizatório[22] (Carone, 2012).

A exaltação da pureza racial, com a crença da degeneração provocada pela mistura de raças, gerava por parte dos políticos e intelectuais um grande receio em relação ao futuro. Temiam o modo como o Brasil se organizaria com a abolição da escravatura, tendo um número tão grande de negros e mestiços. Nesse contexto, o ideário do branqueamento, já consolidado na formação social do país, aparecia como possibilidade de transformação de uma raça inferior em uma raça superior. Para isso, era necessária a predominância de brancos nos casamentos entre raças, o que estaria sendo garantido e promovido com a importação de imigrantes. A idealização do branco já presente desde muito tempo se articula, nesse momento, com a ideia de progresso, visando à modernização e à industrialização por meio da mão de obra branca (Hofbauer, 2007).

O contingente populacional de negros e mestiços, segundo o Censo de 1872, era de 55% do total dos brasileiros, o que teria produzido uma sensação de ameaça e medo na elite branca por conta dessa superioridade numérica, que teria contribuído para que o governo brasileiro implantasse uma política de imigração bastante incisiva. Tal política trouxe para o Brasil 3,9 milhões de imigrantes europeus em um período de trinta anos, ou seja, o número de imigrantes trazidos nessas três décadas foi praticamente equivalente ao número de africanos trazidos durante três séculos, também cerca de 4 milhões (Bento, 2012a).

A partir de 1860, segundo Hofbauer (2007), é possível identificar em vários textos daqueles que defendiam o abolicionismo

22 Tanto assim que "o mestiço seria o mulato, equivalente ao mulo, animal híbrido e infértil derivado do cruzamento do jumento com égua ou do cavalo com a jumenta" (Carone, 2012, p. 14).

e a importação de imigrantes europeus a ideia de certa harmonia entre senhores e escravizados no Brasil, diferentemente de como se compreendiam as relações raciais em outros lugares. O autor aponta o médico e antropólogo João Batista Lacerda[23] como o que apresentava de maneira mais evidente a conjunção entre o ideário de branqueamento e o ideário do Brasil como *paraíso racial*, que mais tarde ficou conhecido como o mito da *democracia racial*. "A ideologia do branqueamento era, portanto, uma espécie de darwinismo social que apostava na seleção natural em prol da 'purificação étnica'" (Carone, 2012, p. 16).

A expectativa de que os negros desaparecessem numericamente e fossem assimilados pelos brancos, com seus descendentes cada vez mais claros, como modo de melhoria racial ou processo civilizatório – e o incentivo para que isso ocorresse –, parece-nos um dos elementos-chave na sensação de *invisibilização* anteriormente relatada. Como dissemos, se, em um primeiro momento, tratava-se da promoção concreta desse branqueamento como política de Estado, em um segundo momento, o branqueamento passou a ser interpretado como um desejo dos negros, que, supostamente, negariam e desvalorizariam suas próprias origens, buscando alcançar a branquitude.

Branquitude e o discurso sobre o desejo de branquear

Depois da abolição da escravatura, segundo Iray Carone, podemos perceber outra face e outra fase do ideário de branqueamento,

23 João Batista Lacerda foi o representante do país no Primeiro Congresso Universal das Raças em 1911, em Londres, e lá defendeu que o Brasil estaria a caminho de resolver sua questão racial: por meio da imigração e da seleção sexual (preferência por casamento com brancos), a raça negra seria dissolvida dentro de um período de cem anos (Hofbauer, 2007, p.6).

que consistiria em uma pressão cultural exercida pela hegemonia branca sobre o negro para que este negasse a si mesmo, tanto o seu corpo como a sua mente, como condição para se integrar, ser aceito e ter mobilidade social nessa nova organização sócio-política (Carone, 2012).

> *No convívio íntimo com brancos, o preto adquire as maneiras de pensar e sentir do branco também no que se refere ao próprio preto, passando a ter para o preto a mesma atitude e os mesmos sentimentos do branco. Em virtude dos contatos primários da infância e do mecanismo psíquico da identificação, o preto introjeta as ideias do branco e passa então a ver os pretos do ponto de vista do branco, desprezando-os. (Senhor negro entrevistado por Virgínia Bicudo, década de 1940)*[24]

> *Eu estava crescendo como artista e então ia sendo aceito. Aí eu já não era negro. Perdi a cor . . . Eu era aceito sem cor mas eu ia vivendo. Esse jogo era o meu jogo também. (Alberto, entrevistado por Neusa Souza, década de 1980)*[25]

> *Provavelmente os brancos racistas ririam muito de mim se pudessem me perceber intimamente, veriam que eu saí exatamente como eles esperavam que todos os negros fossem, com um horror a si mesmos. (Maíra, paciente de Isildinha Nogueira, década de 1990)*[26]

---

24 Caso nº 9 (Bicudo, 2010, p. 97).

25 Souza (1990, p. 65).

26 Nogueira (1998, p. 159).

Embora os três depoimentos anteriores pertençam a décadas diferentes, em um intervalo de cinquenta anos, a colocação de Florestan Fernandes, feita em 1971, sobre uma injunção ao negro a se identificar com o branqueamento parece fazer sentido em cada uma dessas falas. Segundo ele, "o negro permaneceu sempre condenado a um mundo que não se organizou para tratá-lo como ser humano e como igual... para participar desse mundo, o negro e o mulato se viram compelidos a *se identificar com o branqueamento psicossocial e moral* [grifo nosso]." (Fernandes, 2011, p. 33).

Foi partindo desse entendimento que Florestan Fernandes escolheu como nome para uma reunião de artigos seus, redigidos desde 1942 até 1969, "O negro no mundo dos brancos" (Fernandes, 2011).

A afirmação de que o negro estaria *no mundo dos brancos*, de algum modo, insiste e persiste, seja pela noção do branco como elite e classe dominante, seja pela noção de que os negros teriam sido compelidos a essa *identificação com o branqueamento social e moral.*

No entanto, é importante observar que Florestan Fernandes, embora tenha tido o mérito de problematizar e questionar o mito da democracia racial, revelando uma sociedade bastante desigual e apontando as consequências da violência racista sobre o negro, não teria apontado o papel ativo do branco nesse processo de manutenção das desigualdades raciais (Bento, 2012a).[27] Não se pode esquecer o papel das elites brancas na construção desse ideal social do branqueamento, uma vez que "o principal elemento conotativo dessas representações dos negros construídas pelos brancos é o de

27 "Não podemos chamar de omissão o papel da elite branca de 'virar as costas ao negro', tendo em vista que ela virou as costas sim, mas sem deixar de carregar consigo toda a riqueza produzida em quase quatro séculos de trabalho escravo" (Bento, 2012a, p. 49).

que o branqueamento é uma doença ou patologia peculiar a eles" (Carone, 2012, p. 17).

Observar que os estudos de Florestan Fernandes não teriam escapado de um olhar do branco sobre o negro, com uma roupagem de neutralidade racial em que a sua racialidade fica elidida na compreensão do *outro* (Piza, 2012), parece-nos fundamental. Isso porque seus estudos sobre as relações raciais no Brasil serviram de base para diversas pesquisas posteriores, tanto nas ciências sociais como em estudos na psicologia. Uma vez que as contribuições da psicologia e da psicanálise no Brasil basicamente se restringiram e se restringem aos estudos sobre os processos de identificação do sujeito negro, conforme já indicou Kabengele Munanga (2000, 2004), essa hipótese de Florestan Fernandes de que *as tentativas de integração feitas pelo negro seriam sintomas do seu desejo de branquear* deverá ser considerada com um cuidado redobrado. Tal hipótese tornou-se um subsídio essencial para as pesquisas psicanalíticas sobre o negro no Brasil que a ele se seguiram.

O silêncio da psicanálise sobre a negritude e a condição social: autores incolores e daltonismo nas pesquisas

Kabengele Munanga (2000, 2004) aponta o espaço quase insignificante reservado aos negros nas produções acadêmicas brasileiras nas áreas de psicologia e psicanálise. Relata que, na sua pesquisa "Cem anos de bibliografia sobre o negro no Brasil", encontrou menos de cinquenta trabalhos sobre o tema, sendo que, na USP, localizou apenas cerca de dez. Em relação à psicanálise, menciona, entre as poucas contribuições, os autores Jurandir Freire Costa, Antônio da Costa Ciampa, Isildinha Baptista Nogueira e Monique

Augras (Munanga, 2004). Em relação à psicologia de maneira geral, além dos nomes acima referidos, cita Iray Carone, Maria Aparecida Bento e Edith Piza (Munanga, 2000).

Em um primeiro momento, Kabengele Munanga se questiona se esse silenciamento sobre um tema que toca a vida de mais de 70 milhões de brasileiros de ascendência africana teria sido consequência direta ou indireta do mito da democracia racial, deixando os pesquisadores insensíveis à importância e à magnitude do tema do racismo. Mais adiante, ele coloca uma hipótese que seria mais específica do arcabouço teórico da psicologia e da psicanálise: "Seria o fato de, como nos dizem, o psíquico e o inconsciente não terem cor que provocaria a diluição da especificidade psicológica do negro num psiquismo universal abstrato . . . ?" (Munanga, 2004, p. 93).

Seguindo o caminho dessa indagação, acrescento que um dos motivos para essa escassez de produções poderia ser o receio, por parte dos analistas, de transformar traços identificatórios como "as mulheres negras", em traços identitários concebidos como categorias fixas e homogêneas. No entanto, esse receio de essencializar as marcas identificatórias contingentes, embora justificado, não serviu de impedimento para tantas publicações psicanalíticas sobre "as mulheres na pós-modernidade", "os adolescentes", "os toxicômanos", "as crianças adotivas", "os melancólicos", "as novas configurações familiares" etc., publicações que não necessariamente consideraram esses sujeitos como uma massa indiferenciada.

A preocupação de que, ao abordar especificidades das redes discursivas nas quais as mulheres negras brasileiras estariam inscritas, estaríamos colocando-as em um mesmo balaio identitário que as faria perderem aquilo que as torna singular, configura muito mais uma questão ideológica do que fundamentada teoricamente. Acreditar que, ao escutarmos uma mulher negra considerando sua condição racial – assim como consideramos tantas questões da rede discursiva na qual se inscreve, desde situá-la em tempos de um capitalismo avançado até as configurações familiares da atualidade –, estaríamos tomando-a por uma categoria geral e homogênea de "a mulher negra" significa muito mais uma reprodução, na clínica psicanalítica, do lugar atribuído ao negro pelo branco, de maneira geral. Ou seja, o temor de que isso necessariamente levaria a enxergar a questão racial com uma excessiva visibilidade é tributário do que Piza (2012) apontou como o *lugar da raça*, no sentido do espaço de visibilidade do *outro*: uma intensa individualização e neutralidade racial na percepção dos brancos e uma visibilidade excessiva atribuída à cor e ao grupo ao perceber os sujeitos negros. "Assim, o lugar do negro é o seu grupo como um todo e o do branco é o da sua individualidade. Um negro representa todos os negros. Um branco é uma unidade representativa apenas de si mesmo" (Piza, 2012).

Diante dessa escassez e desse silêncio da psicanálise sobre o tema, imagino ainda outro suposto argumento: pela nossa configuração social, racial e econômica, a procura desses pacientes pela clínica psicanalítica seria muito menor do que a procura da população de ascendência europeia, branca etc. Assim, as publicações e os estudos versariam somente sobre a clientela majoritariamente atendida e voltariam-se basicamente, ainda que não de forma explícita, à população branca, de classe média ou média alta.

Esse suposto argumento pode ser rebatido facilmente se lembrarmos de que a psicanálise tem tido há anos uma inserção em instituições públicas, e, com isso, não faltariam aos analistas casos a relatar, se fosse essa uma prioridade. Além disso, podemos nos apoiar no depoimento de José Tiago dos Reis Filho, que, ainda que considere a questão econômica um dado relevante, aponta que no seu consultório pacientes negros estão sempre presentes, trazendo as mais diversas questões, ainda que a racial sempre surja em algum momento. Único analista negro de sua cidade, ele indaga o que ocorreria com os outros analistas: "Sempre que pergunto a eles se atendem negros, geralmente dizem que já têm ou já tiveram algum analisante, mas que nunca se perguntaram pela questão racial. NUNCA!" (Reis Filho, 2005, p. 20).

Desse modo, o silêncio da psicanálise em relação à temática dos sujeitos atravessados pela negritude também não se justificaria por uma inexistência de casos atendidos, mas pela ausência da temática da questão racial nos atendimentos que os analistas realizam: "Será que os analisantes não se perguntam? Não querem saber? Ou os analistas não se perguntam e, ao não se perguntarem calam seus analisantes?" (Reis Filho, 2005, p. 20-21). Junte-se às falas de outros analistas as falas de alguns analisantes, também colhidas por José Tiago Reis Filho: segundo ele, quando estes vêm de outros processos terapêuticos ou psicanalíticos, costumam apontar uma surdez de seus analistas ou terapeutas anteriores no que se refere à questão racial (Reis Filho, 2005).

O que tornaria os psicanalistas tão surdos e refratários a essa questão?[28]

Acredito que essa surdez se dê – e aí não podemos nos furtar – pelo fato de que escutar os sujeitos nessas situações – que incluem o racismo e o preconceito, "geradas pela ordem social da qual o psicanalista usufrui – é levantar o recalque que promove a

28 Vale apontar como exceção, além dos autores elencados por Kabengele, a iniciativa fundamental ocorrida em 2012 do Departamento de Psicanálise do Instituto Sedes Sapientiae de realizar o evento "O Racismo e o Negro no Brasil: Questões para a Psicanálise". O material ali foi produzido e publicado cinco anos depois, num livro de mesmo nome, sob organização de Noemi M. Kon, Maria Lúcia da Silva e Cristiane C. Abud.

distância social e permite-nos conviver, alegres, surdos, indiferentes ou paranoicos, com o outro miserável" (Rosa, 2002, pp. 7-8).

É preciso considerar o quanto a resistência na escuta de pessoas que vivem sob o desamparo social e discursivo poderia ocorrer porque analista e analisando estariam em lugares opostos na estrutura social. O primeiro, por ser representante de um certo saber pelo seu próprio lugar de escuta e fala, portaria vários dos emblemas fálicos da cultura, dominaria os instrumentos da pertinência à estrutura social. O segundo, por imaginariamente ser destituído destes emblemas, frequentemente tomaria o peso de estar excluído desta estrutura: assim, a inclusão e a exclusão se encontrariam frente a frente (Rosa, 2002).

Seguindo a trilha dessa afirmação de Miriam Debieux Rosa, reafirmo a hipótese de que esse *silenciamento* não se deva a um rigor teórico, e, sim, a uma *invisibilização* do negro na clínica e nas pesquisas por conta de a maioria dos psicanalistas também tomar o branco como paradigma da condição humana, algo que Maria Aparecida Bento nomeia como *daltonismo* e *cegueira* dos estudiosos brasileiros

> *aqui incluídos psicólogos e psicanalistas, que conseguem investigar, problematizar e teorizar sobre questões referentes aos indivíduos de nossa sociedade de forma completamente alienada da história dessa sociedade, que já tem 400 anos. (Bento, 2012a, p. 42)*

O fato de os psicanalistas não estarem tratando especificidades dos negros e dos brancos não acontece por terem realizado pesquisas suficientes que apontassem a questão racial como algo indiferente no processo de subjetivação. O que é muito mais plausível é que grande parcela dos psicanalistas brasileiros esteja partindo do branco como universal, neutro e incolor, por não terem sido eles mesmos[29] colocados em experiências que tenham podido ou precisado questionar sua condição racial e, assim, não percebam essa questão como algo fundamental. "Assim, não é à toa que mesmo os pesquisadores mais progressistas não percebam o seu grupo racial, que implica um processo indiscutivelmente relacional" (Bento, 2012a, p. 41).

Esse *silenciamento* por parte dos psicanalistas torna-se ainda mais evidente quando mesmo os autores que defendem a necessidade de situar historicamente determinadas configurações familiares ou culturais esquecem-se de considerar o campo das desigualdades sociais e raciais dentro desse contexto histórico. Ou seja, os estudos psicanalíticos ou se referem especificamente a mulheres negras brasileiras[30] ou se referem a mulheres aparentemente neutras e incolores. A cor dessas mulheres supostamente universais, embora não seja explicitamente revelada em tais artigos, vai se mostrando muitas vezes nas entrelinhas, por meio das quais é possível ir percebendo uma tonalidade de pele bem clara.

Entre tantos artigos e estudos psicanalíticos sobre as mulheres e o feminino, tomarei apenas um exemplo, justamente por tratar-se de uma pesquisa extremamente rigorosa e consistente e, ao mesmo

29 Vale ressaltar que, apesar do pequeno número de analistas-pesquisadores negros e negras no nosso país, possivelmente eles estariam mais sensíveis à profundidade da questão racial, tanto assim que justificam seu interesse pela temática como situações vividas "na própria pele" (Bicudo, 1994; Nogueira, 1998; Souza, 1990; Chagas, 2009; Reis Filho, 2005).

30 Como exemplo citamos: *Significações do corpo negro* (Nogueira, 1998); *Tornar-se negro ou as vicissitudes da identidade do negro brasileiro em ascensão social* (Souza, 1990); "E a trabalhadora negra, cumé que fica?" (Gonzalez, 1982b); "Mulher negra: um retrato" (Gonzalez, 1979); *A união faz a força: expressões do mito familiar em famílias negras das camadas médias. São Paulo, século XXI* (Chagas, 2009); *Memória feminina: as lembranças de vida de mulheres portuguesas e afro-descendentes* (Teixeira, 2001).

tempo, ilustrar uma maneira muito disseminada de os analistas conceberem o lugar e o papel "das mulheres" na atualidade. A autora da tese *As mulheres e seus nomes: Lacan e o feminino* (Fuentes, 2009), ao nomear a primeira parte de sua pesquisa: "as mulheres e o feminino na cultura", aborda, entre outras temáticas, os vários nomes que designaram a mulher ao longo da história ocidental e faz uma interlocução com algumas vertentes do movimento feminista atual. Ao afirmar que as mulheres também são sujeitos históricos e apontar a mudança da inserção das mulheres na cultura ocidental, diz: "A mulher tornou-se um sujeito de direito capaz de exercer sua condição de cidadania, com acesso praticamente irrestrito ao ensino, ao exercício profissional, social, político etc." (Fuentes, 2009, p. 14). O que tal afirmação faz pensar é: a qual "mulher" a autora, e tantos outros autores psicanalistas, se refere? Como será explicitado a cada capítulo deste livro, as mulheres que entrevistei não teriam esse "acesso praticamente irrestrito" e, não nos esqueçamos, elas não se constituem como uma exceção no Brasil.

Esse exemplo não é para nos determos como algo específico dessa autora; se o escolhi, foi justamente para ilustrar o quanto está quase naturalizada na fala de muitos de nós – mesmo por autores e instituições psicanalíticas que se propõem a articular a psicanálise e a cultura – a concepção de uma mulher que estaria inscrita historicamente, mas não estaria marcada pelo campo das desigualdades raciais e sociais do nosso país.

Psicanalistas negras esquecidas e silenciadas: apagamentos sucessivos de uma mesma cor

Que as mulheres negras praticamente desaparecem no discurso psicanalítico, não é algo novo, nem sequer um fenômeno exclusivamente brasileiro: quando Isildinha Baptista Nogueira foi convidada por Felix Guattari, em 1984, a falar sobre sua experiência como psicanalista negra no evento "Psicanálise e Negritude", escutou de renomadas psicanalistas depoimentos incisivos sobre essa *invisibilização.*

> *Isildinha, seu texto sangra, seu texto é você. Nós temos que nos envergonhar de nunca termos pensado a questão dos negros dentro da psicanálise. (Radmila Zygouris, 1984)*[31]

> *Te peço desculpas por jamais ter pensado na sua questão; nessa questão que implica o povo negro, o lado negro da humanidade. (Françoise Dolto, 1984)*[32]

Ao tomar contato com esses depoimentos, solidarizei-me: quis pedir desculpas também. Tinha a ilusão de que, assim como para mim, os analistas *somente* (o que já seria extremamente grave) não teriam se debruçado sobre essa temática: *jamais tinham pensado.*

No entanto, a busca de bibliografia que articulasse a questão da mulher atravessada pela negritude no Brasil sob o prisma da psicanálise revelou algo ainda mais incisivo e violento.

O que me foi ficando evidente é que não se tratava unicamente de um espaço quase insignificante reservado às pesquisas sobre a subjetividade dos negros e negras, mas também um espaço quase insignificante reservado às produções de autores e autoras negras. Ou seja, não se tratava exclusivamente de um esquecimento da mulher negra como objeto de estudo a ser pesquisado – um *jamais*

---

31 Nogueira (2008, p. 40).

32 Nogueira (2012).

ter pensado –, mas também de um esquecimento de autoras negras que *já haviam pensado e tratado* desse tema. Ao encontrar estudos de psicanalistas negras que tinham se debruçado sobre a questão da negritude, em uma interface entre psicologia social, psicanálise e sociologia, fui me deparando com um outro-mesmo tipo de apagamento dessas autoras: fosse ele em relação ao nome ou à história de cada uma delas, ou ainda à obra e até mesmo à cor de suas peles. Com isso, é possível dizer que esse silêncio da psicanálise brasileira sobre o negro tem consistido em um duplo *silenciamento* e *apagamento* sobre os negros e negras, seja como autores, seja como temática relevante.

Ainda que a produção acadêmica sobre as mulheres negras seja escassa, a que existe não é muitas vezes recuperada como bibliografia nas pesquisas posteriores sobre a psicanálise e a negritude, nem se torna referência em artigos ou cursos de psicanálise. E, em outros casos, o que é extremamente sintomático, a memória sobre as autoras ou sobre suas pesquisas vai perdendo a cor, sofrendo um processo de *branqueamento* ou *invisibilização*, intensificando ainda mais a sensação dessa escassez.

Com o *silenciamento* das pesquisas sobre homens negros e mulheres negras deste país, acabou-se calando tanto a voz dos pesquisadores como a voz daqueles que deram seus testemunhos e depoimentos e, assim (quase) perdemos a chance de conhecer um material que permitiu e permitiria ainda mais elaborações conceituais importantes a partir desses registros.[33]

O caso mais emblemático, nesse sentido, refere-se à memória de uma das pioneiras tanto da psicanálise[34] como dos estudos das

---

33 Buscando não reincidir nesse esquecimento, alguns desses depoimentos encontram-se citados no decorrer deste capítulo, e outros estarão ao longo deste livro.

34 Vale lembrar que o baiano Juliano Moreira (1873-1933), considerado o

relações raciais no Brasil: a socióloga e psicanalista negra Virgínia Leone Bicudo (1910-2003). Sua vida e sua obra marcaram o início da psicanálise brasileira de um modo totalmente imbricado à questão racial, mas isso ficou praticamente esquecido.[35]

O segredo de Virgínia Bicudo

O pai de Virgínia havia nascido de "ventre livre", afilhado do importante fazendeiro de café Coronel Bento Bicudo; sua avó paterna (Virgínia Júlio) havia sido escravizada e, posteriormente, alforriada. Sua mãe vinha de uma família de imigrantes italianos, os Leone. "Virgínia, Leone e Bicudo eram três nomes que circulavam pelo mesmo espaço social, o da fazenda, exercendo papéis distintos (o escravo, o imigrante, o dono das terras)" (Gomes, 2013, p. 47).

Virgínia Bicudo não só foi a primeira mulher a fazer análise na América do Sul e uma das fundadoras da Sociedade Brasileira de Psicanálise de São Paulo como foi também quem defendeu a primeira dissertação no Brasil sobre relações raciais.

Apesar dessa dupla pertença no que se refere à sua formação acadêmica e de contribuições em momentos fundamentais, tanto na área da sociologia como da psicanálise, não foi só do meio psicanalítico que Virgínia Bicudo quase desapareceu:

---

fundador da psiquiatria moderna no Brasil, também era negro, sendo reconhecido como a primeira pessoa a difundir a psicanálise no nosso país (Roudinesco & Plon, 1998).

35 Registro como exceções, todas publicadas a partir dos centenários de nascimento de Virgínia Bicudo que retratam tanto sua trajetória como socióloga e psicanalista, assim como sua origem e sua história, os trabalhos de: Maio (2010a, 1945/2010b); Cytrynowicz (2013); Teperman e Knopf (2011); Moretzsohn (2013), Abrão (2010) e a dissertação de Janaína Gomes (2013).

> *... comecei a inquirir meus colegas das ciências sociais sobre a existência de tal pessoa [Virgínia Bicudo]. Silêncio. Ninguém a conhecia. Os poucos que já tinham ouvido falar sobre ela, não sabiam que era negra. (Janaína Damaceno Gomes, doutora em sociologia pela USP, 2013)*[36]

Esse desconhecimento sobre Virgínia Bicudo nas ciências sociais é bastante espantoso, primeiro, pela importância da sua dissertação de mestrado, *Atitudes raciais de pretos e mulatos em São Paulo*. Defendida em 1945, conseguiu antecipar, com a pesquisa de Oracy Nogueira, alguns pontos fundamentais sobre as relações raciais no Brasil, que seriam pesquisados somente na década seguinte. Ela apontou a existência do *preconceito de cor* e o quanto a ascensão social, ao invés de fazer desaparecer o preconceito racial por diluir as desigualdades, evidenciava-o, como algo que não era superado com a melhora das condições culturais e sociais do sujeito. Apesar disso, sua tese foi quase perdida: estava mofando na biblioteca da instituição em que ela cursou sua pós-graduação, até que em 2010 foi recuperada e publicada por Marcos Chor Maio (1945/2010b).

Como se isso não fosse suficiente, anos depois, Virgínia Bicudo foi uma das pesquisadoras do conhecido *Projeto Unesco*, que foi fundamental para os estudos raciais no Brasil, pois representou o marco da desmontagem do mito da democracia racial neste país. No entanto, quando da publicação desta pesquisa, *Relações raciais entre negros e brancos em São Paulo*, em 1955, os trabalhos de Oracy Nogueira, Aniela Ginsberg e Virgínia Bicudo foram tratados como "apêndices" da pesquisa principal, a qual supostamente teria sido coordenada por Florestan Fernandes e Roger Bastide, os

36 Gomes (2013, p. 23).

únicos que ficaram conhecidos, posteriormente, como autores do projeto (Maio, 1945/2010b).

Já o seu esquecimento na psicanálise se deu de outro modo. Foi durante o seu curso de ciências políticas e sociais da Escola Livre de Sociologia e Política que tomou contato com a psicologia social e, a partir daí, com textos de psicanálise que a motivaram a buscar o médico e psicanalista Durval Marcondes (Maio, 2010a, 1945/2010b; Gomes, 2013).

Em 1936, a psicanalista Adelheid Koch veio da Alemanha para o Brasil, tornando-se a primeira analista didata do país, e Virgínia Bicudo logo se tornou sua paciente.[37]

> *Eu fui a primeira pessoa que usou o divã da Doutora Koch. Mas não é pra contar isso pros outros, viu? Os médicos não vão gostar. Estou fazendo brincadeira agora. Acontece que fui mesmo... A Doutora chegou, todo mundo com receio, com medo... E a Doutora: "Estou organizando aqui, quero ver quem quer...". "Eu quero!" Eu sempre brinco que estreei o divã no Brasil. (Virgínia Bicudo, entrevista a Marcos Maio, 1995)*[38]

No início dos anos 1940, Virgínia Bicudo começou a lecionar as disciplinas de higiene mental e psicanálise com Durval Marcondes, na ELSP, o que transformou essa instituição em um espaço importante de difusão e de instituição de "saberes psi" no Brasil (Maio, 2010a).

37 Segundo depoimento dado por Virgínia aos 85 anos, Adelheid Koch teria começado a atender pacientes no Brasil somente a partir de 1939, após aprender o idioma. No entanto, segundo Maio (2010a) e Gomes (2013), Koch teria começado a atender em 1937, ano em que Virgínia teria se tornado sua primeira paciente.

38 Maio (2010a, p. 350).

> *Eu me interessei muito cedo por esse lado social. Não foi por acaso que procurei psicanálise e sociologia. Veja bem o que fiz: eu fui buscar defesas científicas para o íntimo, o psíquico, para conciliar a pessoa de dentro com a de fora. Fui procurar na sociologia a explicação para questões de status social. E na psicanálise, proteção para a expectativa de rejeição. Essa é a história. (Virgínia Bicudo, entrevista a Anna Verônica Mautner, 1998)*[39]

> *O que me levou para a psicanálise foi o sofrimento. Eu queria me aliviar de sofrer. Imaginava que a causa do meu sofrimento fosse problemas sociais, culturais. Então me matriculei na Escola de Sociologia e Política . . . Desde criança eu sentia preconceito de cor. Queria o curso de sociologia porque se o problema era esse preconceito eu deveria estudar sociologia para me proteger do preconceito, que é formado no nível sociocultural. No segundo ano do curso, com a professora Noemy Silveira, tive contato com a psicologia social. Comecei a ler e ali encontrei a psicologia do inconsciente de Sigmund Freud. Aí disse: "É isso que estou procurando". (Virgínia Bicudo, entrevista a Cláudio Tognolli, 1994)*[40]

Embora Virgínia atribua sua busca tanto pela sociologia como pela psicanálise ao *preconceito de cor* e à *expectativa de rejeição* que teria sentido na própria pele, esse dado foi, muitas vezes, não só omitido como distorcido. No seu documento de trabalho, ela foi identificada como "branca", a mesma cor que ela *aparenta* na placa em sua homenagem, fixada na entrada da biblioteca da Sociedade

39 Mautner (2000, p. 6).

40 Bicudo (1994, p. 6).

Brasileira de Psicanálise, conforme Janaína Damaceno (Gomes, 2013) tão bem observa.

"A cor atribuída a Bicudo revela uma das faces da ideologia do branqueamento no Brasil, em que a aparência de um indivíduo com marcas de origem africana poderia ser atenuada em função do grau de instrução, ocupação, aparência" (Maio, 2010a, p. 310), nos diz Marcos Chor Maio, utilizando-se das formulações da própria Virgínia Bicudo, publicadas em 1955, como explicação para o que teria se passado em relação à vida dela e à sua cor. "Seu processo de branqueamento foi notório. Seus traços afrodescendentes foram minimizados desde as mudanças socioeconômicas do pai, passando pela sua instrução e ocupação, até sua aparência"[41] (Almeida, 2011).

Em 1954, no Congresso de Higiene Mental, Virgínia foi vítima de acusações e difamações violentas, sendo chamada de charlatã pelos médicos[42] contrários ao exercício da psicanálise por não médicos. Ela já havia se tornado a primeira psicanalista não médica reconhecida pela *International Psychoanalytical Association* (IPA) no país.

Esse episódio lhe deixou sequelas que alguns pesquisadores apontam como fator decisivo para sua mudança para Londres no ano seguinte, por um período de cinco anos, durante os quais fez especialização em atendimento de crianças.[43]

---

41 Gomes (2013, p. 153) considera que Virgínia, no seu processo de ascensão, não teria embranquecido; teria perdido a cor temporariamente, mas teria tido uma velhice negra.

42 Flamínio Fávero, o primeiro diretor do Conselho de Medicina de São Paulo, foi um dos que comandou a ofensiva de desmoralização e acusação sobre Virgínia. À época, chegaram a ser distribuídos panfletos em que se lia: "Se eres neurótico e queres se tornar psicótico, procura a doutora Virgínia Bicudo. Se trate com a doutora Virgínia Bicudo" (Gomes, 2013, p. 61).

43 Ver também Braga (2016).

> *... era a hora da higiene mental apresentar. Eu estava sentada e todos os médicos de pé, todos gritando: "Absurdo! Psicanalistas não médicos!" Foi horrível! Olha que eu quase me suicidei por isso. Você ouvir outras pessoas dizendo: você é charlatã! Ah! Você não fica de pé! Você vai pra casa e quer morrer. (Virgínia Bicudo, entrevista ao Projeto Memória da SBPSP.)*

Difícil saber o quanto cada uma das características de Virgínia Bicudo estaria em jogo nessas acusações truculentas: mulher, negra, psicanalista não médica.

O fato de que o nome de Bicudo não apareça como referência nos trabalhos de psicanálise que tratam da questão da negritude, nem nos artigos de psicólogos que pretenderam recuperar o trajeto dos estudos das questões raciais do Brasil não pode ser atribuído a uma suposta falta de importância histórica de suas produções ou de suas posições, nem na sociologia, nem na psicanálise. Também não pode ser explicada por uma falta de exposição de sua parte: Virgínia Bicudo, além de clinicar e dar palestras, participou ativamente da institucionalização da psicologia e da psicanálise no Brasil, e criou um programa na Rádio Excelsior[44] que fazia bastante sucesso à época, além de ter uma coluna no jornal *Folha da Manhã*, chamada *Nosso Mundo Mental.*

"Arquivos roubados, tese mofada, entrevistas não publicadas, citações não feitas. Esses são alguns dos percursos do trabalho acadêmico de Virgínia Leone Bicudo" (Gomes, 2013, p. 153). Faço minha a reflexão de Janaína Damaceno Gomes: "por que ela mesma tornou-se um segredo que só começou a se desvelar para mim,

44 Era um programa em formato de novela, em que atores encenavam situações cotidianas de tensão, e ela analisava psicanaliticamente cada uma delas (Gomes, 2013, p. 61).

por força do acaso e das coincidências . . . o segredo de Virgínia é Virgínia como segredo" (Gomes, 2013, p. 27).

Neusa Souza e o ser negro como um *vir a ser*

Com tudo isso, no entanto, o segredo de Virgínia Bicudo não é o único no que se refere à relação da psicanálise brasileira com as autoras negras. Como lembra Gomes (2013) a respeito da trajetória intelectual de mulheres negras no Brasil, é fundamental atentar para os processos de *fabricação do esquecimento e da memória* por meio "da não citação em trabalhos acadêmicos, da extirpação de textos em compêndios . . . da ocultação da cor do pesquisador" (Gomes, 2013, p. 18).

Lembremo-nos, com Freud, que a *fabricação do esquecimento e da memória* nem sempre se dá de modo proposital ou consciente. É o que fica evidente em outro caso de *apagamento* da produção de uma psicanalista negra, tanto pela "não citação de um trabalho acadêmico" como pela "ocultação da cor do pesquisador" justamente por parte de um autor que buscava denunciar a omissão, a cumplicidade e a complacência com que a psicanálise sempre tratou a questão do racismo. Trata-se do artigo de Jurandir Freire Costa: "Da cor ao corpo: a violência do racismo" (Costa, 2003), escrito inicialmente como prefácio ao livro de Neusa Santos Souza, *Tornar-se negro.*[45]

O que me parece paradigmático nesse caso é que o texto de Jurandir Freire Costa tenha provocado uma forma de *apagamento* do livro pelo qual afirma nutrir grande respeito e considerar da maior

45 As formulações da pesquisa de Neusa Santos Souza serão abordadas detalhadamente no Capítulo "Sofia e o tornar-se uma mulher negra".

relevância, havendo uma homologia sobre o que ocorreu com esse texto publicado e a temática por ele abordada.

Neusa Santos Souza (1948–2008) foi uma psicanalista lacaniana que nasceu na Bahia, mas se estabeleceu no Rio de Janeiro. Estudou medicina e psicanálise e, para sua pesquisa acadêmica, entrevistou dez negros em ascensão social no Rio de Janeiro na década de 1980, escrevendo um trabalho que se tornou uma referência fundamental, publicado em 1983 sob o título *Tornar-se negro: ou as vicissitudes da identidade do negro brasileiro em ascensão social*.

Esse livro de Neusa Souza trouxe como prefácio o "Da cor ao corpo: a violência do racismo" de Jurandir Freire Costa (1990), bem como um posfácio de Gregório Baremblitt (1990), ambos contundentes, rigorosos teoricamente e poéticos. Posteriormente, Jurandir Freire reeditou esse seu prefácio em uma coletânea, com outros quatro artigos de sua autoria, sob o nome *Violência e psicanálise*, cuja primeira edição foi em 1984. É bastante curioso que, no capítulo do livro de Jurandir Freire Costa, embora o texto seja exatamente o mesmo que o do prefácio, não haja uma só referência bibliográfica ao livro de Neusa Souza que lhe deu origem: nem em notas de rodapé, nem indicação bibliográfica no próprio capítulo ou no final do livro, ou na sua introdução. Claro que, como prefácio dentro do próprio livro de Neusa Souza, isso seria desnecessário; mas a questão é que, ao deslocá-lo para um livro com outros artigos seus, a ausência do nome dela ou de seu trabalho de pesquisa não nos permite identificar o texto que ele tomou por base para prefaciar: o leitor de Jurandir Freire não sabe o quanto é ou não leitor de Neusa Souza.[46]

---

46 Jurandir Freire Costa faz referências a uma autora e um livro que estaria prefaciando, mas nunca registrando seus nomes, como pode ser visto nos exemplos a seguir: "prefaciar o presente livro . . . lendo este trabalho" (Costa, 2003, p.

A única dica sobre o livro ao qual Freire Costa estaria se referindo no decorrer desse artigo é quando ele afirma que "os estudos sobre as vicissitudes do negro brasileiro em ascensão social levou-nos incoercivelmente a refletir sobre a violência" (Costa, 2003, p. 136). Ao se referir a esses "estudos", ele não diz quem os fez e onde encontrá-los, só reproduz (não se trata de uma citação) parte do subtítulo do livro de Neusa Souza: *as vicissitudes da identidade do negro brasileiro em ascensão social.*

As consequências de Jurandir Freire Costa ter deixado de fora o título principal, *Tornar-se negro*, não representa um detalhe irrelevante. Não só porque *Tornar-se negro* é o único título que aparece na capa do livro de Neusa Souza e não se constitui um sinônimo do seu subtítulo, mas, principalmente, porque se refere a toda uma formulação do trabalho de Neusa Souza a que Jurandir Freire Costa não faz referência: *a possibilidade de um negro tornar-se negro.*

O que quero apontar é que essa pesquisa fundante e fundamental desta psicanalista negra, Neusa Souza, foi se tornando uma pesquisa menos acessível e de divulgação mais restrita que o texto que foi escrito como seu prefácio.[47] A questão é que o texto de Jurandir Freire Costa se refere à *violência racista*,[48] e o livro de Neusa Souza ao *tornar-se negro*, como bem expressam os títulos de um e de outro. Divulgando a obra de Neusa Souza com a ênfase na perspectiva da violência racista e sem acesso à obra de referência do texto original, o leitor perde a chance de tomar contato com toda a face de resistência diante dessa violência presente na fala de

---

135), "comentar um trabalho deste gênero" (Costa, 2003, p. 136). "Preste atenção a estas vozes que a autora nos fez ouvir" (Costa, 2003, p. 153).

47 Enquanto o livro de Neusa Souza teve sua segunda e última edição, de 1990, esgotada, o prefácio de Jurandir Freire Costa continua sendo reeditado no seu livro de artigos.

48 "Da cor ao corpo: a violência do racismo" (Costa, 1990, 2003).

alguns dos entrevistados de Neusa Souza e, principalmente, na da própria autora.[49]

Uma vez que no artigo-prefácio de Jurandir Freire Costa não é mencionada em momento algum a cor de Neusa Souza, o leitor perde a chance de saber que ela era negra e militante, e que seu livro representava, para ela, seu anseio de elaborar um discurso *do negro sobre o negro*, no que tange à sua emocionalidade (Souza, 1990).

O último artigo publicado por Neusa Souza foi, provavelmente, "Contra o racismo: com muito orgulho e amor" (Souza, 2008/2009), escrito especialmente para a edição de 13 de maio de 2008, por ocasião da comemoração dos 120 anos da abolição da escravatura, a pedido do editor do jornal *Correio da Baixada*.[50] Em dezembro do mesmo ano, Neusa Souza morreu,

> *suicidou-se sem antes jamais ter dado sinais de depressão ou de que pudesse um dia recorrer ao gesto extremo de tirar a própria vida . . . deixou apenas uma pequena mensagem pedindo desculpas aos poucos amigos do peito por sua decisão radical. (Herkenhoff, 2009)*

Apesar da importância de sua produção, ela nunca teve apoio efetivo da mídia, sendo sua morte noticiada praticamente só pela Fundação Palmares (Herkenhoff, 2009).

49 Esta diferença de ênfase num e noutro texto será abordada longamente no Capítulo "Sofia e o tornar-se uma mulher negra".

50 Jornal vespertino diário voltado para a periferia do Rio de Janeiro, segundo seu editor Alfredo Herkenhoff (2009).

Lélia Gonzalez: enegrecendo o feminismo

Diferentemente de Virgínia Bicudo e de Neusa Souza, Lélia Gonzalez (1935-1994) não era psicanalista. Se também a incluí como um exemplo de algum tipo de *silenciamento* e *apagamento* da produção de uma pesquisadora negra sobre a questão racial articulada à psicanálise é porque ela soube apontar explicitamente a presença da cor na questão das mulheres, e das mulheres na questão da cor, valendo-se, para isso, tanto das articulações da sociologia como da teoria psicanalítica lacaniana. Ou seja, apesar de Lélia Gonzalez não trazer depoimentos e entrevistas de negros e negras, como fizeram Virgínia Bicudo e Neusa Souza, ela pôde estender as reflexões da psicanálise para a análise da questão de raça e gênero no Brasil (Barreto, 2005). Considerei fundamental dialogar com sua produção nesta pesquisa, uma vez que Lélia Gonzalez soube destacar pontos fundamentais sobre as singularidades das mulheres negras brasileiras.

Ela conseguiu apontar, dentro do movimento negro, as especificidades da questão feminina, e, dentro do movimento feminista, a necessidade de considerar a desigualdade socioeconômica, enegrecendo o feminismo e feminizando a raça,[51] com uma atuação que passou tanto pela militância e pela política como pela atividade acadêmica.

Lélia Gonzalez nasceu em Belo Horizonte, mas mudou-se para o Rio de Janeiro ainda criança, sendo a penúltima filha de uma família de baixa renda com dezoito filhos. Seu pai era ferroviário, e sua mãe, trabalhadora doméstica. Formou-se em história e geografia e, posteriormente, em filosofia na Universidade do Estado

51 Parafraseando o título da dissertação de mestrado de Raquel de Andrade A. Barreto: *Enegrecendo o feminismo ou feminizando a raça: narrativas de libertação em Angela Davis e Lélia Gonzalez* (Barreto, 2005).

da Guanabara; fez pós-graduação em comunicação e antropologia. Raquel de Andrade (Barreto, 2005) aponta que, conforme Lélia Gonzalez avançava nos estudos, rejeitava sua condição de negra, sendo que na faculdade teria ocorrido o "ápice" desse processo:

> *Eu usava peruca, esticava o cabelo, gostava de andar vestida como lady. (Gonzalez)*[52]

Conforme despertou para a sua consciência racial, sua estética mudou radicalmente, tanto que a beleza negra se transformou em um ponto fundamental abordado em seus artigos (Gonzalez, 1982a).

Seu encontro com a psicanálise não se deu somente por meio do seu processo de análise pessoal, em que relata ter sido possível buscar suas origens e sua ancestralidade, mas também por uma aproximação entre os dois campos, sociologia e psicanálise, que lhe permitiu produzir seu texto mais conhecido sobre o tema das mulheres negras: "Racismo e sexismo na cultura brasileira" (Gonzalez, 1984). Nele, as marcas da psicanálise se fazem ouvir tanto em relação ao seu conceito de *amefricanidade*[53] como na sua concepção de *mãe-preta*, a qual evidencia uma concepção de linguagem e de função materna totalmente ancorada na teoria lacaniana.

Lélia participou da fundação do Colégio Freudiano do Rio de Janeiro[54] e da criação do Movimento Negro Unificado contra a Discriminação Racial e do *Nzinga* – Coletivo de Mulheres Negras,

---

52 Recuperado de http://revistazcultural.pacc.ufrj.br/wp-content/uploads/2021/05/ENTREVISTA-COM-LELIA-GONZALEZ-%E2%80%93-Revista-Z-Cultural.pdf

53 Termo inspirado no termo *Améfrica Ladina*, formulado pelo psicanalista carioca M.D. Magno.

54 Juntamente com M.D. Magno, Betty Millan e outros, em 1977.

em 1983 (Barreto, 2005, p. 27). Aqui, novamente é possível encontrar uma pesquisadora que tinha a psicanálise e a negritude como pontos articulados e inseparáveis, tanto na vida como nos textos acadêmicos, tanto assim que fez uma apropriação bastante curiosa da linguagem na sua estrutura narrativa, de modo que seus textos pudessem manter, ao mesmo tempo, um rigor acadêmico e as marcas da fala cotidiana. "Essa característica de Lélia se liga a uma prática das narrativas do feminismo negro, a utilização de exemplos pessoais para exemplificar as teorias" (Barreto, 2005, p. 34). O reconhecimento de Lélia Gonzalez é inquestionável dentro da militância negra feminista, e seu nome aparece em diversas homenagens. O mesmo não se pode dizer da psicanálise, já que não é possível encontrar seus artigos nem nas publicações sobre o feminino, nem nas publicações sobre o racismo e a negritude.

O encontro com essas três mulheres, Virgínia Bicudo, Neusa Souza e Lélia Gonzalez, que, movidas assumidamente por um desejo de articular questões sobre a própria cor e o mal-estar vivido nesse *mundo dos brancos*, foram capazes de uma produção tão interessante, mostrou-me mais uma vez um *silenciamento*, que poderia ser chamado de *produção de esquecimento*. Curiosamente, essa *produção de esquecimento*[55] se dá justamente em um campo de interface entre a sociologia, a psicologia social e a psicanálise, ou

---

55 É importante destacar que, felizmente, esse quadro se alterou de maneira considerável desde o momento desta pesquisa até hoje, no tocante à recuperação da produção e das histórias dessas três pesquisadoras. Graças às iniciativas empreendidas em diversas frentes, atualmente não é incomum encontrar os nomes de Virgínia Bicudo, Neusa Souza e Lélia Gonzalez em homenagens de Coletivos e Centros Acadêmicos de Psicologia; assim como também, em Seminários, Palestras, Cursos de Formação, Graduação e Pós-Graduação em Psicologia, em que não só suas produções têm sido retomadas e discutidas, mas também têm sido lembradas suas origens e ancestralidades. Além disso, em 2020, diversos artigos de Lélia Gonzalez foram publicados numa coletânea, o que também tornou mais acessível o contato com sua produção.

seja, em um campo em que a memória tem um sentido fundamental, e as relações de poder são temas indispensáveis de pesquisa.

Trata-se de uma repetição, um movimento insistente e persistente que faz desaparecer pelo menos uma das marcas identificatórias fundamentais de cada uma dessas autoras: ou mulher negra, ou psicanalista, ou pesquisadora. Quando Virgínia Bicudo é lembrada como psicanalista, não aparece como negra, nem se divulgam suas pesquisas sobre relações raciais. Quando é lembrada a produção de Neusa Souza, é ela quem desaparece, e também sua cor. Quando aparece a produção de Lélia Gonzalez, lembrada como pesquisadora negra, omite-se a psicanálise. Por que seria tão difícil esses termos estarem juntos, se essas mulheres afirmaram, com todas as letras, que eles eram referências articuladas e indissociáveis?

Com isso, não me parece concebível pensar *Sandra* fora desse campo de conhecimento, desse Outro sócio-histórico que *invisibiliza* não só ela como as mulheres negras de maneira geral; assim como não poderia pensar esse Outro sócio-histórico a não ser a partir de cada um desses sujeitos, *Sandra*, *Neide*, *Daniela Gomes*, *Zaíra Pires*, *Denise Camargo*,[56] *Virgínia Bicudo*, *Neusa Souza*, *Lélia Gonzalez* e tantas outras, cada uma delas tão singular. Neste capítulo, comecei apresentando alguns depoimentos de negros e negras brasileiros desde a década 1940 até a contemporaneidade, destacando uma marca de pertença que lhes seria comum. A partir desse campo discursivo, inscrevi a fala de *Sandra*, que apontava a maneira como os outros, ao se relacionarem com ela, tomavam por sabido o que ela deveria fazer e sentir, deixando, assim, de conhecê-la. Trata-se do *silenciamento* que há muito acompanha as mulheres negras no nosso país, desde um processo de embranquecimento como política de Estado até uma injunção a uma

56 Os nomes citados se referem a algumas das mulheres cujos depoimentos estão neste capítulo.

branquitude, e *apagamento* de traços de pertença fundamentais. *Silenciamento* e *apagamento* que operam tanto sobre a produção acadêmica em que as mulheres negras aparecem como objeto e causa da pesquisa como sobre as mulheres negras como autoras, protagonistas e pesquisadoras. Foi *Sandra* quem foi capaz de me fazer ouvir que estamos, também nós, inscritos nesse processo, uma vez que reproduzimos como psicanalistas e pesquisadores, por bastante tempo e em alguma medida, essa surdez que contribui para o silenciamento do outro.

2. Sônia: uma história escravizada e seus rastros

> *Faltou. Os professores sempre tiveram uma coisa de perguntar: "fale um pouco sobre sua família e sua mãe". Eu já falava: "faltou saber quem era ela". (Sônia, 2014)*

> *Da família da minha mãe sei pouco. Fez falta não conhecer, na hora que perguntavam, eu não sabia. (Sônia, 2014)*

Esses são dois trechos de uma mesma entrevista com *Sônia*. Foram pronunciados no mesmo dia, mas em momentos diferentes. O primeiro foi uma resposta à minha pergunta de como se sentia na escola; o segundo, a uma pergunta sobre a origem de sua família. *Sônia* insiste na palavra, *faltou*, possivelmente porque é a algo fundamental que está se referindo. *Faltou* sua mãe, *fez falta não conhecer* sua mãe, *faltou saber* quem era ela.

Essa fala de *Sônia* será o disparador para abordar sua inscrição no discurso hegemônico sobre a história dos negros brasileiros e sua capacidade de resistência a ele. Não dá para pensar a vida dos negros que foram escravizados e de seus filhos, netos, bisnetos, trinetos... – os afrodescendentes – sem fazer um trajeto que problematize o apagamento da memória sobre o período escravista e a construção de uma história que o encobriu, com o mito de uma harmonia racial e de um sincretismo cultural no Brasil. A invisibilização e a superexposição, trabalhadas no capítulo anterior como experiências com os quais os negros brasileiros teriam de se haver no seu cotidiano, estão totalmente imbricadas com um silenciamento de suas vozes na construção de uma história das relações sociais durante o período escravista e após ele. A nossa escravidão não só marcou os que foram escravizados, com os ferros em brasa, para que fossem identificados para venda, mas, sem dúvida, marcou-os por gerações com o discurso que os identificava como sujeitos passivos socialmente, incapazes de qualquer ação política consequente, promíscuos sexualmente, destituídos de laços afetivos familiares e comunitários.[1] A fala de *Sônia* vai nos auxiliar na discussão do que pode significar estar inscrito em uma *história que foi, ela própria, escravizada.*

> *Não conheci minha mãe, quando faleceu eu era bebê, tinha meu irmão e os outros dois morreram. Era uma negra muito bonita, mas não conheci, nunca vi uma imagem. Meu pai e minha avó diziam: "você é a cara dela". Me olho no espelho e acho parecida, pelo que os*

1 Vale ressaltar, como um importante instrumento para modificação deste quadro, a Lei nº 10.639, de 2003, que tornou obrigatório na rede de ensino fundamental e médio, oficial e particular, o estudo da *História e Cultura Afro-Brasileira*, posteriormente alterada pela Lei nº 11.645, de 2008, que tornou obrigatório o ensino da *História e Cultura Afro-Brasileira e Indígena.* Recuperado de http://portal.mec.gov.br/conaes-comissao-nacional-de-avaliacao-da-educacao-superior/323-secretarias-112877938/orgaos-vinculados-82187207/12989-relacoes-etnico-raciais.

> *outros contam. Ela morreu com 23 anos, teve tuberculose. (Sônia, março de 2014)*

Sônia consegue se enxergar parecida com sua mãe mesmo sem a ter conhecido, o que mostra ainda mais como a linguagem constitui, recobre e erogeniza o sujeito. Enxerga-se parecida no reflexo do espelho a partir das palavras dos outros, recobrimento da ausência que se faz possível por meio da voz e da fala daqueles que presentificam a mulher que ela mesma quase não conheceu.

Freud, há muito, mostrou como a linguagem permite que se faça anteparo à ausência, identificando, na brincadeira de seu netinho de aproximar e afastar um carretel, pronunciando duas palavrinhas, a possibilidade de domar a ausência sentida (Freud, 1920/2014c).[2]

Esse manto de palavras, que permite recobrir e fazer anteparo ao insuportável da ausência do outro, diante da perda de alguém querido que não está ou que já se foi, desde nossa mais tenra infância até a maturidade nos é fornecido por um repertório de possibilidades discursivas, recortado familiar e culturalmente. Cada um de nós conta com significantes escolhidos e pinçados de uma rede discursiva por aqueles que nos nomearam e nomearam o que se passava conosco, sendo esse pinçamento submetido tanto ao desejo e à erótica daquele que nos nomeou como ao universo de possibilidades da cultura na qual ambos estavam inscritos. Trata-se do que Lacan chamou de *tesouro de significantes*, que torna o sujeito

---

2 Refiro-me à observação de Freud (1920/2014c) sobre um menininho de um ano e meio, em que lançava um carretel para dentro do berço, de modo que desaparecia e pronunciava um som que sua mãe decodificava como "foi embora" [*Fort*, em alemão] e, depois, ao puxá-lo, saudava seu aparecimento com um "está aqui" [*Da*, em alemão].

humano e falante. É com esse repertório de possibilidades que ele vai ter de fazer frente a isso que *Sônia* diz: *faltou*.

Nada *falta* nem se ausenta no registro do real, ou seja, fora do mundo simbólico. Dizer que algo *faltou* exige que se possa bordejar e contornar com as palavras. São bordas que, ao mesmo tempo que contornam e inscrevem, fundam o que faltou, como a imagem que Lacan nos oferece do oleiro, que constrói um vaso em torno do vazio (Lacan, 1959-1960/1988b). As possibilidades de *Sônia* enunciar isso que faltou, de fazer frente a essa ausência, estão, portanto, inscritas nesse Outro, que é tanto sociopolítico como marcado pelo campo pulsional.

Como nos lembra Miriam Debieux, "os fatos existem enquanto reclamam sentido. É sempre junto da falta de sentido, e pela exigência de preenchimento dessa falta, que se forma o pressentimento daquilo que será a história de cada um e da sociedade" (Rosa, 2015, p. 67). É a partir dessa falta que *Sônia* constrói sua narrativa com o que encontra de preenchimento possível, para o que diz que faltou.

> *Ela morreu com 23 anos, teve tuberculose. Meus dois irmãos mais velhos, o Mauro teve tuberculose, a Rosa teve tuberculose*[3]*. Também tive, meu irmão também, minha avó tratou com ervas medicinais, chá de... é um chá natural. (Sônia, 2014)*

> *Sempre fui muito curiosa, sempre gosto de saber e perguntar. Minha família vem do candomblé, muita erva, muita folha. Ervas curam qualquer doença. A Erva de Santa Maria, a que curou a tuberculose. Se estoura*

3 *Mauro* e *Rosa* são nomes fictícios de seus dois irmãos mais velhos.

> *uma ferida, sei que elas curam mesmo, tenho essa fé. Fico lembrando a família do meu pai, "essa erva é para fazer isso". Gosto da cidreira natural: é tão melhor! (Sônia, 2014)*

Com o conhecimento das ervas naturais, sua avó pôde lhe cuidar, e assim *Sônia* escapou do destino de sua mãe e de seus dois irmãos mais velhos. Sua avó pôde também lhe transmitir um saber que se mantém presente na sua vida tanto como memória atualizada – "fico lembrando a família do meu pai 'essa folha é para fazer isso'" – como nos chás naturais que prepara para os seus filhos e que reencontrou na experiência compartilhada do candomblé: "Minha família vem do candomblé, muita erva, muita folha".

Sônia pode comunicar sua experiência recorrendo ao acervo de uma vida que não inclui só a própria experiência, mas também o que ouviu, principalmente por meio da fala da sua avó, de uma experiência que remonta à escravidão. E assim mostra sua capacidade de se reconhecer em um lugar de potencialidades, de resistir encontrando pequenos oásis de ofertas identificatórias, em um solo árido de identificações possíveis no que se refere a uma vida reconhecida como digna e de valor.

> *Minha bisavó [paterna] era escrava, a minha avó nasceu na época do Ventre Livre.*[4] *Terminou a escravidão e meus tios nasceram livres. (Sônia, 2014)*

---

4 A Lei do Ventre Livre (1871) determinava que os filhos de escrava que nascessem a partir daquela data seriam considerados de condição livre, mas deveriam ficar sob autoridade dos senhores de suas mães até os 8 anos. Atingida essa idade, o senhor da mãe teria opção ou de receber do Estado uma indenização ou de utilizar-se dos serviços do menor até a idade de 21 anos completos. Como a Lei Áurea, que proibiu definitivamente a escravidão, foi promulgada em 1888, a Lei de 1871 não chegou concretamente a beneficiar ninguém. O que fica

Quando afirmamos que há uma aridez de possibilidades identificatórias, estamos considerando que há uma precariedade quanto à transmissibilidade de suas experiências, que é produzida politicamente por meio de um estreitamento da memória e desqualificação das experiências daqueles que a antecederam. É a essa aridez que atribuímos à sua segunda fala:

> *Da família da minha mãe sei pouco. Fez falta não conhecer, na hora que perguntavam, eu não sabia. (Sônia, 2014)*

Faltou poder contar aos outros quando perguntada, isto é, poder falar publicamente sobre sua família, ter uma memória que incluísse sua família em uma rede discursiva inscrita socialmente. Não lhe foi facilitada pela comunidade linguageira, não lhe foi oferecida essa transmissibilidade *a priori*; teve de garimpar muito: insistência própria de quem é *muito curiosa*.

A possibilidade, ou ao menos a facilitação para falar da própria origem e trazer a memória de seus antepassados, é algo que está muito além de um sujeito individual. Está inscrita familiar e socialmente, como será aprofundado no seguimento deste capítulo.

É preciso realmente ser *muito curiosa*, como ela mesma se define, para conseguir reconhecer a sabedoria da avó paterna, filha de mulher escravizada, bem como conseguir inscrever essa sabedoria em um universo simbólico de raízes africanas. Pois é preciso fazer frente à versão hegemônica da história de vida de milhões de africanos escravizados e de seus descendentes. Sua fala "*da família da minha mãe sei pouco, fez falta não conhecer*" não remete a

---

explícito, no entanto, é o quanto o projeto emancipacionista oficial baseou-se no princípio do respeito ao *direito de propriedade*, apoiado em uma política de indenização paga pelo Estado (Mattos, 2013, p. 216).

um impedimento do saber ou a um não dito próprio à sua família. É uma frase que poderia ser repetida por tantos homens e tantas mulheres brasileiros, submetidos a um silêncio que ultrapassa suas próprias famílias e vem de gerações. Um silêncio e um apagamento da memória que se iniciam com a deportação dos primeiros africanos para cá e que, de certo modo, permanece até hoje.

> *. . . a gente tem que buscar, é uma coisa de ficar cavando, tateando, onde posso encontrar manifestações da minha origem? Onde posso buscar, onde posso encontrar algo que eu me identifique, que tenha a ver comigo, saber quem são os pais dos meus pais, quem são os pais dos pais dos meus pais, por que não posso saber? Por que não tenho direito de saber quem veio da África para cá, que no final acabou me originando? Por que não consigo saber isso? Eu não consigo saber, a gente não conhece. Os africanos que vieram para cá em condições de escravos já tiveram os nomes mudados e quando fugiam mudavam os nomes também, porque tinham o nome do senhor também, então, tinham que mudar o nome para não ser encontrado . . . onde está nossa identidade? Onde está nossa história? (Priscila Di Lá, 2013)*[5]

É mesmo uma pergunta fundamental a que aparece no depoimento acima: por que um negro, descendente de africanos escravizados, não pode saber quem são os pais dos pais dos seus pais?

---

5 Depoimento no documentário *25 de julho – Feminismo negro contado em primeira pessoa*. Recuperado de www.youtube.com/watch?v=J6ev2V-Ee3U.

O escravismo e a tentativa de "passar em branco"

Nós nem cremos que escravos outrora
Tenha havido em tão nobre País...
Hoje o rubro lampejo da aurora
Acha irmãos, não tiranos hostis.
(Hino da Proclamação da República)[6]

Como aponta Lilia Schwarcz, não foi uma coincidência que praticamente um ano e meio depois da abolição da escravatura, com a Proclamação da República, nosso hino entoasse as palavras acima: "Ora, o sistema escravocrata mal acabara e já se supunha que era passível de esquecimento!" (Schwarcz, 2014, p. 22).

Há que serem diferenciados o esquecimento que se dá pela possibilidade de ter lembrado o suficiente para que se possa não ficar retido no passado, em uma repetição cega e infindável; e o esquecimento obrigatório e imposto, que se dá pelo impedimento à memória. Do primeiro tipo de esquecimento, diria que se trata de uma elaboração do passado, um esquecimento feliz; já do segundo, que trata-se mais de uma tentativa de silenciar e calar, uma imposição de um esquecimento que tem como efeito um retorno, uma repetição e uma permanência da violência que não se quis admitir ou lembrar (Gagnebin, 2011).

No caso do passado escravista brasileiro, seguramente se trata do segundo caso; um impedimento deliberado de conhecer o nome e a memória dos que para cá vieram deportados de diversos lugares do continente africano e um impedimento de conhecer a

6 Recuperado de https://www.gov.br/planalto/pt-br/conheca-a-presidencia/acervo/simbolos-nacionais/hinos/hinos.

história e o trajeto de vida desses sujeitos escravizados quando já estabelecidos no Brasil.

Tratar os que foram escravizados como indivíduos *sem-raízes* e *sem-história* não foi privilégio brasileiro, mas algo próprio a todas as sociedades que praticaram a escravidão, mesmo antes da chegada dos portugueses aqui (Luna & Klein, 2010). No entanto, o que parece distinguir nosso país é que, mesmo já na condição de homens livres, os africanos e seus descendentes tenham seguido na condição de indivíduos sem possibilidade de conhecer suas raízes e sem possibilidade de conhecer sua história.

"Como disse Elie Wiesel,[7] o carrasco mata sempre duas vezes. A segunda mata pelo silêncio. O silêncio é uma maneira de você matar a consciência de um povo" (Munanga, 2009). É preciso lembrar que esse silêncio está completamente imbricado com o racismo brasileiro, ou melhor, o "racismo à brasileira": uma forma de racismo bastante peculiar, pois se trata de um racismo velado, sutil, evasivo, camuflado e silenciado, em que quase ninguém se reconhece como racista,[8] e, no entanto, suas vítimas afirmam que ele existe (Munanga, 2009, 2012a).

A possibilidade de elaboração das violências do passado e o luto sobre os que se foram (tenham sido eles assassinados ou impedidos de continuar vivendo) implicam posicionar-se e afirmar o que, em uma coletividade, conta como humano, ou as vidas que contam como vidas, como diria Judith Butler (2009).

---

7 Elie Wiesel, sobrevivente dos campos de extermínio de Auschwitz e Buchenwald, prêmio Nobel da Paz, escreveu mais de quarenta livros, entre ficção e não ficção.

8 "Quando a *Folha de S. Paulo* fez aquela pesquisa de opinião em 1995, perguntaram para muitos brasileiros se existe racismo no Brasil. Mais de 80% disseram que sim. Perguntaram para as mesmas pessoas: 'você já discriminou alguém?'. A maioria disse que não. Significa que há racismo, mas sem racistas. Ele está no ar... Como você vai combater isso?" (Munanga, 2009).

> *Certas vidas estão altamente protegidas e o atentado contra sua santidade basta para mobilizar as forças da guerra. Outras vidas não gozam de um apoio tão imediato e furioso e não se qualificarão inclusive como vidas que "valham a pena". (Butler, 2009, p. 58).*

O que está sendo afirmado é que há uma distribuição desigual, social e política da memória, da perda e do luto (Butler, 2009; Alencar, 2011).

A respeito do fim da ditadura militar brasileira, Maria Rita Kehl (2010) aponta acertadamente como foi espantosa a *displicência* e a *frivolidade* com que a maior parte do ambiente crítico dos anos 1980 se relacionava com o tema. A autora afirma que se tornava possível conviver com o corpo torturado do outro ao torná-lo nosso dessemelhante absoluto, por meio de um processo de desidentificação radical, como se não tivéssemos mais nada a ver com ele (Kehl, 2010).[9]

O outro transformado em dessemelhante absoluto aparece claramente na relação entre o branco e aquele que foi escravizado, o que fica explicitado no depoimento de Mahommah Baquaqua:[10]

---

9 Admitir a importância da memória sobre as violências cometidas no período da ditadura militar brasileira foi o que norteou a criação da Comissão Nacional da Verdade (CNV), instalada oficialmente em maio de 2012, para apurar as graves violações de Direitos Humanos ocorridas no Brasil entre 18 de setembro de 1946 e 5 de outubro de 1988.

10 Nos EUA e na Inglaterra, há várias publicações de relatos autobiográficos escritos por africanos escravizados, principalmente muçulmanos do sexo masculino. Baquaqua, no entanto, parece ter sido o único a escrever uma autobiografia sobre sua experiência escrava em solo brasileiro. Recuperado de http://www.afroasia.ufba.br/pdf/27_7_identidade.pdf.

> *Que aqueles indivíduos humanitários, que são a favor da escravidão, coloquem-se no lugar do escravo no porão barulhento de um navio negreiro, apenas por uma viagem da África à América, sem sequer experimentarem mais que isso dos horrores da escravidão; se não saírem abolicionistas convictos, então não tenho mais nada a dizer a favor da abolição. Acho, no entanto, que suas opiniões e sentimentos relativos à escravidão se modificariam de algum modo. . . . Se não disserem pare, basta! Acho que devem ser feitos de ferro, sequer possuindo corações ou almas. (Mahommah Baquaqua, ex-escravizado, autobiografia, 1854)*[11]

Quando convoca os supostos humanitários coniventes e defensores da escravidão a se colocarem no lugar daquele que foi escravizado, o que Baquaqua está pedindo é que recuperem algum tipo de identificação com este.

Dessa maneira, acrescento à *displicência* apontada por Maria Rita Kehl aquela com que nos relacionamos diante do corpo castigado e subjugado do outro durante mais de três séculos de escravidão no Brasil. Talvez seja por sua condição de estrangeira que Jeanne Marie Gagnebin – filósofa suíça que se estabeleceu no Brasil em 1978 – consiga apontar sua estranheza diante das "relações de ignorância e indiferença que prevalecem em relação ao passado no Brasil, em particular em relação à ditadura, mas também à escravidão e às lutas e resistências populares em geral" (Gagnebin, 2010, p. 177).

---

11 Lara (1988, p. 272).

Produção dos sem-raízes e sem-história

O esquecimento deliberado com que foi tratada a escravidão no Brasil não pode ser atribuído à sua pouca importância: há estimativas de que 10,7 milhões de africanos escravizados teriam sido deportados para a América e, destes, 4,8 milhões teriam vindo para o Brasil (Luna & Klein, 2010). Vale lembrar que teriam sido transportados 5,5 milhões para cá, sendo essa diferença devida ao número dos que não sobreviveram à travessia.

Os relatos dos navegadores portugueses ou daqueles a serviço de Portugal que chegaram em solo africano entre o século XV e início do século XVI demonstravam um interesse sobre a diversidade da população nativa, acreditando que era preciso conhecê-la para ampliar relações comerciais. Revelavam um olhar sobre a diversidade física e cultural, descrevendo as nuances de cor de pele, tipo de cabelo, maneira de vestir-se e até práticas religiosas e costumes, permitindo o pouco conhecimento do qual dispomos sobre as populações africanas daquele período. No entanto, isso se perderá por completo conforme o registro passe a ser dos traficantes: a multiplicidade cultural da África passa a ser ignorada na medida em que a relação se transforma em puramente comercial. Na segunda metade do século XVI, todos os africanos que vieram para cá passaram a ser reconhecidos apenas como "negros de Guiné", o que englobava toda a África Ocidental localizada ao norte do Equador (Oliveira, 1997). Embora africanos das mais diversas procedências tenham convivido tanto nas lavouras como nas cidades e nas minas, tanto no período que corresponde a esse primeiro ciclo como nos posteriores, não nos restaram informações mais detalhadas sobre a origem dos escravizados africanos deportados para o Brasil. Eles eram identificados pelos locais em que foram capturados e de onde embarcaram. Com isso, o nome de uma mesma etnia foi utilizado para identificar grupos étnicos distintos procedentes de um mesmo porto (Nogueira, 2011). Os termos que foram utilizados para designar suas origens eram não só genéricos, mas do repertório dos europeus ou das populações locais, que os classificavam segundo grupos que já lhes eram conhecidos (Oliveira, 1997).

A falta de confiabilidade e exatidão desses registros sobre a transportação dos negros africanos para cá também se deve ao fato de que, durante o século XVII, os dados eram provenientes, basicamente, de documentação fiscal – em que os artifícios para fugir do controle do Estado e a fraude eram elementos fundamentais (Oliveira, 1997).

A produção do esquecimento sobre a experiência escravista se inicia, portanto, juntamente com a deportação dos negros africanos para o Brasil, com os registros e documentos assentados em uma relação que transformava cada africano em uma mercadoria. A procedência de cada um, seus nomes e as especificidades culturais não eram considerados nem registrados, uma vez que "este dado não era computado no valor da 'peça de Guiné', medida que era calculada com base na idade, no sexo e na força física" (Oliveira, 1997, p. 41).

> *Quando um navio negreiro aporta, a notícia espalha-se como um rastilho de pólvora. Acorrem, então, todos os interessados na chegada da embarcação com sua carga de mercadoria viva, selecionando do estoque aqueles mais adequados aos seus propósitos, e comprando os escravos da mesmíssima maneira como se compra gado ou cavalos num mercado . . . Há uma grande quantidade de pessoas que fazem um verdadeiro negócio dessa compra e venda de carne humana*

... *(Mahommah Baquaqua, ex-escravizado, autobiografia, 1854)*[12]

Não bastassem a precariedade e a generalização das informações nos títulos de aquisição dos africanos escravizados trazidos ao Brasil, em 1842 é aprovado um decreto que dispensa a apresentação desse título para realizar a primeira matrícula: trata-se de um acobertamento e conivência do Estado com uma prática que se tornara ilegal. A primeira lei que proibia a deportação de africanos escravizados para cá foi de 1831, conhecida como *Lei Feijó*, declarando livres os que chegassem a partir dessa data. Embora não tenha sido revogada, nunca foi cumprida efetivamente e, com raríssimas exceções, não declarou livres aqueles que aqui chegaram após sua promulgação. Assim, a dispensa do título de posse tinha o firme propósito de permitir a matrícula de escravizados cuja procedência era duvidosa, tratando-se basicamente de legalizar aqueles que vieram transportados ilegalmente.

Ainda que sejam escassos e não confiáveis os dados na transportação dos africanos escravizados, trazendo uma indeterminação e imprecisão dos nomes, origem e pertença referentes ao período anterior à vinda para o Brasil, é no período pós-abolição que a produção de *seres sem direito a raízes e história* se faz ainda mais emblemática.

A queima de arquivos

Uma vez que os sujeitos que foram escravizados eram, até então, considerados bens e instrumentos de trabalho e que a abolição da escravatura foi vivida pela elite brasileira como uma concessão, e

12 Lara (1988).

não efetivamente como a conquista de um direito, os antigos "donos de escravos" consideraram-se merecedores de uma reparação do Estado pelo prejuízo acarretado com a "perda" desses bens. Ou seja, o fim do processo escravista no Brasil não se fez acompanhado do reconhecimento de que se tratava de uma prática condenável de exploração e violação de direitos, que exigiria tanto cuidados na reintegração desse enorme contingente populacional como algum tipo de reparação.

> *Ao contrário da imagem dominante em outros países, onde o final da escravidão foi entendido como o resultado de um longo processo de lutas internas, no Brasil a Abolição foi tida como . . . um "presente" da monarquia, e não uma conquista popular. (Schwarcz, 2014, p. 40)*

Em dezembro de 1890, pouco mais de dois anos após o fim da escravidão, com o intuito de cortar o mal pela raiz em relação a essa pressão que os ex-proprietários faziam para obter indenização pela libertação, Ruy Barbosa, então ministro e secretário de Estado dos Negócios da Fazenda e presidente do Tribunal do Tesouro Nacional, manda queimar todos os papéis, os livros de matrícula e os documentos relativos à escravidão arquivados nas repartições do Ministério da Fazenda.

O argumento para tal decisão foi de que a nação brasileira, *pelo mais sublime lance de sua evolução histórica*, teria eliminado a escravidão do nosso solo, essa *funestíssima instituição* que, por tantos anos, teria paralisado o desenvolvimento da nossa sociedade; porém, ainda teriam ficado *vestígios dessa nódoa social* nos arquivos públicos da administração, cabendo, então, à República a obrigação de destruir *esses vestígios por honra da Pátria e em homenagem* aos nossos deveres de fraternidade e solidariedade para com esses novos cidadãos, que entraram na comunhão brasileira com a abolição do elemento servil.[13]

Fosse qual fosse a intenção da destruição dos *vestígios dessa nódoa social* vivida ao longo de 350 anos da história brasileira, os efeitos foram não só impossibilitar qualquer esforço dos ex-escravizados de pleitearem reparação do Estado, mas também apagar deliberadamente documentos fundamentais da história escravista brasileira. A extensão da destruição desses arquivos é bastante controversa: ao que tudo indica, devido à morosidade da máquina pública, foram poucas as comarcas que seguiram a determinação do ministério,[14] apesar das fogueiras acesas no Rio de Janeiro, em 1891, e na Bahia, em 1893.

Seja qual for a amplitude com que foram cumpridas as determinações de Ruy Barbosa, a decisão e intenção de *queimar os vestígios*, em vez de permitir e favorecer a lembrança e, assim, possibilitar uma elaboração do passado, colaborou para um impedimento à memória, propiciando um retorno e permanência *dessa nódoa*. Ancorados em Freud (1914a/1974), podemos afirmar que é preciso lembrar para poder elaborar e, então, esquecer. Caso contrário, no lugar de lembrança, o que se tem é puramente a repetição.

Como nos lembra Safatle, "não há esquecimento quando sujeitos sentem-se violados por práticas sistemáticas de violência estatal e de bloqueio da liberdade socialmente reconhecidas . . . Se há algo que a história nos ensina é: os mortos nunca se calam" (Safatle,

---

13 Recuperado de http://cartorios.org/2010/01/25/penhor-de-escravos-e-queima-de-livros-de-registro/

14 Tanto assim que inventários *post mortem*, processos de manutenção de posse, cartas de alforria, livros de transcrição de penhor de escravos tornaram-se importantes materiais de pesquisa historiográfica no Brasil a partir da década de 1970.

2010, p. 252). Embora nesse texto Safatle estivesse se referindo aos acontecimentos de Auschwitz para articular os efeitos da violência da eliminação simbólica e a necessidade da recuperação da memória dos mortos e desaparecidos durante a ditadura brasileira, proponho ampliar suas considerações aos tempos da escravidão. De forma alguma estou equivalendo esses três acontecimentos históricos: a *Shoah* (Holocausto), a ditadura militar que vigorou no Brasil entre os anos de 1964 e 1985 e a escravidão, que perdurou de 1560 a 1888. No entanto, penso que há articulações possíveis e necessárias quanto aos efeitos e sentidos do apagamento da memória desses episódios, de tal modo que considero fundamental acrescentar às questões *o que resta de Auschwitz*[15] e *o que resta da ditadura*[16], uma outra: *o que resta da escravidão* no Brasil?

Ao lembrar-nos de que sepultar os mortos é próprio do humano, Lacan aponta que não se pode acabar com quem é homem como se faz com um cão. "Não se pode acabar com seus restos esquecendo que o registro do ser daquele que pôde ser situado por um nome deve ser preservado pelo ato dos funerais" (Lacan, 1959-1960/1988b, pp. 337-338).

Os registros históricos da escravidão no Brasil foram submetidos, portanto, a um duplo apagamento: se, em um primeiro momento, esse apagamento se deu pela omissão e generalização de informações, fazendo desaparecer a diversidade cultural, as raízes e a memória dos negros africanos no período anterior à sua deportação para cá, chegado o fim da escravidão, o que se buscou apagar foi o registro de dados fundamentais, referentes à memória da

15 Referência ao livro de Giorgio Agamben (2010), *O que resta de Auschwitz: o arquivo e a testemunha (Homo Sacer III).*

16 Referência ao livro organizado por Edson Teles e Vladimir Safatle (2010), *O que resta da ditadura.*

experiência de ressocialização desses mesmos negros no período em que reorganizaram e recompuseram suas vidas no Brasil.

"Se não existe um esforço sistemático e consciente para ignorar ou deturpar a verdadeira situação racial imperante, há pelo menos uma disposição para 'esquecer o passado' e para 'deixar que as coisas se resolvam por si mesmas" (Fernandes, 1972, 2011, p. 43). Concordamos com Florestan Fernandes que não há motivos para acreditarmos que seria consciente o movimento de ignorar ou deturpar a situação racial imperante. No entanto, discordamos quanto a não ser possível afirmar que tenha havido um esforço sistemático.

Trata-se da "imposição do esquecimento como gesto forçado de apagar e de ignorar, de fazer *como se não houvesse havido* tal crime, tal dor, tal trauma, tal ferida no passado" (Gagnebin, 2010, p. 179). Nesse caso, *tal dor* e *tal trauma* se referem tanto a um desligamento abrupto e violento, a ruptura com a família e com a comunidade na qual esses negros estavam inseridos quando de sua captura em continente africano, como dizem respeito a uma vida com a privação da liberdade, relação de servidão forçada, castigos físicos e privações, no solo brasileiro.

"Impor um esquecimento significa, paradoxalmente, impor uma única maneira de lembrar" (Gagnebin, 2010, p. 179). É assim que o impedimento à memória desse passado se articula com a construção de uma historiografia oficial e hegemônica sobre o que teria sido o passado escravista brasileiro, de como teriam se dado as relações entre os escravizados, a vida nas senzalas, as relações afetivas e familiares entre os negros, cunhada a partir não só dos relatos dos brancos, mas de suas interpretações e de seus olhares.

A história oficial: o mito da harmonia racial

A construção de um esquecimento deliberado sobre a memória da escravidão se deu, portanto, com a construção de uma historiografia oficial que abordou a miscigenação como uma harmonia da mistura das raças, e não como a marca do submetimento e da exploração dos senhores de escravos sobre as mulheres negras escravizadas. Poderíamos localizar algumas bases dessa construção em 1844, ano em que o Instituto Histórico e Geográfico Brasileiro (IHGB), com o intuito de criar uma história nacional e imperial, promoveu um concurso cuja proposta era responder à questão "Como se deve escrever a história do Brasil?". Como aponta Lilia Schwarcz, tratava-se da invenção de uma história *do* e *para* o Brasil, "pontapé inicial para aquilo que chamaríamos anos mais tarde, e com a maior naturalidade, de 'História do Brasil', como se as histórias nascessem prontas" (Schwarcz, 2014, p. 26). Em primeiro lugar no concurso ficou a monografia do médico, naturalista, botânico e antropólogo Carl von Martius, o qual defendia a ideia de que o país se definia por uma condição ímpar de mistura e aperfeiçoamento de três raças humanas. Utilizou-se para isso de uma metáfora fluvial com três grandes rios compondo a nação: um rio grande e caudaloso, correspondente à herança portuguesa; outro, que seria um pouco menor, correspondente aos indígenas; e um terceiro, menor ainda, seria correspondente aos negros. "Não é acidental o fato de a monarquia brasileira, recém-instalada, investir em uma simbologia tropical, que misturava elementos das tradicionais monarquias europeias com indígenas, poucos, negros e muitas frutas coloridas" (Schwarcz, 2014, p. 27).

A metáfora fluvial adotada permitia transmitir uma ideia de que era o rio branco que ia incluindo os demais, acrescentando a noção de depuração das águas, cada vez mais límpidas e puras, em um processo de branquear.

No final do século XIX e início do XX convivia, portanto, lado a lado com teorias que propunham uma saída da escravidão semelhante à solução sul-africana,[17] ou que previam o desaparecimento da raça negra e indígena no decorrer de um século, uma outra visão, extremamente otimista e harmoniosa da convivência entre as raças no Brasil. Visão esta que, particularmente a partir dos anos 1930, construiu um verdadeiro mito do nosso país "quando a propalada ideia de uma 'democracia racial', formulada de modo exemplar na obra de Gilberto Freyre, foi exaltada de maneira a menosprezar as diferenças diante de um cruzamento racial singular" (Schwarcz, 2014, p. 28).

Ainda que Freyre não tenha usado o termo *democracia racial* na sua obra-prima, não resta dúvida de que o seu clássico *Casa-grande & senzala* (Freyre, 1933/2008) contribuiu de forma decisiva para a consolidação desse ideário no Brasil (Hofbauer, 2007). A hipótese de Gilberto Freyre era de que a distância social entre dominantes e dominados seria modificada com os cruzamentos inter-raciais, harmonizando as diferenças, apagando as contradições e levando a uma diluição dos conflitos. A consequência da formulação de Freyre seria uma negação da discriminação, imputando aos negros e mestiços o insucesso deles e fornecendo à elite branca os argumentos para seus privilégios raciais (Bento, 2012a).

Uma vez que não se estabeleceram aqui ideologias raciais oficiais e categorias de segregação, como no caso da África do Sul ou dos Estados Unidos, e que nenhum conflito étnico ganhou visibilidade, o Brasil virou representação de uma escravidão benigna,

17 Entre as teorias bastante pessimistas do que significava o processo de miscigenação, vale lembrar a posição dominante na Faculdade de Medicina do Rio de Janeiro, defendida por seu catedrático Renato Kehl, em que o modelo sul-africano era citado como exemplo e defendia-se, inclusive, a eugenia e a esterilização da população mestiça (Schwarcz, 2014, p. 28).

ainda que os dados e documentos da época não o comprovassem. Somando-se a isso, a Primeira Guerra Mundial trazia o testemunho ao mundo do que podia ocasionar um contexto de raiva e ódios raciais e nacionais, contribuindo ainda mais para a construção de uma narrativa romântica, em que a mestiçagem começa a ser vista como dádiva, os senhores de escravos são vistos como severos, porém, paternais, e os escravizados, submissos e prestativos (Schwarcz, 2014).

O mito do Brasil como paraíso racial, afirmando que somos um povo mestiço, não branco, não índio, não negro, e sim uma nova raça brasileira, tem relação direta com o racismo à brasileira: sendo todos nós mestiços, como dizer que haveria racismo no Brasil? Quem discriminaria quem? (Munanga, 2012a).

Vale lembrar que é nesse sentido que, há cerca de quarenta anos, o movimento negro vem tentando uma conscientização dos negros e mestiços em torno de uma mesma identidade, por meio do conceito *negro*. Inspirado no *black* americano, a proposta seria construir uma identidade daqueles que estariam excluídos pelo racismo no Brasil, que, sustentado na "mistura do sangue", teria se mantido velado e camuflado por tanto tempo, como se não existisse (Munanga, 2005-2006).

Mestiço como símbolo nacional: sincretismo cultural e exclusão social

Na década de 1930, durante o Estado Novo, a suposta harmonia racial toma, finalmente, contornos de exaltação, conforme afirma Lilia Schwarcz: a cultura mestiça torna-se a representação oficial da nação. "Com esse objetivo é que são criadas ou reformadas diversas instituições culturais que visavam a 'resgatar' (o que muitas vezes significou 'inventar', ou melhor, 'selecionar e recriar') costumes e festas, assim como um certo tipo de história" (Schwarcz, 2014, pp. 47-48). A questão que não se pode perder de vista é como esse processo de exaltação do cruzamento de raças como característica da identidade nacional dá a falsa impressão de que miscigenação e tolerância são sinônimos (Schwarcz, 2012a, 2014).

"... o mestiço transformou-se definitivamente em ícone nacional, em um símbolo da nossa identidade cruzada no sangue, sincrética na cultura, isto é, no samba, na capoeira, no candomblé, na comida e no futebol" (Schwarcz, 2014, p. 28). Haveria uma *inclusão social* a partir da afeição e valorização de traços compartilhados na música, na religião e em determinados costumes, articulada a uma *exclusão social* e discriminação no campo do direito, da justiça, do trabalho e do lazer (Schwarcz, 2012a, 2014).[18] É em nome da autêntica identidade brasileira, fundamentalmente mestiça, que vários elementos culturais sofrem um processo de nacionalização (Schwarcz, 2012a).

Essa invenção da identidade nacional aparece de forma evidente na construção da figura da mulata, alçada a representante da mulher brasileira.

> *Quando querem falar do charme, da beleza da mulher brasileira, pinta logo a imagem de gente queimada da praia, de andar rebolativo, de meneios no olhar, de requebros faceiros. E culminando, pinta este orgulho*

18 É neste contexto que a capoeira, considerada crime no Código Penal de 1890, torna-se modalidade esportiva nacional em 1937; assim como os atabaques do candomblé, que deixam de ter interferência da polícia a partir de 1938; o que ocorre também com o samba, que sai da marginalidade e passa a ser considerado canção brasileira para exportação, com desfiles subvencionados já em 1935.

> *besta de dizer que a gente é uma democracia racial. (Lélia Gonzalez, socióloga, 1980)*[19]

Isso significa que nosso caldeirão racial seria caracterizado por uma mistura muito perversa entre inclusão e exclusão social, incidindo de maneira emblemática sobre a mulher negra. "Como todo o mito, o da democracia racial oculta algo para além daquilo que mostra. Numa primeira aproximação, constatamos que exerce sua violência simbólica de maneira especial sobre a mulher negra" (Gonzalez, 1984, p.228).

O que é preciso explicitar é que a ideia de harmonia racial e sincretismo cultural não incluía, necessariamente, a ideia de igualdade. "Pois o outro lado do endeusamento carnavalesco ocorre no cotidiano dessa mulher, no momento em que ela se transfigura na empregada doméstica" (Gonzalez, 1984, p. 228).

O que julgamos fundamental a ser destacado é que esse processo de nacionalização, conforme lembra Lilia Schwarcz (2012a), fez-se acompanhar do processo de desafricanização: esses elementos culturais, sendo simbolicamente clareados, deixaram de ser vistos como perigosos.

Feijoada: da metáfora da mestiçagem às marcas de resistência

A versão de que a feijoada seria uma "comida de escravos", embora bastante difundida, não se sustenta historicamente e já foi contestada, entre outros, por Câmara Cascudo. Diferentemente dos pratos de origem reconhecidamente africana, como a culinária baiana, que utiliza o azeite de dendê, a feijoada tem sido compreendida

---

19 Gonzalez (1984, pp. 238-239).

como derivada de pratos europeus semelhantes, adaptada ao uso do feijão preto.

De qualquer modo, é bastante curioso que, apesar de já fazer parte da culinária brasileira, com Getúlio Vargas a feijoada é inventada como prato nacional e alçada a representação simbólica da convivência e harmonia racial, de tal forma que ele justifica que, tendo conversado com folcloristas, seria possível afirmar que "a feijoada é genuinamente brasileira porque o branco do arroz é o branco da população branca, o marrom do feijão é o marrom da nossa população, o amarelo da laranja é o amarelo dos orientais, o vermelho da pimenta é o vermelho dos indígenas" (Schwarcz, 2012a). Perguntado sobre o que seria a couve, ainda teria acrescentado que era o verde das nossas florestas (Schwarcz, 2012a, 2014).

Seja como "prato nacional" símbolo da harmonia racial, pela conjugação de todas as cores, conforme o discurso de Vargas, seja na mítica versão de "prato de escravos" e mais uma prova da inclusão de marcas africanas no nosso país, o que fica novamente evidente é que o reconhecimento da contribuição dos negros e mestiços no campo da cultura, dos ritmos e dos sabores não afetou ou modificou o campo dos direitos (ou da falta deles). O mito da harmonia racial não tem o efeito somente de esconder a convivência conflitiva e a desigualdade racial, mas de obturar as marcas de resistência e de oposição que acompanharam e acompanham essa tensão.

> *No que se refere à gente, à crioulada, a gente saca que a consciência faz tudo prá nossa história ser esquecida, tirada de cena. E apela prá tudo nesse sentido. Só que isso tá aí... e fala. (Lélia Gonzalez, socióloga, 1980)*[20]

---

20 Gonzalez (1984, pp. 226-227).

O que Lélia chama de *consciência* é o que se expressa como efeito do discurso dominante em uma dada cultura, mediante a imposição do que fica afirmado como verdade, em uma ocultação da memória. "A memória, a gente considera como o não saber que conhece, esse lugar de inscrições que restituem uma história que não foi escrita, o lugar da emergência da verdade, dessa verdade que se estrutura como ficção[21]" (Gonzalez, 1984, p. 226).

Como pensar nesse lugar das inscrições que restituem a história que não foi escrita quando o arcabouço de possibilidades oferecidas pela cultura faz de tudo para que a história dos negros africanos no Brasil e seus descendentes seja esquecida? Podemos dizer que, embora as respostas para essa questão sejam absolutamente singulares, elas partem desse repertório comum escasso de significantes que permitam sustentar as marcas dos afrodescendentes como agentes históricos com significativa autonomia de cultura e de ação.

> *Minha avó fala muito que sofreu, era muito triste. Ela nasceu no Ventre Livre, tinha pessoas que não eram [livres]. Ela fala que era muito triste, passavam necessidades, ficavam com o que sobrava. A discriminação continuava; aliás, continua. Você sabe que a feijoada mesmo foi inventada pelos escravos, era feita com os restos, o que sobrava da carne nobre? A feijoada, o angú... era muita fome para eles. Nessa minha religião aprendemos a valorizar cada item que tem em casa: feijão, arroz . . . tudo que for comer tem que rezar,*

21 Aqui, claramente, Gonzalez faz referência às proposições de Lacan: "A necessidade estrutural que é carreada por toda expressão da verdade é justamente uma estrutura que é a mesma da ficção. A verdade tem uma estrutura, se podemos dizer, de ficção" (1956-1957/1995), Sem.4, p. 259).

> *agradecer para você comer. Isso também aprendi com minha avó, agradecer sempre pelo teto. (Sônia, 2014)*

A feijoada aparece no discurso de *Sônia* na sequência do que escutara da avó como memória da escravidão: *passavam necessidades*. A sua narrativa aponta que ela sabe que o presente se ancora no passado: a *discriminação* que existia durante o período escravista permaneceu com a libertação e perdura nos dias de hoje.

Inicialmente, há a impressão de que, quando *Sônia* nos traz a *feijoada* na sua fala, faz isso para preencher o espaço de uma memória impedida, ou seja, lança mão de uma marca de contribuição supostamente africana estereotipada e difundida pelo discurso oficial. No entanto, a escuta do que *Sônia* nos diz na sequência nos mostra que não se trata de estereotipia ou alienação. Ela o faz frente ao que afirma que *faltou*, ainda que haja um estreitamento no repertório cultural e social sobre as contribuições dos seus antepassados: faltou conhecer sua mãe, que morreu cedo de tuberculose, e *faltou* o direito à memória diante dessa perda, como *faltou* aos africanos escravizados serem tratados como quem pode comer mais do que os restos; *faltou* primeiro a liberdade e o direito a uma vida digna, mas, depois, continuou *faltando* o direito à vida digna, mesmo com a suposta liberdade.

> *Nasci em 1968, minha avó em... 1909. Ela teve 12 filhos. Tem 6, 7 de criação. Família muito grande. O pai [bisavô] faleceu cedo. Tinha as pessoas que tinham que trabalhar de qualquer jeito, se não, morriam de fome, continuavam escravas. A família aonde foi trabalhar era muito boa, em Feira de Santana. Pessoas que acolheram ajudaram muito ela, conheceu meu avô, casaram. Vieram para São Paulo, ele era mestre de obras, veio em 1955, 1956. (Sônia, 2014)*

O sofrimento, a perda e o que faltou não estão omitidos no discurso de *Sônia*, muito pelo contrário. Por outro lado, ela não fica aderida a uma posição vitimizada por conta desses acontecimentos. Por isso, entendemos que a feijoada aparece na sua fala não como uma obturação de todas essas faltas, mas como uma invenção que anuncia a sequência de outras invenções na sua narrativa, capacidade de quem não fica só cavoucando o passado, e, sim, inventa o presente.

Sônia não interrompe sua fala diante da violência do outro: ela não nega o rebaixamento e a humilhação social que o outro tenta lhe impor, mas não fica cativa dessa condição. Da história do escravismo, ela enuncia o essencial: havia *discriminação* e *sofrimento*, aos *escravos* ofereciam *os restos* e, assim, criaram e inventaram.

"Somente a transmissão simbólica, assumida apesar e por causa do sofrimento indizível, somente essa retomada reflexiva do passado pode nos ajudar a não repeti-lo infinitamente, mas a ousar esboçar uma outra história, a inventar o presente" (Gagnebin, 2006, p. 57).

A feijoada da qual *Sônia* nos fala recupera o alimento como ato cultural e prazeroso, enfatizando a marca de humanidade naqueles que estariam sendo tratados e comparados a animais. Na sua narrativa, *Sônia* tece uma delicada malha, que recobre com alguma opacidade a crueza do fato violento, fazendo um anteparo que permite sair da cena da pura humilhação e trazendo condições mínimas de subjetividade (Pujó, 2000, p. 5).

Para *Sônia*, a valorização da sua feijoada feita com os restos se inscreve em Outro que não pode ser equiparado ao Outro-sócio-histórico do discurso dominante. Fosse assim, teria aparecido na sua fala como símbolo da harmonia racial, como uma das provas da presença africana em um país supostamente inclusivo. *Sônia* preserva o sentido da sua experiência ancorada em uma outra rede de reconhecimento e transmissão possível, que não a hegemônica ou oficial: o valor das comidas que teriam vindo desde aqueles que foram escravizados, passado pela sua avó, e estariam incluídas na sua rede de pertença religiosa e cultural. Conforme nos diz, "*nessa minha religião, aprendemos a valorizar cada item*" e, em seguida, acrescenta; "*isso também aprendi com minha avó*".

A feijoada foi produzida com *os restos* da carne nobre, diz-nos *Sônia*, mostrando que considera que os africanos escravizados fizeram frente ao ato degradante de serem colocados no lugar de *resto*, no lugar de quem só pode receber e comer os *restos*. Ou, utilizando-nos das indicações de Agamben (2010), diante da tentativa de serem reduzidos a um corpo biológico - *Zoé* –, esses sujeitos, segundo *Sônia*, deixaram evidente seu corpo político - *Bios*.

Vestígios da insurgência: Sônia e a casa com muita gente

A reincidente tentativa de enxergar a vida dos que foram escravizados sob a perspectiva de uma vida sem importância política, semelhante aos animais, aparece também na forma como foram significadas suas relações sociais pela historiografia até poucas décadas atrás. Privilegiando estudos sobre as relações entre senhores e escravizados, atribuíam aos escravizados um papel extremamente passivo politicamente e os caracterizavam por uma animalidade e falta de freios diante de seus instintos. Lembremos que um dos aspectos das artimanhas do poder é exatamente incidir sobre o sentido da vida, abalando a potência da experiência compartilhada que escreve tanto a história do sujeito como da comunidade (Rosa, Vicentin & Catroli, 2009).

> *Vocês podem imaginar como eu me sentia na aula de história quando a professora dizia que o negro era servil e o índio indolente! Logo eu, filha de pai negro e mãe índia!* (Lélia Gonzalez)[22]

O depoimento de Lélia Gonzalez aponta alguns dos efeitos perturbadores sobre a possibilidade de o sujeito escrever sua história diante de uma degradação da história dos seus antepassados – daí a necessidade de pensar no que a historiografia produziu e privilegiou sobre as relações sociais no período escravista, tanto do ponto de vista das relações verticais quanto das horizontais.

No que se refere às relações verticais, ainda que sociólogos respeitáveis tenham denunciado a violência presente nessas relações de servidão, apontando o quanto elas teriam imposto condições anômicas de existência aos sujeitos escravizados, acabaram por considerá-los como passivos e secundários no processo para a abolição, sem condições para se mobilizarem de forma politicamente consequente, creditando aos imigrantes e aos fazendeiros o papel de protagonistas, *esquecendo* o engajamento e resistência dos africanos diante da dominação.

Sobre a outra faceta da vida social, o engajamento em relações horizontais entre os escravizados e suas relações familiares, é somente a partir de 1970, com a influência de uma virada nos paradigmas da história social norte-americana e europeia, que vários autores começaram a rever e propor novas formulações sobre a família escrava no Brasil. Até então, as representações do que seria a vida nas senzalas resumia-se basicamente a cenas de promiscuidade sexual, reforçando uma visão estereotipada de ausência de laços de solidariedade e responsabilidade. Os historiadores que

22 Barreto (2005, p. 20).

até então dedicavam-se às relações familiares entre os escravos baseavam seus argumentos "numa leitura 'rala' dos depoimentos de testemunhas brancas, ou seja, aceitavam quase ao pé da letra os registros recorrentes nesses relatos de uniões instáveis, promiscuidade e pais ausentes" (Slenes, 2013, p. 51). Tal leitura seria fruto, possivelmente, dos equívocos e modelos brancos, muito mais do que da realidade dos negros no cativeiro. Seria um entendimento sobre os negros baseado nas projeções e no olhar dos brancos, da mesma forma que Edward Said mostrou os riscos das representações do Oriente a partir do olhar ocidental.[23] No seu livro *Orientalismo: Oriente como invenção do Ocidente*, Said analisa o olhar do europeu sobre o não europeu, segundo seus desejos, investimentos e repressões, ou seja, um Oriente construído a partir de uma ideia de superioridade europeia diante de todas as culturas não europeias.

Robert Slenes (2013) deixa claro esse olhar míope e enviesado do branco, atravessado por fortes preconceitos raciais e culturais, quando retoma a descrição do viajante francês Charles Ribeyrolles, de meados do século XIX, sobre a escravidão. A importância da retomada dessa descrição se justifica por refletir um consenso existente tanto entre os viajantes europeus da época como entre os historiadores brasileiros até cerca de quarenta anos atrás. Ribeyrolles afirmava que para os cativos não haveria famílias, "apenas ninhadas", e deduzia, a partir dessa suposta inexistência da família escrava, consequências nefastas no cotidiano colonial: "Nos cubículos dos negros, jamais vi uma flor: é que lá não existem esperanças nem recordações" (Ribeyrolles, 1859, apud Slenes, 2013, p. 27).

---

23 Encontrei esta indicação, de uma homologia entre o lugar do branco nas relações raciais tomando o seu grupo como padrão universal e os estudos de Edward Said, nos trabalhos de Maira Aparecida Bento (Bento, 2012a, pp. 30-31).

A ausência da flor como equivalente à falta de esperança nas senzalas é o primeiro índice desse olhar europeu que atribui ao outro um entendimento a partir de seus próprios parâmetros e costumes. Isso porque Slenes (2013) mostra que, na sociedade africana, as flores eram pouco utilizadas, tanto com uma função decorativa como simbólica, enquanto esse era um costume da sociedade francesa do século XIX.

Portanto, há aí um equívoco estrondoso: que houvesse da parte de fazendeiros esse olhar, explicitado na existência de fazendas consideradas "criatórios de escravos", não significa que os que foram escravizados tenham se relacionado com o nascimento e a morte como se fossem eventos desprovidos de humanidade, de desejos, de esperanças e de temores. São numerosos os relatos de estratégias extremas e desesperadas, que incluem a tentativa de aborto, de infanticídio e de suicídio, que podemos interpretar como esforços dos que viveram escravizados de buscarem conduzir a própria vida em condições absolutamente adversas (Nogueira, 2011), assim como há diversos relatos de tentativas de fugas diante do receio de se verem separados por vendas decorrentes do tráfico interno.

A recuperação da voz dos sujeitos escravizados e recém-libertos tem permitido observar que tanto nas grandes plantações do Sudeste (Slenes, 2013; Mattos, 2013; Samara, 1989) durante o século XIX como também em Salvador e no sertão da Bahia desde o século XVIII (Nogueira, 2011), a família "era *uma* das instâncias culturais importantes que contribuíram ... para a formação de uma identidade nas senzalas, conscientemente antagônica à dos senhores e compartilhada por uma grande parte dos cativos" (Slenes, 2013, p. 59).

Ainda que esses novos estudos tenham um caráter fragmentário, visto que a grande maioria focaliza fazendas específicas ou determinadas regiões por períodos muitas vezes pouco extensos

(Slenes, 2013), não é motivo suficiente para desprezar o que se tem obtido. Dados referentes a diversas localidades de São Paulo, que se repetem em Minas Gerais e Rio de Janeiro nos séculos XVIII e XIX, revelam que cerca de 1/3 dos escravizados com 15 anos ou mais eram casados ou viúvos.

Os senhores de escravos, na tentativa de construirem condições mínimas de segurança, viram-se obrigados a abdicar do desejo de manter seus escravizados estranhos uns aos outros, passando a investir em outros modos de controle. Com isso, acabaram possibilitando que estes "se encontrassem", estreitassem laços familiares e se unissem em torno de experiências e memórias compartilhadas. A possibilidade de constituição de famílias formadas por pessoas escravizadas, na medida em que eram entendidas como "algo a perder", contribuía, ao mesmo tempo, para a autonomia dessas pessoas e para sua dependência (Slenes, 2013).

"É importante frisar que os novos estudos não amenizam nossa visão dos horrores da escravidão . . . Apenas devolvem ao escravismo sua 'historicidade' como sistema construído por agentes sociais múltiplos, entre eles senhores e *escravos*" (Slenes, 2013, p. 54). Isso, nas palavras do autor, significaria reabilitar a "luta de classes" sob o escravismo, algo que ficara praticamente excluído da grande maioria das pesquisas dos sociólogos da Escola Paulista.

Viver escravizado no Brasil foi uma experiência dolorosa de ressocialização em condições extremamente adversas, mas que produziu toda uma gama de relações comunitárias e familiares – nuclear, extensa, intergeracional –, uma vez que se estendeu ao longo de gerações (Mattos, 2013). Tais relações foram omitidas e desconsideradas em grande parte das pesquisas históricas, como já apontado.

Considerando-se o quanto a escravidão foi longeva no Brasil, há que se levar em conta a convivência de três gerações de sujeitos escravizados, simultaneamente, em diversas localidades, o que permitia que se transmitissem pessoalmente ensinamentos de antepassados africanos aos netos brasileiros. Essas relações se intensificavam com o passar do tempo, e o africano escravizado recém-chegado adentrava não só um campo de relações diante de seu senhor, mas uma comunidade escrava que foi produzindo uma identidade africana bastante singular, sem equivalente nem mesmo na própria África (Mattos, 2013).

Ao recuperar a voz dos negros africanos escravizados e recém-libertos no Brasil, seja por meio de depoimentos, como réus ou como testemunhas, em processos de transmissão de bens, inventários de proprietários rurais, processos cíveis ou criminais, seja por meio dos registros de nascimento e óbito e notícias de jornais, Slenes (2013), como Mattos (2013) e Samara (1989) e outros historiadores que a eles se seguiram, encontraram sistematicamente *esperanças e recordações na formação da família escrava*,[24] em um contraponto fundamental aos paradigmas presentes nas representações da vida íntima na senzala, desde a Abolição até os dias de hoje (Slenes, 2013).

Seria à maneira das ninhadas ou da promiscuidade sexual semelhante ao gado nos pampas[25] que a maternidade e a convivência familiar teriam sido vividas e transmitidas para *Sônia*?

> *Meus avós vieram para cá, não tinha essa casa, fizeram um cômodo, construído com muito suor. Via meus tios, primas, entrando e saindo, pensava "quero uma casa com muita gente". Desde os nove anos sempre quis família grande. (Sônia, 2013)*

---

24 Parafraseando o título de Robert Slenes *Na senzala uma flor: esperanças e recordações na formação da família escrava*, escrito em 1999 (Slenes, 2013).

25 Ribeiro, s.d., citado por Slenes (2013, p. 143).

> *Quando as pessoas perguntam quantos filhos eu tenho, dizem "Nossa! Nove filhos!". Eu já vou logo cortando: "Mas sabe por quê?". Quando nos acostumamos a viver sozinhos, a gente quer uma família. Eu era independente com 14 anos, e eu quis nunca ficar sozinha. Já corto assim. Umas falam da coragem. . . . Quem tem um filho, não tem nenhum. As colegas falam "fez bem". Porque uma, o filho morreu, outra, o filho foi embora, ficou mais sozinha. Quando vê essa movimentação, vê que é feliz. Não tenho do que reclamar.* (Sônia, 2013)

Quando *Sônia* relata o espanto que percebe na fala do outro ao dizer sobre os seus filhos, não deveríamos creditar essa surpresa a um olhar que desqualifica o seu ato como escolha, como se fosse um ato despido de quereres, *recordações* ou *esperanças*?

O que me parece fundamental apontar é o quanto a fala de *Sônia* querer ter uma família que tenha continuidade e seja numerosa é contrastante com a historiografia preponderante até a década de 1970 e que permanece ainda no discurso hegemônico. Como estamos afirmando, trata-se de uma concepção que insiste em considerar a relação entre os escravizados como se fosse indubitavelmente marcada por uma promiscuidade primitiva, e a relação entre eles e o nascimento de seus filhos, como equiparados à reprodução de animais.

> *Alguém tem que dar uma sequência na família, sobrenome morre também se não dá sequência. Vou dar continuidade, tanto no espiritismo, como família, netos, filhos. Tive nove filhos, minha família aumentou. Continuidade na família que é bonita . . . Quero*

> *continuar aqui, não quero parte de nada,*[26] *esse bairro inteiro conheceu meus avós, meu pai... Todo mundo sabe quem foram meus antepassados, sabem que venho de uma família boa, de uma cultura.* (Sônia, 2014)

Seria com base na inexistência de laços familiares que poderíamos conceber as *recordações* e a memória de *Sônia* da experiência da casa de sua avó com tios e primos entrando e saindo, e que teriam lhe permitido as *esperanças*, já aos 9 anos, de uma casa com muita gente para dar continuidade à família bonita? Ou, ainda, seria pela inexistência de laços comunitários que *Sônia* afirma o quanto lhe é fundamental continuar morando na casa onde foi criada, no seu bairro, onde todo mundo conheceu seu pai e seus avós?

É por isso que entendo a fala de *Sônia* como um modo de resistir a essa fagocitose empreendida pelo discurso hegemônico, ou, ainda, como um modo de insurgir ante o discurso social. Ficasse ela aderida à versão oficial da história dos seus antepassados, na qual seriam tomados, tal qual os outros escravizados, como se tivessem sido passivos ou anômicos e incapazes de laços afetivos familiares ou comunitários, o que se produziria seria uma forma de desolação, de desamparo, que podemos chamar de desamparo discursivo (Rosa, 2002; Pujó, 2000).

Sônia nem se apega ao lugar de vítima nem nega os efeitos da dominação: é incluindo o horror da violência do outro em sua fala que a *feijoada* e *uma casa com muita gente* podem ser vistos como uma resistência valorosa e valiosa construção, pois que se

---

26 Sônia afirma não querer a parte do dinheiro que lhe seria cabido caso ocorresse a venda da casa em que mora, cujo terreno comporta outros cômodos, onde mora a família de seu irmão. O bairro em que *Sônia* mora está passando por um processo de especulação imobiliária acentuado, principalmente com a chegada de uma estação do metrô nas proximidades.

dá à revelia daqueles que os querem somente como restos e com os restos.

Tal qual Estamira,[27] a narrativa de *Sônia* nos revela "o quanto o poder narrar e expressar um sofrimento faz a vida resistir, mesmo no meio dos escombros e dos detritos" (Sousa, 2007, p. 52). Tanto uma como outra são capazes de nos fazer ouvir e ver a vida resistindo em palavras, conseguindo tirar da invisibilidade e do esquecimento uma enorme potência, conforme as palavras de Edson de Sousa (2007).

---

27 Estamira foi protagonista de um filme de Marcos Prado, de 2006, que leva seu nome. Tinha à época pouco mais de 60 anos; diagnosticada como esquizofrênica, vivia há mais de vinte anos recolhendo seu sustento do aterro sanitário de Jardim Gramacho, no Rio de Janeiro.

3. Suzana e o retorno das algemas

Você é do Conselho Tutelar?

Foi o que ouvi de uma vizinha de *Suzana*, quando entrou na cozinha para um café e viu-me com uma caneta e algumas anotações no papel.

No mesmo dia, pouco depois, quando terminara a entrevista e estava me despedindo de *Suzana*, já na calçada, sua filhinha mais nova começou a dar tapas no próprio rosto. Ao ouvir de sua mãe "*você vai se machucar*", ela continuou, rindo, em uma brincadeira arriscada. Até que *Suzana* olhou para ela seriamente, dizendo:

> *Para com isso, senão você vai ficar machucada e, se chegar na escola assim, vão achar que fui eu! (Suzana, 2013)*

Descoladas do campo discursivo no qual se inscrevem, essas frases poderiam denotar uma preocupação em ocultar algo importante; afinal, por que achariam isso na escola? Como diz a expressão popular, "quem não deve não teme!". Assim, a menos que o receio de *Suzana* fosse o de que uma acusação de fora apontasse para alguma contravenção que ela preferisse omitir, não haveria com o que se preocupar.

No entanto, sua precaução não parece excesso de cuidado, nem preocupação desmedida; ela aponta uma pertença em um mundo segmentado no que se refere ao campo do direito: há aqueles para quem a sensação é de que a lei os protege, e há aqueles que têm a vivência cotidiana de que a lei serve para controlá-los e criminalizá-los. *Suzana* e as outras mulheres deste livro demonstram uma pertença a esse segundo grupo. O que fica evidente também na fala de sua vizinha, uma vez que mesmo os conselhos tutelares, que haviam sido concebidos para democratizar e garantir a justiça a crianças e adolescentes, tornaram-se, principalmente no que se refere às relações familiares dos pobres, dispositivos policialescos, prontos a penalizar e criminalizar, como afirma Vera Batista (2012).

Há que se acrescentar que, se os dispositivos policialescos de controle dirigem-se prioritariamente aos pobres, *dirigem-se ainda mais aos pobres negros*. Estou defendendo que, no nosso país, a desigualdade social não engloba ou abarca a desigualdade racial, ainda que possam ter uma articulação bastante íntima, como já foi afirmado anteriormente.

O depoimento de *Tadeu* – um rapaz de 22 anos, branco, que nasceu em uma família pobre e é morador de rua do centro de São Paulo desde os 12 anos –, relatado pela pesquisadora Lia Vainer Schucman (2014), é emblemático em relação a essa questão:

> *Era uma maloca ali perto do São Pedro, eram mais de 50 pessoas que moravam dentro. Do nada, todo mundo acordou com uma arma na cara, só eu que não. Eu olhei assim pra todo mundo, aí o policial já perguntou:*

> *que você tá fazendo aqui, no meio de negros, esses porcos imundos? E me ofereceu dinheiro pra sair de perto deles. (Tadeu, entrevistado por Lia Schucman)*[1]

O que a autora nos mostra nesse depoimento é que, embora a condição socioeconômica e o estilo de vida fossem os mesmos, os direitos dos negros foram aviltados nessa cena, enquanto *Tadeu* foi o único preservado da humilhação pela qual eles passaram.

Essa sensação do sujeito de ser olhado como *suspeito*, de que recai sobre ele um controle social e um processo de criminalização, não é algo individual ou que se dá ao acaso; diz respeito a uma lógica discursiva e de poder que vem sendo construída há muito tempo e que não acomete a população pobre de maneira homogênea. Se, no capítulo anterior, ao relatar a violência e a extensão da escravidão, ficou evidente o começo da nossa história como um país extremamente desigual dos pontos de vista social e racial, o que vou abordar neste é que essa desigualdade segue sendo reafirmada continuamente e permanece nos indicadores sociais e nas possibilidades de futuro.

Portanto, ao escutar *Suzana*, é preciso acrescentar à questão da pertença a uma condição econômica empobrecida, o fato de recair sobre ela uma *suspeição* dirigida aos negros e negras deste país, com condições econômicas diversas, assim como com graus de instrução variados.

Tanto assim que, pesquisando negros e negras em ascensão social no eixo Rio-São Paulo no início da década de 1980, a pesquisadora e psicanalista Neusa Souza (1990) observa que a espontaneidade é um direito que é negado ao negro, "não lhe cabe simplesmente ser – há que estar alerta" (p. 27). Entre os

1 Schucman (2014, pp. 162-163).

depoimentos que lhe servem de material clínico, a sensação de estar alerta e prestes a ser acusado aparece de maneira evidente nos hábitos e comportamentos cotidianos.

> *Estou cansada de me impor. O negro não pode entrar num restaurante, por exemplo, naturalmente. Tem que entrar se impondo. (Sônia, entrevistada por Neusa Souza, década de 1980)*[2]

Nesse caso, o *se impor*, conforme Neusa Souza aponta, é estar sempre em guarda. "Defendido. 'Se impor' é colocar-se de modo a evitar ser atacado, violentado, discriminado. É fazer-se perceber como detentor de valores de pessoa, digno de respeito" (Souza, 1990, p. 27).

Embora tenham se passado mais de três décadas desde a sua pesquisa, a sensação de que é preciso *se impor* para ser digno de respeito e a vivência cotidiana de *suspeição* não parece ser algo ultrapassado: muito pelo contrário. Tanto assim que não poderia ser mais explícita a frase estampada na faixa que abriu a II Marcha (Inter)nacional contra o Genocídio do Povo Negro,[3] em São Paulo, em 2014: *Eu pareço suspeito?*

---

2 Souza (1990, p. 27).

3 Esta marcha colocou mais de 50 mil pessoas nas ruas, principalmente em Salvador, São Paulo, Rio de Janeiro, Brasília, Vitória, Belo Horizonte, Porto Alegre e Manaus, e repercutiu em quinze países. *Brasil de Fato*, 28 de agosto a 3 de setembro de 2014, p. 4.

Eu pareço suspeito?

> *. . . a companhia indesejável dos seguranças dos shoppings e lojas de departamento . . . as constantes revistas policiais e, nelas, ter que fingir que é inocente mesmo sendo inocente; as piadas – nada inocentes, diga-se de passagem – referentes aos traços físicos . . . São todos incômodos sentidos na pele no dia a dia do trabalhador preto. (Gas-Pa, rapper, 2014)*

> *. . . fomos morar em Copacabana, num edifício onde éramos os únicos negros. Tudo de ruim caía em cima de nós. Minha mãe ficava revoltada quando vinha uma queixa – a gente tinha que ser perfeito. A gente dizia: "ah! mãe, todo mundo faz..." Ela, então dizia: "mas vocês são pretos...". (Carmem, entrevistada por Neusa Souza, década de 1980)*[4]

> *Ter que provar perante a justiça que você tem o direito de andar livre, igual às outras pessoas, brancas, andam! (Leandro Roque de Oliveira, o Emicida, rapper, 2014)*[5]

> *Lá da adolescência eu olhava a região à minha volta e a própria vida como se tudo fosse assim mesmo . . . ser seguido por seguranças de preto nos corredores de supermercados e shopping centers; ficar de pernas e mãos arreganhadas num muro qualquer, com a nuca enrijecida pelo ferro frio de uma pistola ponto quarenta e o*

---

4 Souza (1990, p. 65).

5 Disponível em: https://ponte.org/quando-voce-chama-a-pessoa-de-macaco-voce-esta-jogando-toda-a-humanidade-dela-no-lixo/.

> *calor do hálito policial, em um suposto procedimento para minha própria segurança, ao interrogar de onde e para onde eu ia. Tudo isso era vivido como natural. (Carlos Eduardo Mendes, psicólogo, 2014)*[6]

Como explicar que, embora perante nossa Constituição "ninguém será considerado culpado até o trânsito em julgado de sentença penal condenatória", a sensação corriqueira para diversos sujeitos é de uma acusação iminente que se faz presente com a presença do seu corpo?

> *A cor mais visada como suspeito é a cor negra. Há uma tese na polícia de que a maioria dos negros são assaltantes. Meus colegas, na maior parte das vezes, só identificavam negro. (Natanael, policial entrevistado por Neusa Souza, década de 1980)*[7]

> *. . . agir com rigor, caso se depare com jovens de 18 a 25 anos, que estejam em grupos de três a cinco pessoas e tenham a pele escura. (Documento assinado pelo capitão Ubiratan de Carvalho Góes Beneducci, dezembro 2014)*[8]

---

6 Mendes (2014, p. 21).

7 Souza (1990, p. 62).

8 Supostamente, o documento teria sido elaborado para investigar um grupo criminoso. No entanto, não há relatos de que se soubesse que o grupo seria composto de negros (Documento da Secretaria do Estado da Segurança Pública de São Paulo, "Documento interno da polícia mostra que a corporação tem ordem para abordar negros e pardos". *Diário Liberdade. Portal Anticapitalista da Galiza e os Países Lusófonos*, 14 de março de 2015).

> *Meus filhos estudaram em escola particular... quando saíam para tomar ônibus e voltar para casa com alguns colegas que eram brancos, eles eram os únicos a ser revistados. No entanto, a condição social era a mesma e estudavam no mesmo colégio. Por que só eles podiam ser suspeitos e revistados pela polícia?... até você provar que não é ladrão... A geografia do seu corpo não indica isso. (Kabengele Munanga, antropólogo, 2009)*[9]

O que a geografia do corpo indica? O que essa geografia do corpo reflete da geografia da cidade?

A pobreza no Brasil tem cor

> *Alguns para se conformar com o sofrimento*
> *Não olham pro lado*
> *Acham que a culpa vem de dentro*
> *Que um dia a sorte vai virar pro seu lado*
> *Um dia vai ser boy e não favelado*
> *Xiii!!! Hã! Doce ilusão*
> *Para cada Pelé tem 50.000 Jão*
> *Mas qual é o problema? Será que isso é normal?*
> *Não, a gente vive num mundão desigual*
> *("Não é culpa sua", AnarcoFunk BH)*

Sim, não se trata somente de rima: o Brasil é o oitavo país mais desigual do mundo. Segundo o coeficiente Gini, que mede a

9 Munanga (2009).

distribuição de renda em 187 países, em 2014, somente sete países tinham uma distribuição de renda pior que a brasileira.

Desde os primeiros estudos dos anos 1950,[10] que começaram a apontar uma outra face do processo de miscigenação brasileiro, evidenciando a relação entre privilégios e diferenças econômicas e sociais com a questão racial, esse tema aparece, muitas vezes, subsumido na abordagem da questão de classes (Schwarcz, 2014).

Mas é preciso frisar que, "mesmo em situação de pobreza, o branco tem o privilégio simbólico da brancura, o que não é pouca coisa. Assim, tentar diluir o debate sobre raça analisando apenas a classe social é uma saída de emergência permanentemente utilizada" (Bento, 2012a, p. 27).

Os sociólogos preferem ser imparciais
E dizem ser financeiro o nosso dilema
Mas se analisarmos bem mais você descobre
Que negro e branco pobre se parecem
Mas não são iguais
("Racistas otários", Mano Brown, 1990)

Estudos recentes apontam que o preconceito racial não estaria atrelado exclusivamente às diferenças econômicas, exigindo uma abordagem que articule a questão de classe e a questão racial. É o que o conceito "negro" inspirado no *black* americano tenta mostrar: trata-se de uma definição política que vem sendo defendida e utilizada pelo movimento negro há décadas, como lembra Kabengele Munanga, justamente com a intenção de apontar o quanto a discriminação da qual negros e mestiços são vítimas não pode ser

10 Pesquisa conhecida como Projeto Unesco, da qual a psicanalista e então socióloga Virgínia Bicudo participou.

considerada somente uma questão econômica que atinge todos os pobres da nossa sociedade (Munanga, 2005-2006).

É fundamental que não se tratem essas questões como se fossem sinônimas ou considerando-as de maneira hierarquizada, como se uma englobasse a outra. Por outro lado, também não podemos considerá-las como completamente desarticuladas. O que é fundamental apontar é como as diferenças raciais, de gênero, de classe, de idade e também regionais, que podem ser consideradas marcadores sociais de diferença, são abordadas de um ponto de vista moral e tomadas negativamente (Schwarcz, 2014).

O que estou defendendo é que, dentro deste mundo extremamente desigual do ponto de vista socioeconômico, somam-se outras desigualdades. Neste capítulo, abordarei algumas articulações entre dois desses marcadores: classe e cor.

Segundo Maria Aparecida Bento (2012a), todos os mapeamentos realizados entre as décadas de 1970 e 1990 comparando a situação dos trabalhadores brancos e negros apontam que "entre os explorados, entre os pobres, os negros encontram um *déficit* muito maior em todas as dimensões da vida, na saúde, na educação, no trabalho. *A pobreza tem cor* [grifo nosso]" (Bento, 2012a, p. 27).

No Brasil, há um consenso que abarca tanto estudos de sociologia como de antropologia, até o discurso de governantes e mesmo a fala da população em geral, de que os negros são pobres, tomando como explicação para esse fato o passado escravista. Vale ressaltar que, embora o âmago dessa afirmação possa ser verdadeiro, ela acaba por obturar alguns problemas, isentando as gerações presentes por tal situação, oferecendo uma desculpa para a manutenção das desigualdades e afirmando que os governos estariam corrigindo gradualmente tais disparidades, que desapareceriam com o desenvolvimento e o crescimento econômico (Guimarães, 2002).

Não foi só durante a escravidão que as desigualdades raciais se construíram e firmaram-se, como nos lembra o *rapper* carioca Gas-Pa: "a tal 'libertação' na verdade era uma condenação à miséria. A última preocupação dessa lei [Abolição da Escravatura] foi com os negros . . . a eles não foi dada nenhuma garantia de sustento, de manutenção das próprias vidas" (Gas-Pa, 2014).

O que fica evidenciado com as estatísticas é que não apenas o ponto de partida dos negros é desvantajoso, devido à herança da escravidão, mas que a cada estágio da competição social – como o trabalho e a escola – somam-se novas discriminações, que aumentam ainda mais essa desvantagem (Guimarães, 2002). Se, conforme a metáfora de Carlos Mendes, "na periferia, como no tabuleiro de xadrez, as peças brancas saem na frente" (Mendes, 2012, p.12), é preciso acrescentar e salientar que, a cada jogada, isso se repete e perpetua.

> *60 por cento dos jovens de periferia sem antecedentes criminais já sofreram violência policial*
> *A cada quatro pessoas mortas pela polícia, três são negrus*
> *Nas universidades brasileiras*
> *Apenas dois por cento dos alunos são negros*
> *A cada quatro horas, um jovem negro morre violentamente em São Paulo*
> *Aqui quem fala é Primo Preto, mais um sobrevivente*
> *("Capítulo 4 versículo 3", Racionais Mc's)*

Os dados que abrem essa música dos Racionais Mc's não são versos quaisquer; eles ressoam o que Maria Aparecida Bento (2012a) havia afirmado há mais de duas décadas e que permanece nos indicadores sociais atuais: uma associação entre pobreza e cor no Brasil. Para ficar em só dois exemplos: "Os jovens pobres são majoritariamente não brancos (70,8%)" e "o número de jovens negros analfabetos, na faixa etária de 15 a 29 anos, é quase duas vezes maior que o de jovens brancos" (PNAD/IBGE, 2007).

A escola é um triste exemplo de como a cada estágio da competição social a discriminação se reafirma e a desigualdade se intensifica. Fúlvia Rosemberg há anos afirmava que, se a população pobre frequenta a escola pobre, os negros pobres frequentam escolas ainda mais pobres, fato que, infelizmente, pouco se modificou. Contudo, entre tantos indicadores sociais fundamentais que abordam esse complexo campo de desigualdades - desde as vertentes da educação, do trabalho, da moradia, da saúde, do transporte -, pretendo me centrar no campo jurídico e penal. Isso porque ele se torna indispensável para incluir a sensação de *suspeição*, revelada por *Suzana*, em um campo discursivo para além da sua vivência individual.

Criminalização da miséria e do conflito: encarceramento e genocídio

O campo jurídico e penal no Brasil, que abrange desde as justificativas de controle e vigilância até o arsenal que envolve os julgamentos e as penas, já aparece claramente na divisão racial do espaço.

Essa divisão começa na época colonial e permanece na atualidade, como lembra Lélia Gonzalez, mantendo uma separação do espaço físico ocupado por dominadores e por dominados. Segundo ela, o lugar tido como "natural" do grupo branco dominante "são moradias saudáveis, situadas nos mais belos recantos . . . devidamente protegidas por diferentes formas de policiamento que vão desde os feitores, capitães de mato, capangas etc., até a polícia formalmente constituída" (Gonzalez, 1979 apud Gonzalez, 1984, pp. 232-233). O lugar "natural" destinado ao negro, ao "grupo dominado", segundo a autora, seria o oposto: "da senzala às favelas, cortiços, invasões, alagados e conjuntos 'habitacionais'... aqui também se tem a presença policial; só que não é para proteger, mas para reprimir, violentar e amedrontar" (Gonzalez, 1979 apud Gonzalez, 1984, pp. 232-233).

A presença policial não se fez e não se faz, portanto, da mesma forma em um e no outro grupo. A repressão policial sistemática e de caráter inegavelmente racista teria como objetivo a submissão por meio do medo, na tentativa de impedir qualquer forma de unidade do grupo dominado. O discurso dominante justifica a atuação de todo um aparelho repressivo, ancorado nas justificativas de ordem e segurança sociais (Gonzalez, 1984).

À afirmação de Lélia Gonzalez se soma a análise dos autores da criminologia crítica, ao defenderem que, em uma sociedade dividida em classes, o direito penal protege as relações e os interesses sociais escolhidos pela classe dominante, contribuindo para a reprodução dessas relações, ainda que aparentem certa universalidade (Batista, 2007). O olhar criminalizante sobre os pobres e suas estratégias de sobrevivência – configurando uma gestão policial da vida – é muito funcional à manutenção da desigualdade e ao processo de acumulação do capital. "É o oficial de plantão da polícia que decide se vai ou não haver festa, batizado ou baile *funk*" (Batista, 2011a).

Uma vez que esse modelo econômico produz violência, a política, em vez de reduzi-la, transforma-a em espetáculo: "E é nessa policização da política que a vítima (preferencialmente a rica e branca) vai para o centro do palco; é ela quem vai produzir as identificações necessárias para a inculcação de uma subjetividade punitiva" (Batista, 2011a).

Perceber que há uma violência simbólica que antecede e que justifica a violência física é essencial e é o que nos lembra o *rapper* Gas-Pa (2014). Ele mostra o quanto a violência com a qual a mídia trata as "favelas" prepara o terreno para que se autorize a violência física do Estado nessas comunidades: é o que Vera Batista chama de *populismo criminológico*, característico da nossa imprensa (Batista, 2011a). Essa violência intensifica, reproduz e ancora-se na divisão racial do espaço: "Ela produz nos moradores 'do asfalto' um alto nível de aprovação das operações policiais que aniquilam favelados – pretos, em sua maioria" (Gas-Pa, 2014). Desse modo, para a maior parte da população, a morte de jovens negros choca menos do que a de jovens brancos, abrindo possibilidades para situações estarrecedoras, como a do jovem negro acusado de roubo que foi espancado e preso pelo pescoço a um poste, da mesma forma que seus antepassados escravizados foram presos no pelourinho (Gas-Pa, 2014).[11]

A aproximação, devido à funesta semelhança, entre essa cena de violência extrema e consentida[12] sobre um jovem negro em 2014 e as cenas de violência sobre os negros no período colonial não foi exclusividade da fala de Gas-Pa. Uma estranha sensação de *dejà-vu* fica evidente na fala de uma moradora do Rio de Janeiro que, diante da cena, foi quem chamou o atendimento médico,

---

11 A imagem do jovem negro, de 15 anos, espancado e acorrentado nu em um poste com uma barra de ferro, pode ser vista em http://www1.folha.uol.com.br/cotidiano/2014/02/1407239-adolescente-e-agredido-a-pauladas-e-acorrentado-nu-a-poste-na-zona-sul-do-rio.shtml.

12 A então âncora do *Jornal do SBT*, Rachel Sheherazade, ao apresentar a notícia sobre esse fato, no dia 4 de fevereiro de 2014, definiu o adolescente como "marginalzinho" e afirmou que, em um país que sofre de violência endêmica, a atitude dos que cometeram tal ato, os "vingadores", seria "até compreensível".

registrou e divulgou a imagem do que viu, como forma de manifestar sua indignação:

> *Na hora, eu vi um quadro de Debret, aqueles negros no pau de arara, amarrados no tronco para serem castigados a pauladas . . . Ele não falou nada porque estava meio tonto com muita pancada na cabeça, meio sem ação. (Yvonne Mello, filóloga, do Projeto Uerê, fevereiro, 2014)*[13]

Entendo tal semelhança como um claro exemplo de uma situação em que somos tocados por um sopro do ar que foi respirado anteriormente e escutamos os ecos das vozes que emudeceram (Benjamin, 1940/2014a): tal formulação é o que constitui a noção de história para Walter Benjamin, e é a partir dela que ancoro esta pesquisa. Dessa forma, faço coro à afirmação de Nilo Batista de que, para pensar qualquer política criminal emancipatória, é preciso levar em conta o nosso passado escravista (Batista, 2011, 2006).

Primeiro prende, depois julga

Quando Vera Batista recupera o percurso que vai do século XIII até o grande encarceramento que ocorreu no século XXI, chama a nossa atenção para a produção de uma máquina de controle dos pobres e dos resistentes que foi produzindo sua própria *Kultur*; ou seja, foi construindo uma civilização que, nas suas entranhas, é punitiva (Batista, 2011b). Ela aponta a falta de coragem, no Brasil, em se assumir um discurso que deslegitimize o Estado penal, uma vez

13 Recuperado de https://www1.folha.uol.com.br/cotidiano/2014/02/1407239-adolescente-e-agredido-a-pauladas-e-acorrentado-nu-a-poste-na-zona-sul-do-rio.shtml?mobile&width=280.

que o desejo de punir estaria instaurado e ancorado em permanências históricas, nas quais se imbricam tanto uma colonização genocida quanto o regime de escravidão e a cultura inquisitorial ibérica (Batista, 2012). As práticas escravistas foram produzindo um *estilo punitivo* que permaneceu após a abolição da escravatura, como se o próprio escravismo se prorrogasse e se mostrasse presente na exploração capitalista que o sucedeu, por meio de uma forma extremamente dura e controladora[14] (Batista, 2011).

Isso significa que nossa "violência policial inscreve-se em uma tradição nacional multissecular de controle dos miseráveis pela força, tradição oriunda da escravidão e dos conflitos agrários, que se viu fortalecida por duas décadas de ditadura militar" (Wacquant, 1999, p. 5). Ainda que concorde com Maria Rita Kehl (2010) sobre a enorme importância de se recuperar a memória dos desaparecidos e vítimas da ditadura brasileira (1964-1984), uma vez que o "esquecimento" da tortura produziria a naturalização da violência como grave sintoma social no Brasil, penso, na esteira de Wacquant (1999), N. Batista (2011), V. M. Batista (2012) e Gagnebin (2010), que é preciso acrescentar que essa prática violenta já se inscrevia em uma *Kultur* de "controle dos miseráveis pela força". Tal *Kultur* está na origem da história do nosso país, exigindo que também esse período seja relembrado. Essa violência se apoia em uma concepção hierárquica de cidadania, fundada na oposição entre os selvagens e os cultos, de modo que a manutenção da ordem de classe e a manutenção da ordem pública se confundem (Wacquant, 1999) ou, ainda, mesclam-se e sobrepõem-se.

---

14 É exemplar, nesse sentido, a informação de Nilo Batista (2011)de que, "numa fábrica da cidade do Rio de Janeiro, em 1903 – quinze anos após a abolição da escravatura – o patrão mandava açoitar com vara de marmelo operários grevistas tal qual se fizera com escravos na plantagem" (p. 5).

Tal sobreposição fica evidente com o fim da escravidão, quando os ex-senhores defendem em suas propostas políticas uma tutela direta sobre a liberdade dos negros recém-libertos, com o intuito de os obrigarem a firmar contratos de trabalho. Uma vez que já não era permitida tamanha ingerência na vida dos ex-escravizados, obrigando-os ao trabalho, o que se fez foi uma repressão à vadiagem (Mattos, 2013). Pode-se imaginar que os limites entre essa repressão e o cerceamento da liberdade recém-adquirida ficassem muitas vezes lábeis, e a atuação policial se confundisse com o poder dos fazendeiros. Nos meses que antecederam a República, algumas autoridades policiais se transformaram em braço dos ex-senhores, defendendo seus interesses para condicionar o comportamento dos recém-libertos (Mattos, 2013).

Analisando diversos processos criminais do século XIX do Tribunal de Relações do Rio de Janeiro, Hebe Mattos aponta que fica patente um assustador descaso com a vida humana, em 1889, quando se tratava de um liberto: enquanto dificilmente os inquéritos se transformavam em processo criminal quando vítima e agressores eram identificados como libertos, um liberto podia ser condenado à prisão por injúrias verbais, quando o reclamante não o era (Mattos, 2013). Os diversos jornais do Rio de Janeiro e de Minas Gerais analisados por essa historiadora, munidos de exemplos de casos de rebeldia e insubordinação por parte dos ex-escravizados, "procurados com lupas", nas palavras da autora, buscavam construir a imagem do liberto como despreparado para a liberdade, perigoso e não muito humano, justificando, assim, a necessidade de uma atuação mais enérgica por parte das autoridades policiais, incentivando a formação de guardas particulares nas fazendas e defendendo veementemente que se proibisse o uso de armas de fogo aos libertos (Mattos, 2013).

Essa colocação não parece distante da afirmação de Gas-Pa, quando aponta que, apesar de a quilombagem ter sido a primeira forma expressiva de organização combativa da classe trabalhadora brasileira – por ter contribuído para desorganizar a economia escravista –, desde aquela época já se teria negado o caráter de preso político[15] ao "preto" rebelde. "Por mais que sua ação organizada e coletiva tenha como fim a subversão de uma ordem, o preto subversivo sempre foi relegado ao *status* de bandido comum" (Gas-Pa, 2014).

O que se está se afirmando é que, se não é possível dizer que a miséria ou a pobreza sejam a causa dos crimes, é possível, porém, afirmar que o nosso modelo econômico e político criminaliza a pobreza e determina os alvos sociais do sistema penal (Batista, 2011).

É isso o que Gas-Pa denuncia: após mostrar a semelhança entre a imagem atual do jovem negro acorrentado em um poste no centro do Rio e as situações de violência sobre os negros no passado escravista, ele salienta que essa cena foi vista "na mesma capital onde um jovem branco que passa com seu carro importado por cima de um ciclista preto, matando-o, é condenado a prestar dois anos de serviços comunitários" (Gas-Pa, 2014). Sua correlação metaforiza esse ponto fundamental da desigualdade racial presente em nosso país: o "recorte da hierarquia de classes e da estratificação etnorracial e a *discriminação baseada na cor*, endêmica nas burocracias policial e judiciária" (Wacquant, 1999, p. 6).

---

15 O que considero absolutamente alinhado com a posição do criminólogo Nilo Batista: "Todo crime é político. 'Nos anos 70, eu me lembro que o Augusto Thompson . . . deu uma resposta maravilhosa numa conferência, a um aluno que perguntou, 'professor, qual é a diferença entre criminoso comum e criminoso político?', e o Thompson falou, 'a diferença é que o comum também é político, só que ele não sabe'" (Batista, 2003).

Isso significa que, tanto em São Paulo como em outras grandes cidades, os negros não só recebem uma vigilância diferenciada por parte da polícia como têm mais dificuldade no acesso ao auxílio jurídico e são punidos com penas mais pesadas do que os indiciados brancos, mesmo quando cometem um crime igual (Wacquant, 1999). Assim também as condições durante o período de detenção são mais duras, e as violências cometidas no encarceramento, mais graves. "Penalizar a miséria significa aqui 'tornar invisível' o problema negro e assentar a dominação racial dando-lhe um aval de Estado" (Wacquant, 1999, p. 6).

Segundo Vera Batista (2012), nós perdemos o olhar crítico que tínhamos contra o autoritarismo no fim da ditadura, e, hoje, a tortura e o extermínio daqueles identificados como inimigos são aplaudidos. Para a autora, há uma adesão à jurisdicionalização da vida, que traz a abundância de controles sobre os conflitos domésticos e privados e traduz toda a conflitividade em punição, sustentando o grande encarceramento pelo qual vem passando o Brasil (Batista, 2011a).

"O neoliberalismo abandonou também as ilusões re (ressocializações, recuperações, reeducações) para ir direto ao armazenamento, emparedamento e neutralização" (Batista, 2012, p. 6). Tanto assim que, no Brasil, a população carcerária passou de 140 mil em 1994 para cerca de 500 mil presos e 600 mil nas penas alternativas em 2011. Embora os Estados Unidos ainda sejam os maiores carcereiros do mundo, esses números demonstram que o Brasil, infelizmente, também ganhou um lugar de destaque nesse quesito (Batista, 2011a).

A opção pelo encarceramento é denunciada em documento de 2012 do Instituto Terra, Trabalho e Cidadania e da Pastoral Carcerária Nacional, que afirma que "a prisão provisória tem sido utilizada em São Paulo como instrumento político de gestão populacional e . . . voltado ao controle de uma camada específica da população" (ITTC, 2012, p. 94).

O que a pesquisa do ITTC e da Pastoral Carcerária revelou é que, em diversos casos em que o réu estava sendo acusado de um delito para o qual poderia receber, ao final do processo, uma medida ou pena alternativa à prisão, ele era mantido preso cautelarmente até a sentença definitiva. Ou seja, o princípio da presunção de inocência fica invertido, mantendo-se preso o suspeito de forma automática, como se o flagrante já constituísse prova suficiente de culpabilidade. Além disso, a prisão cautelar funciona como a antecipação de uma pena que, em mais de 1/3 dos casos, viu-se que nem deveria ter sido aplicada.

"O fato de que praticamente quatro em cada dez presos provisórios não recebem pena privativa de liberdade [ao final do processo] revela o sistemático, abusivo e desproporcional uso da prisão provisória pelo sistema de justiça no país" (Ipea & Depen, 2014, p. 7).

No entanto, novamente é preciso lembrar que isso não se dá de maneira homogênea. Segundo pesquisa realizada na década de 1990 por Sérgio Adorno, "se o crime não é privilégio da população negra, a punição parece sê-lo . . . a discriminação socioeconômica é frequentemente associada e reforçada pela discriminação racial e étnica"[16] (Adorno, 1996, p.1). Em levantamento comparativo entre varas e juizados, o que se percebe é "maior número de réus negros nas varas criminais, onde a prisão é a regra, e maior quantidade de

16 Sérgio Adorno nos aponta que os réus brancos que agridem vítimas de mesma etnia revelam maior probabilidade de absolvição do que de condenação, mas, quando o agressor é negro e a vítima branca, o quadro se inverte, o que parece indicar que a cor é um poderoso instrumento de discriminação também na distribuição da justiça (Adorno, 1996).

acusados brancos nos juizados, nos quais prevalece a aplicação de alternativas penais" (Pimenta, 2014, p. 1). O que esses dados explicitam é que são "os processos de construção de desigualdades e de reprodução de opressões nas instituições brasileiras, que conferem a cor negra aos nossos cárceres" (Pimenta, 2014, p. 1). Ou seja, o *encarceramento também tem cor.*

> *A gente vê um rico que comete crimes hediondos e não responde por isso. O meu irmão foi acusado de roubo majorado, que é o Artigo 157, sem estar portando nenhuma arma. Está preso há um ano e é réu primário, tinha acabado de fazer 18 anos. Ainda não teve nenhuma audiência. E o pior é que ninguém liga, ninguém percebe que o encarceramento está relacionado com o genocídio. (Depoimento, rapaz negro ao jornal Brasil de Fato, 3 de setembro de 2014).*

Reaja ou será morto!

> *Quando eu tinha de 8 para 14 anos foram morrendo de monte, as pessoas que estavam perto de mim. Eram meus amigos de infância, o pessoal que jogava bola comigo. Eles foram morrendo e desaparecendo em número absurdo e eu não sabia o que era. (Depoimento, rapaz negro ao jornal Brasil de Fato, 3 de setembro de 2014)*

> *Quero dizer que se falo sobre desigualdade social, racismo, violência contra a mulher, e extermínio de uma juventude preta, é porque vejo, sinto e vivo isso. Nossos motivos pra lutar ainda são os mesmos e não me peça*

para amenizar. (Bá Kimbuta, percussionista e compositor, julho de 2012)

Ontem mataram um amigo meu lá na rua perto de casa. A gente estudou junto, ele morava numa rua depois da minha. A polícia chegou e deu um monte de tiro nele, dizem que ele estava envolvido com o PCC [Primeiro Comando da Capital]. É sempre assim, os moleques morrem... (Adolescente, 16 anos, moradora do bairro São Mateus, atendida por Sandra Luzia Alencar, São Paulo)[17]

Lutamos contra a brutalidade policial, esquadrões da morte e grupos de assassinato que servem o criminoso sistema de "justiça" que vem matando e prendendo nosso povo, desde que nos trouxe aqui. (Campanha Reaja nas Ruas, 2014)

Os dados publicados em 2014 no *Mapa da violência: os jovens do Brasil* demonstram que essas falas se ancoram em um agravamento da violência sobre a população negra do nosso país. Se entre 2002 e 2012 as estatísticas mostraram uma tendência de queda no número de homicídios da população branca, revelaram também um aumento no número de vítimas na população negra. Em relação à população jovem, o índice de vitimização de jovens negros mais do que dobrou, de forma que, pelos dados de 2012, para cada jovem branco que morre assassinado, morrem 2,7 jovens negros (Waiselfisz, 2014, p. 152).

---

17 Depoimento à Sandra Luzia de Souza Alencar de adolescente que procurou o serviço público de saúde para atendimento após tentativa de suicídio (Alencar, 2011, p. 44).

No período de 2003 a 2012, foram assassinados por armas de fogo 320 mil negros: "imagine, para ter noção do significado, uma cidade de porte médio povoada por cadáveres com furos de bala e que todos esses corpos têm a mesma cor" (Brum, 2015).

A região onde moram as entrevistadas desta pesquisa não foge à regra: segundo denúncias de moradores daquele território, publicadas pelo jornal *Brasil de Fato* em setembro de 2014,[18] a cada semana, pelo menos um jovem morre ou desaparece nas proximidades.

Com isso, não considero exagero o nome da Marcha Nacional realizada em agosto de 2014, mencionada anteriormente: II Marcha (Inter)nacional Contra o Genocídio do Povo Negro.

O que vem ocorrendo em relação à população jovem negra poderia ser nomeado como *genocídio*, segundo o antropólogo Luiz Eduardo Soares, uma vez que já se pode perceber um reflexo dessas mortes na estrutura demográfica brasileira. Ou seja, já há um *gap*, um vazio, um déficit na estrutura populacional de jovens negros do sexo masculino, entre 15 e 24 anos, que só é verificável em sociedades em guerra (Soares, 2005).

Esse fato é o que também explica o slogan dessa Marcha: *Reaja ou será morto, reaja ou será morta!*, ou a justificativa que o sustenta, segundo um dos seus organizadores:

> *A Campanha Reaja surgiu em 2005 aqui em Salvador, depois de darmos um basta em contar nossos mortos pela violência racial, pela violência estatal, pelos grupos de extermínio e grupos paramilitares que a polícia*

18 Entre os casos que tiveram maior repercussão está a execução de quatro jovens (dos quais somente um tinha completado 18 anos) alvejados por pelo menos trinta tiros pela polícia, no dia 6 de setembro de 2014.

> *legitima, retroalimenta e fortalece . . . começamos a politizar nossa morte, chorar nossos mortos . . . começamos a dar nome aos mortos e evidenciar o caráter genocida neles contido (Hamilton Borges, 2014).*

Assim, também a pesquisadora Sandra Alencar, após pesquisa realizada no bairro de São Mateus sobre o luto impedido no caso de mortes violentas de jovens da periferia paulistana, citando as taxas de homicídio dos bairros periféricos e mencionando o documentário *Luto como mãe*[19], acaba por afirmar que "é impossível não ver que os *assassinatos têm cor* [grifo nosso]" (Alencar, 2011, p. 111).

Sobrevivendo no inferno[20]

As taxas de encarceramento há pouco citadas ajudam a deslocar a história de *Suzana* e de seus filhos presos da posição de um caso de exceção para a posição de um caso típico, típico dentro de um lugar de exceção. É possível recolocá-la, bem como sua família, na posição de quem povoa um território, dentro do nosso Estado democrático, que tem suspensos e desrespeitados alguns direitos fundamentais cotidianamente, configurando-se em um espaço de exclusão desses direitos. Como Paulo Endo (2008) afirma, as ruas da periferia de São Paulo, assim como as penitenciárias, seriam lugares em que os agentes do Estado exerceriam todo tipo de comportamento arbitrário e violento, "como se fossem lugares privados, onde as leis não se executam, a não ser sob sua forma negativa e onde vigora o estado de exceção" (Endo, 2008, p. 18).

---

19 Documentário de 2009, com direção de Luis Carlos Nascimento.

20 "Sobrevivendo no inferno" é o nome do álbum do grupo de *rap* Racionais MC's lançado em dezembro de 1997.

Lembremo-nos de Walter Benjamin, quando nos diz que "a tradição dos oprimidos nos ensina que o 'estado de exceção' em que vivemos é na verdade a regra geral" (Benjamin, 1940/2014a, p. 245), pois esses espaços de exceção fazem parte do corpo social legítimo, e é como se somente a inclusão desses espaços de exclusão pudesse garantir a segurança desse corpo social (Gagnebin, 2010). Jeanne Marie Gagnebin aponta a correspondência secreta entre esses lugares de exclusão e exceção, os lugares sem lei do presente, e as lacunas impostas pelo não dito do passado. Aqui, é possível incluir a nossa colonização, que dizimou a população indígena, o nosso passado escravista e as décadas de ditadura militar, considerando que, em cada um desses momentos, há aqueles que ficaram reduzidos a uma vida que poderia ser retirada ou interrompida. Aqueles homens que não são mais homens, no sentido de que podem ser mortos sem que seus assassinatos sejam castigados[21] ou reprimidos, ou seja, sendo o seu extermínio, de certa forma, legitimado e esperado (Gagnebin, 2010). Entre os lugares de indeterminação citados pela autora, está Guantánamo, os campos de refugiados, mas também as periferias das grandes cidades.

Às formulações de Jeanne Marie Gagnebin, podemos articular a lucidez e poesia de Mano Brown, ao nos mostrar que permanecer vivo nas periferias das grandes cidades passa a ser a exceção, uma vida que contraria as estatísticas.

> *Se eu fosse aquele cara que se humilha no sinal*
> *Por menos de um real*
> *minha chance era pouca*

21 A autora lembra que esta é a definição de *Homo Sacer*, segundo Giorgio Agamben.

Mas se eu fosse aquele moleque de toca
Que engatilha e enfia o cano dentro da sua boca
De quebrada sem roupa, você e sua mina
Um, dois, nem me viu: já sumi na neblina
Mas não, permaneço vivo
prossigo a mística
Vinte e sete anos contrariando a estatística
("Capítulo 4 versículo 3", Racionais Mc's)

São esses dados da conjuntura brasileira sobre o encarceramento e o genocídio negro, caracterizando os lugares de exceção, que nos remetem novamente à fala de *Suzana*.

Suzana faz lembrar daquilo que Benjamin aponta como um encontro secreto, marcado entre as gerações precedentes e a nossa (Benjamin, 1940/2014a). Tal aproximação entre as gerações se relaciona com o que Gagnebin diz do passado que insiste em perdurar de maneira não reconciliada no presente, ressuscitando nos inúmeros corpos violentados e mortos o que, desse passado, não passa (Gagnebin, 2010).

Sejam dois dos seus filhos maiores de idade, seja seu irmão, seja um dos seus ex-maridos e, mais recentemente, um filho menor de idade: *a família de Suzana nunca saiu do mundo das algemas.*

> *Cheguei em casa do trabalho e tinha tido a maior confusão aqui: o Beto*[22] *foi levado pra delegacia, me ligaram enquanto eu estava lá trabalhando, cheguei e tava tudo revirado. Vieram pra levar ele pra delegacia . . . me desculpe mesmo, não queria furar com você, eu*

22 Nome fictício do seu filho de 15 anos.

> *gosto de falar com você, tinha marcado, mas vou ter que desmarcar, estou numa confusão ainda vendo o que fazer. (Suzana, 2014)*[23]

O que ela mostra é a presença da polícia e da prisão no cotidiano da sua vida.

> *"Nossa, Suzana, você tem tanto problema, dois filhos presos!". Eu digo: "Não fui eu que fiz nada errado – me viram saindo 4h00 pra trabalhar e eles terem o que comer. Tinham que me ter como exemplo. Vou continuar saindo, bebendo minha cervejinha, não vou abrir mão da minha felicidade". Algumas pessoas entendem, outras dizem: "Como pode deixar o filho?! Falar assim do filho?!". Não posso passar a mão na cabeça. Amanhã pode virar estuprador, matador, posso ser a próxima vítima. Não abandono, mas eles fizeram... (Suzana, 2013)*

Quando mais adiante, na entrevista, insiste nesta frase constantemente dirigida a ela: "*Nossa! Você tem dois filhos na cadeia?*", o que será que está nos dizendo?

> *Tem gente que fala também: "Nossa! Você tem dois filhos na cadeia?!". Eu digo: "eles fizeram, agora tem as consequências, não vou passar a mão na cabeça. Fizeram coisa errada, agora tem que pagar por isso". Vou lá, vou visitar, não vou largar. Tem uma prima que o*

23 Escutei essa fala quando estava confirmando um encontro previamente agendado com *Suzana*: por telefone, ela me explicava as razões pelas quais precisava cancelá-lo.

> *filho dela foi preso, ela não quer saber, eu é que fui visitar. E olha que ela dizia que não queria que o filho dela brincasse com os meus, como se não fossem bom exemplo. Agora ela nem quer saber do filho dela. Eu não passo a mão na cabeça, senão, acham que podem fazer qualquer coisa que tudo bem, estuprar, matar. Então quando falam, eu digo: "o meu exemplo eles tiveram, se escolheram fazer, agora aguenta".* (Suzana, 2013)

Esse "*Nossa!*" de início me parecia referido a uma precaução, um pedido de cautela para não responsabilizá-la ou condená-la de antemão. No entanto, a partir do que foi exposto sobre o encarceramento, talvez fosse possível acrescentar mais uma razão: o espanto dos outros pode parecer cínico ou ingênuo. Seria esse o motivo de ela me fazer testemunhar e ouvir mais de uma vez o "*Nossa! Você tem dois filhos na cadeia?!*"? Talvez me mostrando: por que o espanto? Qual a surpresa? Ela seria mais uma de tantas mães que não teriam escapado ao destino de ter seus filhos encarcerados: uma mulher negra, como tantas e tantas outras mulheres negras.

> *Enquanto mulheres convencionais lutam contra o machismo*
> *As negras duelam para vencer o machismo, o preconceito, o racismo*
> *Lutam para reverter o processo de aniquilação*
> *Que encarcera os afrodescendentes em cubículos na prisão*
> *("Mulheres negras", 2013)*[24]

24 A música "Mulheres negras" foi composta por Carlos Eduardo Taddeo, ex-integrante e fundador do grupo de *rap* Facção Central.

Poderíamos também pensar o contrário: apesar de *Suzana* ser a regra em um dos nossos lugares de exceção, falar do espanto por meio da fala dos outros pode ser uma forma de sustentar o fato de que o encarceramento de jovens negros, ainda que possa ser tão comum, não é normal, no sentido de que não tem nada de natural: é político.

As palavras que vêm na sequência do seu "*Nossa!*", no entanto, reenviaram-me ao começo da frase. Seja no caso do: "*me viram saindo 4h00 pra trabalhar e eles terem o que comer. Tinham que me ter como exemplo*", ou do "*meu exemplo eles tiveram, se escolheram fazer, agora aguenta*", o que se segue ao "*Nossa!*" é a repetição do "*meu exemplo*". Vale dizer, no entanto, que, no primeiro caso, trata-se do "*meu exemplo*", que viria a partir do que a viram fazer, e, no segundo, o "*meu exemplo eles tiveram*". Credito a essa distância entre um caso e o outro a possibilidade de perguntar: qual a diferença entre o exemplo que *eles teriam que ter seguido ao vê-la* e o exemplo que *eles tiveram*?

O exemplo que, segundo *Suzana*, eles teriam de ter seguido seria: "me viram saindo 4h00 pra trabalhar e eles terem o que comer". Provavelmente foi isso que *Suzana* pensava estar transmitindo: que fossem honestos, esforçados e trabalhadores como ela. No entanto, a conexão entre "os filhos terem o que comer" e para isso ser necessário "acordar às 4h00 da manhã para trabalhar" já é a prova de uma condição social de quem vive em um território de exceção e, assim, o que esse pedido poderia significar para eles? A visão de um exemplo calcado na miséria ou no trabalho?

Lembro o que Paulo Endo (2008) nos coloca sobre as dificuldades de existir e a busca por reconhecimento de crianças e adolescentes pobres e negros nas grandes cidades brasileiras. Segundo ele, "tornar-se honesto e trabalhador, projeto já bastante custoso, torna-se desvalorizado quando a honestidade e o trabalho têm como consequência a precariedade e a humilhação" (Endo, 2008, p. 20).

Nesse sentido, o que os filhos de *Suzana* poderiam ter visto ao observá-la cotidianamente? Não poderia ter significado para eles a transmissão de uma subalternização cotidianamente presente no trabalho, dificultando ou estreitando a possibilidade de o jovem que ama sua família admirá-la e reconhecê-la no horizonte de seus próprios ideais (Endo, 2008)?

Seria muito diferente, para seus filhos, "acordar às 4h00 da manhã para terem o que comer" ou ser "o cara que se humilha no sinal por menos de um real"? O seu ato não poderia estar sendo compreendido por eles como se fosse uma conivência ou submetimento a uma condenação do discurso social de que os pobres não teriam direito à mobilidade, devendo somente ir de casa para o trabalho, do trabalho para a casa (Endo, 2008)?

Além disso, será mesmo que era esse o exemplo que ela queria que seguissem, e o que desejava para eles era essa mesma situação precarizada de trabalho?

> *Eu pensava esse vai ser "Antonio Carlos[25] advogado". Todos os meus filhos têm dois nomes. Todos seriam doutores... doutores da sem-vergonhice. Não estão nem aí com nada. Talvez seja culpa minha, o fato de estar criando sozinha, lutando para dar tudo para eles. Para não ficar com o pé descalço, porque o amiguinho tinha. Nem terminaram de estudar, agora é que estão voltando a estudar. Estão vendo que estou lutando. Vai numa festinha, os meninos todos arrumadinhos, tem que estar arrumadinho também: "se arruma, vai*

25 Nome fictício.

> *tomar banho, vai se arrumar". Minha família sempre foi assim. De manhã tem que tomar banho, se arrumar, criei meus filhos assim. Claro que vai sentir vergonha de ficar com calça rasgada, sapato velho... tentei sempre estarem de igual, para não ter diferença. Usar marca porque trabalha. Também gosto de marca . . . Tem que aprender que tudo é caro, aprender quanto pesa no bolso. (Suzana, 2013)*

Suzana não desconsidera que tenha havido uma escolha em cada ato dos seus filhos: "se escolheram fazer... agora aguenta". Ela não retira em nenhum momento a responsabilidade deles pelos atos que cometeram, o "não vou passar a mão na cabeça deles" também insiste em sua fala, parece tentar reafirmar que não é conivente com a transgressão à lei, "senão, acham que podem fazer qualquer coisa que tudo bem". Mas o que *Suzana* parece não escutar na sua fala é que ela tenta, por meio de um esforço pessoal, *fazer desaparecer* para os filhos o mundo desigual, na tentativa de não ter diferenças.

Como negar que a escolha singular deles, por estar inscrita em um campo discursivo e político, faz a chance de se tornarem doutores, mais do que uma exceção, quase uma impossibilidade? Não se pode desconsiderar que o que estaria reservado como futuro a eles e confirmado nas estatísticas se dividiria, basicamente, entre a humilhação e a resignação, o encarceramento ou a morte.

Muitas vezes, diante do impacto traumatizante frente à violência e à arbitrariedade do Outro, alguns sujeitos não conseguem mais do que se calar, o que seria um embrião de resistência e recusa; outros apresentam reações violentas (Rosa, 2002). Isso porque "a submissão do indivíduo à lei só tem sentido quando a lei não se transforma numa máquina de suplicar, ou seja, quando as bases em que se fundamenta uma sociedade são de natureza diferente das do terror e da exclusão" (Mannoni, 1995, p. 35).

É nesse sentido que me parece extremamente coerente a proposta de Nilo Batista de incluir e considerar a experiência social dos réus – com as oportunidades que lhes foram dadas ou não, a assistência que lhes foi ministrada ou não – de forma que o campo da responsabilidade se torna um campo da coculpabilidade: correlacionando a responsabilidade do sujeito à do Estado, fazendo sentar no banco dos réus, lado a lado, os réus e a sociedade que os produziu (Batista, 2007).

No entanto, além de essa coculpabilidade dificilmente ser reconhecida na sociedade, é bastante incomum que os réus ou suas famílias consigam responsabilizar também o Estado pelas suas ações. Assim também *Suzana* chama seus filhos, mas não o Estado, para que se sentem no banco dos réus. E aí, talvez por perceber o quão insuficiente e ineficaz é o ato de responsabilizá-los sozinhos, é que se pergunta se foi sua a culpa de que seu projeto sobre eles não tenha se concretizado: teriam se tornado *doutores da sem-vergonhice por ela os estar criando sozinha, lutando para dar tudo para eles*? Ora se acha responsável pelo destino de seus filhos, ora os responsabiliza completamente: é bem difícil se dar conta de que as cartas já estão muito marcadas.

Será que, quando observa a distância entre o nome duplo que lhes deu na expectativa de que fossem *todos doutores* e a situação em que se encontram hoje, se dá conta do quanto essa sua expectativa contrariaria as estatísticas?

No momento em que ela desloca a responsabilidade absoluta deles sobre o que fizeram, o faz à custa de transferir para si a possibilidade de ser julgada também. O que ela parece não escutar ao deixar o Estado de fora da responsabilização é que ela tenta, por meio de um esforço individual, fazer desaparecer para os filhos a desigualdade. Lembremo-nos de que a impossibilidade constante de possuir deixa no sujeito uma sensação de engodo, uma sensação de embuste pelo não cumprimento das promessas que lhe são sempre adiadas (Endo, 2008). Quando a questão da disparidade e desigualdade econômica no Brasil volta a aparecer na fala de *Suzana*, por meio do comentário sobre a vergonha que eles sentiriam de "ficar com calça rasgada, sapato velho", ela responde tentando responsabilizar-se pessoalmente e sozinha pelo que seria preciso para "estarem de igual".

Quem deveria se envergonhar de o nosso país ser o oitavo mais desigual do mundo: ela? Quem deveria dar conta disso: ela?

Se considerarmos que *Suzana* e sua família habitam um desses espaços de exceção incluídos no nosso Estado democrático, o "Nossa!" dela nos concerne, e, mais do que nos espantarmos, também nós, com a prisão de seus filhos em um universo prisional dessa monta, devemos atentar para a dimensão de humanidade que resiste e insiste no seu olhar.

Ela parece ter encontrado um modo singular de não ser "o cara que se humilha no sinal" e talvez tenha sido esse *o exemplo* que seus filhos *tiveram*. Mas justamente esse exemplo não se coaduna com o exemplo que teriam de seguir, ao vê-la "acordando às 4h00 da manhã para trabalhar e lhes dar de comer". Pois parecem muitas vezes absolutamente inconciliáveis o não se humilhar com o *ser trabalhador*, dependendo do quanto as condições de trabalho estão precarizadas ou degradadas. Assim também o *não se humilhar* e *não desacatar a autoridade policial* muitas vezes também se mostram inconciliáveis, dependendo das arbitrariedades da polícia de plantão. Talvez seus filhos não tenham ainda encontrado uma maneira conciliável de escapar da subalternização na rua, na escola e no trabalho, mantendo-se estudantes ou trabalhadores (Endo, 2008). Talvez isso só seja realmente conciliável em uma sociedade justa e igualitária. No entanto, *Suzana* parece ter encontrado uma maneira de resistir, sustentando e conseguindo reconhecer os rastros de humanidade mesmo diante do horror.

Ela teima em não se calar! De tal maneira que seu "*Nossa!*" pode ser escutado, também, como uma ênfase na sua condição, sublinhando que, embora mãe de dois filhos presos, não desistiu dos desafios e dos seus projetos de vida: "*vou continuar saindo, bebendo minha cervejinha, não vou abrir mão da minha felicidade*". E isso, como ela diz, não significa, de forma alguma, abandoná-los ou esquecê-los, pois vai continuar visitando-os.

Quando está contando que um dos seus filhos foi preso por uma acusação que seria dirigida ao outro, me diz o quanto considera que aí há um ato ético. O fato de que alguém, para não incriminar o próprio irmão, seja preso no lugar deste, ainda que isso possa lhe custar anos de reclusão, parece devolver uma dimensão de humanidade a eles e a ela, no meio do horror.

> *Um irmão foi preso no lugar do outro! Achei bonito isso, criei meus filhos muito juntos e ele assumiu o crime do irmão; confessou como se tivesse sido ele, porque jamais iria querer incriminar o irmão dele. (Suzana, 2013)*

Ela insiste e resiste: não se humilha e não se cala diante da arbitrariedade do Outro.

> *Quando meu irmão foi preso, o policial parou aqui em frente, deu um tapa no meu irmão. Eu vi, dei um tapa no policial, aí ele bateu no meu irmão, bati nele. Eu sei que estava ele em cima do meu irmão e eu em cima do policial. Ele até falou "Nossa! Parece que a senhora*

> *não tem medo de homem?!". E eu vou ter medo de homem? Eu disse: "Como vou ter medo de homem? O senhor acha que tive um pai e sete filhos homens e vou ter medo de homem por quê?". É isso, não é porque eu tenho peito e vagina que tenho que deixar. Falo mesmo. Não deixo de falar. (Suzana, 2013)*

Suzana não se intimida nem silencia, *não deixa de falar*. Ela teima em continuar existindo, teima em desafiar a violência instituída, teima em desafiar um Outro que se apresenta insistentemente tão consistente como se pudesse decidir sobre a vida e a morte daqueles que ela ama (Rosa, 2002). Sua reação acaba por surpreender o policial: "Parece que a senhora não tem medo de homem?!". E deveria?

4. Selma: sobre a servidão, o racismo e o sexismo

> *Eu tinha 17 anos, estava com meu filho Pedro que é mais branquinho e uma mulher falou pra mim: "Que bom que sua patroa confia em você, deixa você sair com o filho dela". Eu não estava entendendo, falei que era meu filho, aí ela falou: "Espero que não tenha sido seu patrão que fez isso em você!". Você sabe né?! Tinha muito isso. (Selma, 2013)*

Selma me contou essa passagem da sua história quando lhe indaguei se alguma vez já havia se sentido discriminada: difícil imaginar um relato que condense de maneira mais explícita as articulações entre sexismo e racismo no Brasil.

A cena que *Selma* destaca parece um retalho recortado de um pano cuja trama teria sido tecida por linhas discursivas que se cruzam e transpassam-se de tal forma que nos fazem acompanhar os diversos atravessamentos e enlaçamentos das mulheres negras brasileiras. Conforme vamos puxando os fios dessa complexa trama, deparamo-nos com as relações de servidão vividas por elas cotidianamente, outrora e hoje, articulando não só relações entre homens e mulheres, entre homens brancos e mulheres negras, mas entre as próprias mulheres, brancas e negras.

Ao ser vista com um menino com pele mais clara que a sua, é enxergada como se estivesse servindo a ele e à sua suposta família branca. Diante da afirmação de que não era esse o caso, então a suposição passa a ser de que *Selma* teria servido a um homem adulto, sexualmente: o filho seria a prova cabal desse ato de dominação. O diálogo entre essas duas mulheres revela que uma delas imagina e reconhece a outra a princípio e, com alguma insistência, como servil: despossuída de quereres, desejos, vontades e escolhas, uma vez que estaria no mundo unicamente para servir (Gonçalves Filho, 2008).

Lembremo-nos de que é preciso considerar os fios dessa trama levando-se em conta o sujeito inscrito no laço social, em uma rede discursiva de poder, em um lugar desde onde foi nomeado e reconhecido; um lugar onde se mantém, questiona ou recusa; um lugar marcado socialmente, historicamente, mas também atravessado erótica e pulsionalmente, como fica evidente na cena vivida por essas duas mulheres (Lacan, 1954/1986; 1954-1955/1985a; 1962-1963/2002; 1969-1970/1994).

Por que, sendo ambas as personagens da cena mulheres adultas, uma delas, ao reconhecer o carinho entre a outra e a criança, não consegue supor ali uma relação maternal? Por que, diante da afirmação de que esse amor se devia ao fato de aquele menino ser o filho de *Selma*, a outra mulher insiste em só enxergá-la como tendo sido violentada por um homem, um patrão? O que é que não pode ser visto e que toma como resposta apressada e equivocada a suposta servidão persistente e insistente?

Selma estaria nessa cena, ao mesmo tempo, subexposta e superexposta. Subexposta, na medida em que não há uma pergunta sobre *por que* e *como* estaria ali com aquela criança: não há suposição de uma singularidade, nem de iniciativa; não há nome, nem palavras. Superexposta, na medida em que uma série de afirmações são proferidas sobre ela, numa resposta antecipada que toma o lugar das perguntas que nem sequer são formuladas. Como já foi dito anteriormente, seguindo a trilha de José Moura Gonçalves Filho, é por superexposição que as pessoas se relacionam com os servos, como se soubessem suficientemente quem são eles e o que esperar deles, uma vez que estariam obrigados a satisfazer e a servir (Gonçalves Filho, 2008).

Como também já foi dito, a *invisibilização* e a *superexposição* caminham juntas: as mulheres negras seriam invisibilizadas cotidianamente, e, ao mesmo tempo, ao serem vistas, é como se pudessem ser conhecidas simplesmente pelo lugar social que ocupam, mesmo antes de se apresentarem. No olhar do branco, o negro estaria em uma posição compulsória de um serviçal, de um subordinado, e essa seria a razão de ele estar ali, diferentemente daqueles que teriam direito à iniciativa, à palavra e seus enigmas (Gonçalves Filho, 2008).

Assim, podemos dizer que, pelo olhar de um homem branco ou de uma mulher branca que se coloquem na condição de dominadores, uma mulher negra seria enxergada como *servil*, como um *ser vil*.

Quando *Selma* me convoca com sua pergunta "*Você sabe né?! Tinha muito isso*" – na sequência do relato sobre a suposição de sua interlocutora de que teria tido um filho com o patrão –, senti no rosto o sopro do ar que envolveu nossos antepassados e os ecos de vozes de tantas mulheres que antes dela emudeceram, como nos diria Benjamin (1940/2014a). *Selma* aponta para algo que ainda perdura desde muito tempo, transmitido hoje pela frase e pelo olhar de uma outra mulher sobre ela, que se conecta com os anos de escravismo e de servidão.

A servidão compulsória, no caso do escravismo, abrangeu tanto os homens quanto as mulheres: negros e negras eram enxergados como seres fadados a trabalhar incessantemente para servir. No entanto, será preciso distinguir as peculiaridades que acometeram as mulheres negras desde a colonização, permitindo e exigindo uma articulação entre sexismo e racismo no Brasil.

Projeto da santa-mãezinha no Brasil colonial

Mary del Priore (2000; 2009) lembra o quanto as santas-mãezinhas são invocadas até hoje: de discursos de políticos a para-choques de caminhão, as frases que se referem às mães como santas fazem parte do nosso cotidiano. Segundo a autora, esse estereótipo da santa-mãezinha como provedora, piedosa, dedicada e assexuada se construiu no imaginário brasileiro no período colonial e nunca mais nos abandonou, apontando uma completa e complexa comunhão entre o projeto normatizador da Metrópole e o uso que as próprias mulheres fizeram deste.

A Igreja buscava implantar aqui a regra do matrimônio, mas grande parte da população feminina, as mulheres pobres, mantinha-se aparentemente distante dessas prédicas, sendo as uniões consensuais muito comuns: "Alianças aparentemente saborosas, pois que ditadas por simpatias de corpo e alma, tais associações pareciam contrapor-se às insípidas uniões da elite em grande parte contraídas no interesse de manter patrimônios" (Del Priore, 2009, pp. 42-43).

É importante lembrar que parte do contingente feminino a quem a Igreja e o Estado recomendava o casamento e a constituição das famílias chegava aos homens pelo caminho da exploração ou da escravização – o que, sem dúvida, acentuava as desigualdades na relação de gênero, de raça e de segmento econômico. A vinda de grupos familiares já constituídos de Portugal para cá era bastante excepcional; comumente, vinham sujeitos isolados, que se uniam a mulheres de condição social inferior, "Excetuando-se, pois, a pouco extensa e deficiente organização da família patriarcal da camada dominante, tudo é licença de costumes" (Saffioti, 1969/2013, p. 240).

Se adestrar as mulheres fazia parte do processo civilizatório de maneira geral no mundo ocidental daquele período – com uma nova ética sexual e uma rede de interditos e autoconstrangimentos bastante diversos da Idade Média –, no Brasil, esse adestramento se fez a serviço do processo de colonização (Del Priore, 2009).

A Igreja era a instituição detentora do monopólio religioso e também ideológico na organização da sociedade que se pretendia portuguesa e cristã, regulamentando o cotidiano das pessoas por meio da educação, da catequese, dos feriados religiosos, do descanso aos domingos e da devoção a Nossa Senhora, e fazia-se presente nos momentos fundamentais da vida, do nascimento à morte (Del Priore, 2009). O que era esperado da mulher no Brasil era o estabelecimento da sociedade familiar nos moldes da tradição europeia.

"A sensualidade, abandonada às impulsões desregradas, rebaixava a alma dos homens ao nível dos animais, e por isto era fundamental evitar que a mulher . . . acabasse por tornar-se para o homem uma oportunidade de queda e perversão" (Del Priore, 2009, p. 27). Assim, a mulher devia apagar todas as marcas de carnalidade, e, somente esvaziado de prazeres físicos, o corpo feminino poderia ser reconhecido dentro de um padrão de normalidade, saudável e fecundo, tanto ao olhar da Igreja quanto da medicina, que lhe dava caução.

Os textos bíblicos, mas também os jurídicos, difundiam a ideia da mulher perigosa, sendo que o modelo de feminilidade propagado e arduamente defendido era aquele ditado pela devoção à Nossa Senhora: comportamentos ascéticos e castos, cultuando-se a virgindade (Del Priore, 2009).

A receita para a mulher ideal envolvia uma mistura de imagens que incluía a mãe piedosa da Igreja, a mãe-educadora do Estado positivista e a esposa-companheira do aparato médico-higienista. De qualquer modo, todos esses aspectos convergiam para a pureza sexual, com a virgindade de moça e a castidade de mulher. A mulher, para ser "honesta", tinha de casar-se e, para isso, precisaria ser virgem (Fonseca, 2007). A ela cabia escolher entre tornar-se uma santa-mãezinha, integrando-se ao sistema, ou viver demonizada e excluída, carregando o estigma da mulher "sem qualidades" (Del Priore, 2009).

No entanto, os espaços onde essa norma oficial ocorria eram poucos. Pesquisas recentes mostram que a concubinagem no Brasil colonial não era restrita basicamente à população negra, como pensavam os historiadores inicialmente: tanto a união livre como a mulher chefe de família não eram privilégio dos escravizados africanos e seus descendentes. "Na sociedade brasileira, especialmente no século XIX, eram os matrimônios, e não a concubinagem, que se realizavam num círculo limitado" (Fonseca, 2007, p. 528).

As mulheres brancas do período escravista geralmente se casavam muito jovens e eram educadas em um ambiente rigorosamente patriarcal, passando do domínio do pai para o do marido normalmente com cerca de 15 anos.

Esses casamentos tão precoces foram apontados, inclusive, como uma das causas da impossibilidade física de as mulheres brancas amamentarem seus filhos, somando-se o cansaço oriundo do esforço dos partos sucessivos e um desgaste pelo clima tropical.

No entanto, o hábito de utilizar amas de leite na amamentação das crianças de famílias de mais posses já vinha desde antes, sendo costume na metrópole portuguesa.

Das escravas amas de leite às babás

A mãe preta e o pretuguês

> *Vende-se uma preta, moça, com bom leite, com o filho ou sem elle, que tem dous mezes. (Jornal do Commercio, 8 de agosto de 1850)*[1]

> *Escrava e filho. Quem quizer comprar uma mulata muito moça, sem vícios, sabendo cosinhar, lavar e engommar e estando com um filho de dous mezes e abundante leite, nesta typographia se dirá quem vende. (Correio Paulistano, 5 de fevereiro de 1865)*[2]

> *Aluga-se, para ama-de-leite, uma preta com leite de 15 dias, muito limpa, de muito bom leite e sabe coser e tratar bem de crianças. (O Annuncio: Folha Diaria, 26 de fevereiro de 1874)*[3]

Esses anúncios de jornais dão uma ideia de quão cotidiana era a presença da ama de leite ou *mãe preta* ainda no século XIX, sendo um hábito que já vinha desde o início da colonização. Também nos permite perceber o pouco ou nenhum cuidado desprendido

1 Magalhães e Giacomini (1983, p. 77).

2 Deiab (2006, p. 8).

3 Magalhães e Giacomini (1983, p. 77).

por parte dos senhores de escravos com os filhos dessas mulheres. Lembrando que, se elas estavam sendo alugadas ou vendidas para amamentar, é porque tinham se tornado mães recentemente, mas, apesar disso, a presença de seus filhos nem sempre era explicitada nos anúncios. Havia anúncios em que nem se mencionavam a idade e a existência dessas crianças; havia outros em que se esclarecia que a venda não exigia que se os levassem com elas; em outros, ainda, mãe e filho eram vendidos juntos, e havia aqueles em que o filho era dado ou vendido separadamente.

> *Dá-se a criar uma crioulinha de 6 mezes. (Diario do Rio de Janeiro, 2 de julho de 1850)*[4]

> *Vende-se uma negrinha de perto de 2 annos, muito linda e socegada. (Jornal do Commercio, 24 de julho de 1850)*[5]

Assim, eram vários os destinos dos filhos das *mães pretas*: muitas vezes, morriam; vários eram dados a criar mediante algum aluguel; havia os que eram levados com suas mães, os que eram vendidos para outros senhores e, em muitas ocasiões, levados à roda dos enjeitados.[6] Nos casos em que o filho permanecia junto da mãe, ele era preterido na alimentação, uma vez que a prioridade e garantia de saciedade deveria ser dada ao filho do senhor.

4 Magalhães e Giacomini (1983, p. 79).

5 Magalhães e Giacomini (1983, p. 79).

6 Segundo Jurandir Freire Costa (1989), a roda dos enjeitados ou rodados expostos tinha esse nome por tratar-se de um cilindro de madeira colocado na entrada da Casa de Roda ou Casa dos Enjeitados, instituição criada em 1738 por Romão Mattos Duarte, com o objetivo "caritativo-assistencial de recolher crianças abandonadas" (p.164).

O que é preciso ficar salientado desde já é que, ao cumprir a função de *mãe preta de filhos brancos*, a mulher negra ficava impossibilitada de ser *mãe preta de filhos pretos*, ou melhor, mãe de seus próprios filhos. Assim, a contrapartida da suposta promoção da senzala à casa-grande era a apropriação de sua capacidade de amamentação, com a consequente negação do exercício da sua maternidade (Magalhães & Giacomini, 1983). Isso exige, no mínimo, que ponhamos em questão a visão romantizada da relação entre a *mãe preta* e o menino branco, que a coloca como encarnação da ternura e do amor: difícil imaginar que uma escravizada, em nome do seu amor ou bondade, preferisse cuidar desse filho branco à custa de abandonar ou preterir seu próprio filho. Ou seja, tratava-se de uma relação absolutamente ambígua, que mesclava o afeto e a promiscuidade com hierarquia e diferença (Deiab, 2006).

O hábito de as mães ricas não amamentarem seus filhos foi importado de Portugal, como já vimos, mas, no caso brasileiro, argumentava-se que as mulheres brancas ficavam esgotadas com a ação do clima nos trópicos. Em contrapartida, as negras "organisadas para viver nas regioes calidas em que sua saude prospera mais que em qualquer outra parte, adquirem nesta condição climaterica um poder de amamentação que a mesma zona recusa geralmente às mulheres brancas" (Imbert, 1843 apud Freyre, 1933/2008, p. 444). Assim como existiam argumentos científicos do porquê de as escravas deverem ser amas de leite, havia orientações aos senhores de como as escolher: "os peitos deverão ser convenientemente desenvolvidos, nem rijos nem molles, os bicos nem muito pontudos nem encolhidos, accommodados ao labio do menino" (Imbert, 1843 apud Freyre, 1933/2008, p. 445).

Nos séculos XVII e XVIII, os mestres na arte de curar e criar meninos em Portugal divergiam de qual seria a ama ideal: a loira ou a negra. Mas aqui, segundo Gilberto Freyre escreveu em 1933, a tradição brasileira afirmava que não haveria ama de leite comparável com a negra.

> *A gente, por exemplo, como mulher negra, nunca precisou lutar para estar no mercado de trabalho, a gente sempre esteve. Na verdade, desde a época da senzala quem estava no mercado de trabalho sendo escravizada para a mulher branca, inclusive cuidando dos filhos da mulher branca, para a mulher branca ser sinhá, era a escrava, era a mulher negra. (Daniela Gomes, jornalista, 2013)*[7]

A partir de 1850, uma onda de epidemias atingiu o Rio de Janeiro, e milhares de pessoas morreram devido a febre amarela, cólera, varíola, escarlatina, tuberculose, malária e sífilis. As epidemias atingiram principalmente os escravizados que moravam na cidade, os libertos, os brancos e pobres que se concentravam nos cortiços, que passaram a ser vistos como foco de contágio (Deiab, 2006, p. 9). Nesse momento, as amas de leite passam a ser vistas como possíveis transmissoras de sífilis ou tuberculose por meio do leite. A taxa de mortalidade infantil nessa época era gigantesca,[8] a ponto de a Academia Imperial de Medicina, na metade do século XIX, reunir-se para tentar responder a duas questões fundamentais: quais seriam as principais causas de mortalidade nos primeiros seis anos de vida e quais as moléstias mais frequentes entre crianças. Além do trato com o cordão umbilical, os banhos, as impropriedades da alimentação e o vestiário, foram elencados o "aleitamento

---

7 Depoimento no documentário *25 de julho – Feminismo negro contado em primeira pessoa.*

8 Entre 1845 e 1847, a morte de crianças entre 1 e 10 anos representava praticamente metade da mortalidade total (Costa, 1989, p. 162).

mercenário" e os "maus costumes" das amas de leite, que transmitiriam sífilis,[9] escrófulas, entre outras moléstias (Costa, 1989, p. 163).

O avanço do pensamento médico-higienista, com o processo de declínio do sistema escravista e o início da imigração de forma mais sistemática, foi fazendo com que a amamentação realizada pelas escravas fosse declinando (Deiab, 2006).

Tanto as mudanças econômicas, provenientes da proibição do tráfico em 1850, quanto as mudanças culturais foram dificultando cada vez mais a presença de escravos domésticos. Os europeus recém-chegados trouxeram com eles a mudança de costumes em função do tipo de preconceito racial que existia na Europa; além do desprezo que nutriam pelos negros – como o nutriam os brancos brasileiros –, tinham repulsa a uma maior proximidade com eles.

"A higiene, apontando o escravo como um mal, reforçava a ordem econômica, ensinando a família a prescindir dele. Transformando a necessidade em virtude, os médicos tornavam o inevitável, desejado" (Costa, 1989, p. 125).

A partir da segunda metade do século XIX, começam a aparecer então imagens divergentes sobre as amas de leite: desde a encarnação do alimento e do cuidado materno e afetuoso até o risco da transmissão de doenças. Essa mudança de concepção fica evidente na análise apresentada por Rafaela Deiab (2006) dos retratos de crianças brancas com suas amas de leite realizados à época. Presença indispensável, uma vez que, pela baixa qualidade dos negativos, era necessário que a criança ficasse imóvel durante um longo tempo, as amas de leite estavam sempre carregando

9 Vale lembrar que "a crença de que uma negrinha virgem constituía o mais eficiente depurativo para o branco sifilítico . . . constituía, também, a via pela qual a mulher negra, tornando-se portadora do mal, o transmitia às novas gerações de brancos enquanto ama de leite" (Saffioti, 1969/2013, p. 238).

as crianças brancas, deixando evidente a segurança e a intimidade que a elas transmitiam. Como de 1860 até por volta de 1870 as escravas eram relativamente valorizadas e naturalizadas pela sociedade, e a forma como apareciam no retrato mostrava o *status* da casa de seus senhores, as fotos trazem a *ama negra* e a criança branca no mesmo plano, de rostos colados e estando ambos bem focados. Nos retratos próximos ao fim da escravidão, durante a década de 1880, elas passam a um segundo plano: as crianças, muitas vezes, sentadas em seus colos, e elas, atrás, desfocadas ou cortadas do retrato. Até que, diante da concepção da escravidão como instituição "retrógrada" e "perigosa", incompatível com o Brasil "civilizado", "moderno" e "branco", elas se tornam um mero apoio, com sua presença sendo indicada de forma cada vez mais encoberta; o que vai aparecendo é somente um rastro de sua presença, "uma mão, um punho, até serem completamente banidas das imagens" (Deiab, 2006, p. 19).

Essa mudança nos retratos é tomada por Rafaela Deiab (2006) como uma metáfora da escravidão: se, de início, era mostrada e publicizada, posteriormente passa a ser escondida e retocada, até que é retirada do "(en)quadro nacional". Mas, continua a autora, "mesmo que encoberta, ela persistiria nos hábitos consolidados durante mais de três séculos" (p. 20).

A grande questão que retorna e ressoa para mim, como psicanalista, é de como essa memória de hábitos consolidados durante séculos persistiria, ainda que (ou principalmente porque) encoberta.

Já em 1933, Gilberto Freyre (1933/2008) atribui à relação da escrava que embalava o filho do senhor a transmissão da influência africana presente no modo de falar e de andar, na música, no canto de ninar, na ternura, "em tudo que é expressão sincera de vida, trazemos quase todos a marca da influência negra" (p. 367). As críticas que esse autor recebeu foram inúmeras, não porque apontasse a presença de laços afetivos inegáveis e trouxesse à discussão a importância dos que foram escravizados na vida sexual e familiar do brasileiro, mas pelo abrandamento das marcas da violência inerentes a essas relações, de saída e estruturalmente, assimétricas e hierárquicas. Como afirma Rafaela Deiab (2006) a respeito das relações entre as *mães pretas* e os meninos brancos: "afeto não anula a violência; proximidade não elimina a diferença" (p. 198).

Freyre (1933/2008) evoca a importância psíquica própria do ato de mamar - afirmando já ser algo reconhecido pela psicologia da época –, chegando à suposição de que a realização de tal ato com a *ama negra* seria explicação plausível para a predileção ou até exclusivismo de homens brancos nas relações sexuais com mulheres negras.

O autor também reconhece as marcas da presença da *ama negra* com a criança branca na linguagem infantil e na linguagem em geral. A linguagem infantil, segundo ele, amoleceu nesse contato: "algumas palavras, ainda hoje duras ou acres quando pronunciadas pelos portugueses, se amaciaram no Brasil por influência da boca africana" (Freyre, 1933/2008, p. 414). E, em uma metáfora primorosa, afirma que "a ama negra fez muitas vezes com as palavras o mesmo que com a comida: machucou-as, tirou-lhes as espinhas, os ossos, as durezas, só deixando para a boca do menino branco as sílabas moles" (Freyre, 1933/2008, p. 414). É assim que ele nos lembra que a linguagem infantil brasileira traz um sabor quase africano: "*cacá, pipi, bumbum, tentém, neném, tatá, papá, papato, lili, mimi, au-au, bambanho, cocô, dindinho, bimbinha*. Amolecimento que se deu em grande parte pela ação da ama negra junto à criança; do escravo preto junto ao filho do senhor branco" (Freyre, 1933/2008, p. 414).

Freyre expande essas marcas até a linguagem como um todo, afirmando que a relação da *ama negra* com o menino branco, da mucama com a sinhá-moça e do sinhozinho com o moleque teria acabado com a dualidade entre a língua falada na casa-grande e aquela falada na senzala, de tal modo que palavras africanas fariam parte do uso diário sem que se sentisse o "sabor arrevesado do exótico" ou "vergonha de empregá-las". Ele cita, entre outras, as palavras: *cafuné*, *caçula*, *batuque*, *bunda*, *mucama*, *tanga*, *cachimbo* (Freyre, 1933/2008).

A princípio, essas colocações de Gilberto Freyre sobre as transformações na língua soam parecidas com as interpretações de Lélia Gonzalez. Mas é preciso frisar que, embora não desconsidere a importância de *Casa-Grande & Senzala* (Freyre, 1933/2008), Gonzalez faz questão de apontar o que o autor deixa de afirmar: ser mãe preta não era uma atividade executada por amor ou por bondade, mas pela imposição da condição escrava (Barreto, 2005). Ou seja: "não aceitamos tais estereótipos como reflexos 'fiéis' de uma realidade vivida com tanta dor e humilhação. Não podemos deixar de levar em consideração que existem diferentes formas de resistência. E uma delas é a resistência passiva" (Gonzalez, 1979 apud Barreto, 2005, p. 39). Alguns anos mais tarde, Lélia Gonzalez será ainda mais incisiva ao discorrer sobre essa forma de resistência: aponta que a *mãe preta*, na sua relação com o menino branco que amamentava, teria tido um papel revolucionário e silencioso, passando os valores da sua ancestralidade para os brancos. Ela, de forma consciente ou inconsciente, teria africanizado o português, ensinando-o e transformando-o em *pretuguês*:[10] uma linguagem

10 "É engraçado como eles gozam a gente quando a gente diz que é Framengo. Chamam a gente de ignorante dizendo que a gente fala errado. E de repente ignoram que a presença desse *r* no lugar do *l*, nada mais é que a marca linguística de um idioma africano, no qual o *l* inexiste. Afinal, quem que é o ignorante? Ao mesmo tempo, acham o maior barato a fala dita brasileira, que corta os

da dominação reempregada para marcar uma resistência, por meio do seu uso tanto pelos negros como pelos indígenas. "Exatamente essa figura [*mãe preta*] para a qual se dá uma colher de chá é quem vai dar a rasteira na raça dominante" (Gonzalez, 1984, p. 235). Em uma reapropriação e um desvio dos instrumentos simbólicos que instituem a dominação, a *mãe preta* teria deixado na memória dos brasileiros brancos a presença africana, ou seja, resistido e agido contra o seu próprio dominador (Barreto, 2005).

"O que a gente quer dizer é que ela não é esse exemplo extraordinário de amor e dedicação totais como querem os brancos e nem tampouco essa entreguista, essa traidora da raça como querem alguns negros muito apressados em seu julgamento" (Gonzalez, 1984, p. 235).

O que havia sido posto por Freyre nesse amolecimento da língua por meio da *ama preta*, com Lélia Gonzalez toma o valor da *lalíngua*, conceito fundamental para articular a linguagem e o corpo, a *língua materna* nas suas marcas primordiais.

A africanização do português a que Lélia Gonzalez se refere não implica simples mudanças na língua, como se fosse uma questão gramatical ou fonética: o que ela aponta é que, ao ensinar a língua materna, a mãe preta deixou marcas no corpo dos brasileiros. "É importante ressaltar que o objeto parcial por excelência da cultura brasileira é a bunda (esse termo provém do quimbundo que, por sua vez, e juntamente com o ambundo, provém do tronco linguístico bantu que 'casualmente' se chama bunda)" (Gonzalez, 1984, p. 238). Lembremo-nos de que, para Lacan, "é o mundo das palavras que cria o mundo das coisas" (Lacan, 1953/1998d, p. 277), sendo aqui o termo bunda um exemplo claro

erres dos infinitivos verbais, que condensa você em *cê*, o está em *tá* e por aí afora. Não sacam que tão falando pretuguês" (Gonzalez, 1984, p. 238).

dessa criação: tanto assim que Lélia Gonzalez observa que os portugueses não têm *bunda*, e sim *nádegas*. Sem dúvida, não se pode dizer que um termo equivale ao outro, mas, sim, que *criam* partes do corpo diferentes, se entendermos que as palavras recobrem e contornam o corpo entendido como corpo erógeno, em uma distinção do corpo biológico.

Lélia Gonzalez traz o corpo erógeno conforme aponta que os cuidados da *mãe preta* com o bebê, filho do senhor, incluíam a internalização de valores e o ensino da *língua materna*. Ou seja, ela chama de *língua materna* essa que foi transmitida não pelas *mães* que geraram esses filhos, e, sim, a língua daquelas que ela considera que exerceram a *função de mãe*.

"Que é que amamenta, que dá banho, que limpa cocô, que põe prá dormir, que acorda de noite prá cuidar, que ensina a falar, que conta história e por aí afora? É a mãe, não é? Pois então. Ela [*mãe preta*] é a mãe nesse barato doido da cultura brasileira" (Gonzalez, 1984, p. 235). Enquanto a mãe branca seria aquela que somente teria gerado os filhos do senhor, a *mãe preta* seria aquela que realmente teria exercido a *função materna*.

É a partir da sua concepção da *mãe preta* que Lélia Gonzalez oferece uma pista para o que irei considerar como as peculiaridades da constituição subjetiva de mulheres negras no nosso país. No seu tom, tão coloquial quanto incisivo, ela resume a *mãe preta*, afirmando: "ela, simplesmente, é a mãe. É isso mesmo, é a mãe. Porque a branca, na verdade, é a outra" (Gonzalez, 1984, p. 235). Lélia Gonzalez inverte a lógica em que a mãe branca seria a mãe e a *mãe preta*, a outra: isso não representa pouca coisa na relação entre mulheres brancas e negras, conforme veremos mais adiante.

Função materna e corpo erógeno

Para a psicanálise, quando dizemos *mãe*, nos referimos àquela pessoa que exerce um papel ou uma função na relação com a criança recém-chegada ao mundo, convidando-a e convocando-a ao nosso mundo humano, caracterizado como um universo de linguagem e de desejo. Um primeiro Outro tão fundamental e fundante para o *infans*, que merece ser escrito em letra maiúscula, como forma de diferenciá-lo dos outrinhos que o rodeiam, os semelhantes.

Seja a mãe biológica ou não, seja uma outra mulher, seja o pai ou algum outro homem, não importa, quem exerce a função materna é aquele que apresenta nosso mundo como um universo de linguagem, pois é a figura responsável por dar à criança uma condição essencial: a de proporcionar representações às suas sensações, oferecendo um repertório de palavras que podem ir tecendo um contorno no que é um corpo com impulsos caóticos e desorientados. Mas o Outro não é somente esse lugar do código, dos significantes que repertoriarão a vida do sujeito; o Outro é também o corpo, esse corpo marcado pelas bordas dos orifícios de onde se destacam os objetos pulsionais e que marcam também essas bordas no sujeito: boca, voz, olhar, entre outros (Julien, 1996). Os orifícios não são furos, mas bordas ou pregas mucosas que criam um buraco e o apagam em suas pulsações, "não há furos sem um gozo que faça palpitarem as bordas" (Nasio, 1993, p. 98).

Daí dizermos que a *mãe* apresenta ao recém-chegado um mundo que está muito além do campo das necessidades. É a figura que, inicialmente, ao alimentar, banhar, vestir, acaba por alimentar com o desejo, banhar com a linguagem e revestir em um circuito pulsional. Amamenta e, pensando, talvez, estar oferecendo só o leite ao nenê, canta-lhe uma cantiga, comenta dos seus olhos, mexe na sua mãozinha, conta-lhe em segredo do que gosta e com que sonha, ou confessa em seus ouvidos seus assombros e temores, diz o que ele está sentindo e do que está precisando e, assim, vai fazendo com que esse serzinho seja apresentado a uma vida que é pulsional, uma vez que o gozo não é outra coisa senão a relação desse ser falante com seu corpo (Lacan, 1971-1972/2000-2001).

A mãe funda esse corpo do seu filho como um corpo de desejo e de gozo, uma vez que, ao cuidar e alimentar, proporciona-lhe sensações inesperadas que fazem com que esse pequeno sujeito viva algo surpreendentemente prazeroso, que não podia nem imaginar, nem pedir, pois era incapaz até mesmo de representar ou vislumbrar. Alça o sujeito a um lugar em que as palavras lhe são impossíveis fazendo-o buscar repetir algo que só existirá daí em diante, para sempre, enquanto saudades (Lacan, 1959-1960/1988b), momento de satisfação plena jamais recuperado - pois, a partir daí, o sujeito, já de sobreaviso, pede retorno do que acredita que experimentou -, mas que não deixa de se transformar em força motriz na vida do sujeito. No momento em que ele se tornar capaz de pronunciar as palavras, o que se pode dizer é que já não reencontrará exatamente essa sensação de deleite e fruição: guardará traços, marcas, impressões, reminiscências do que teria vivido, mas sempre parcialmente.

A pulsão tem por característica não estar no somático, no corpo biológico, mas também não existe sem ele: está no limite entre o psíquico e o somático, diria Freud (1915/2010e). Sua relação com os objetos é sempre de labilidade, como os significantes com seus sentidos: são relações que se produzem ao longo da vida do sujeito, que, não sendo determinadas *a priori*, como no caso instintivo, não são obrigatórias nem fixadas. Escolhas aparentemente inexplicáveis e insanas, mas sobre as quais não se pode dizer que sejam aleatórias. A pulsão não tem objeto definido, a tal ponto que não há saber prévio sobre essa ligação entre ela e seu destino: não há saber possível, uma vez que são sempre relações enigmáticas. Falar em pulsão é falar tanto do trajeto como da fonte corporal de onde brota a energia psíquica quando se torna uma força que emerge da carne e se lança (Nasio, 2013).

Portanto, pensar no corpo com suas bordas orificiais e com o fluxo de gozo que as percorre só é possível incluindo a presença de um outro corpo, um corpo desejante, o corpo da *mãe* (Nasio, 1993). É isso que chamamos corpo erógeno, esse corpo que pode gozar ignorando que goza e que se originou no contato com o corpo da mãe (Masotta, 1979).

Todavia, a mãe instaura também um lugar, lugar que é o de seu desejo, "lá, lá longe e não aqui: 'Tu não és o que me falta'. Tal é a mensagem transmitida à criança" (Julien, 1997, p.47).

Indagar por que sua mãe de repente desaparece, vai em outra direção, o que ela quer, por que ela procura ainda outra coisa se ele já veio ao mundo, o que ele significa para ela, o que ele poderia fazer para ser exclusivo para ela, move os menininhos e as menininhas na vida, buscando ser ou se parecer com quem acreditam que saiba responder suficientemente a essas perguntas. "Sou eu *tudo* para ela? . . . Ou ao contrário: então, eu não sou *nada* para ela, a não ser uma boca a preencher, e um ânus a limpar . . . É para enlouquecer diante do que aparece 'como que' submetido à lei do arbitrário ou do capricho" (Julien, 1997, p. 48).

Portanto, há uma má notícia que a psicanálise nos traz: o corpo se erogeniza em um mau lugar.

O corpo se erogeniza em um mau lugar, embora seja o único possível. Isso porque justamente ali, onde a criança se experimenta como um corpo erógeno, é onde sua sexualidade estará proibida (Masotta, 1979).

A resposta ao fato de que a sexualidade fica interditada justamente ali onde se faz presente exigirá do sujeito saídas singulares e tão múltiplas quantos o são os sujeitos humanos. Há os que se retiram antes das relações com o outro, uma vez que a satisfação seria limitada; há os que se queixam a cada encontro de que o outro não foi suficiente; há os que preferem se fingir de mortos, temendo que, no encontro com a vida, deparem-se com situações tão prazerosas que não suportariam perdê-las, ou ainda aqueles que acreditam que enlouqueceriam diante de um prazer que imaginam ilimitado; há os que acham que encontraram as respostas a essa falta fundamental que os move e os que acham que encontraram alguém que tem essas respostas.

Essas e tantas outras saídas acham expressões singulares, inscritas em um tempo e em um espaço, assim como essa relação fundante com a mãe também está sempre inscrita em um momento histórico, articulada cultural e socialmente. Pretendo abordar de maneira concisa alguns elementos para problematizar como, no contexto brasileiro pós-abolição e contemporâneo, essa maternagem foi e é exercida. Embora não tenhamos mais a figura da *mãe preta*, não me parece desprezível o fato de que, muitas vezes, e por razões diferentes em cada classe social, os cuidados maternos não sejam exercidos pela mãe que gerou a criança: seja sob a forma de maternidade transferida, nas classes média e alta, seja sob a forma de maternidade compartilhada, quando se trata de mães das camadas mais pobres. Isso fica bastante evidente na fala de *Selma*: ao ser vista com um menino pequeno, a primeira hipótese era de que ela seria sua babá.

Babás e a maternidade transferida

> *A primeira medida a ser tomada pela mãe, que vai entregar seu filho à uma empregada, é de levá-la ao seu médico e pedir um exame minucioso com relação à saúde física e mental. Em segundo lugar, sendo possível, visitar sua família procurando saber se não há doentes de moléstias contagiosas que possa ser transmitida. A empregada deve ter bons dentes, e não deve ser nem muito idosa nem muito jovem. (Erre, 1961, p. 261)*

Esses conselhos contidos em um manual da década de 1960 (Erre, 1961) destinado às patroas e às empregadas brasileiras – visando manter a paz e a harmonia no lar –, apesar de tantas mudanças na nossa organização familiar e social, não parecem tão diferentes dos anúncios à procura de amas de leite durante o escravismo.

Já durante o século XIX e o início do século XX, há toda uma reconfiguração na vida cotidiana e das relações familiares: a consolidação do capitalismo e o incremento de uma vida urbana – praticamente inexistente no início do século XIX –, com suas novas formas de convivência social e o surgimento de uma nova mentalidade, a *burguesa*. A passagem das relações sociais senhoriais às relações sociais do tipo burguesa trouxe modificações fundamentais em relação aos comportamentos dos moradores das cidades: dissolvendo formas tradicionais de solidariedade baseada na vizinhança e compadrio; *modernizando* e *europeizando* as cidades, com controle e restrição em relação ao uso do espaço público imposto à população; normatizando o convívio social e proibindo cultos populares e religiosos; produzindo uma privatização da família, marcada pela valorização da intimidade. As casas, até então ligadas às ruas e às roças, vão ganhando distância umas das outras e das ruas, tornando-se mais isoladas e promovendo a ideia de lares acolhedores, conforme as indicações da pesquisadora Maria Ângela D'Incao (2007).

A autora mostra também como as mulheres das famílias ricas e burguesas deveriam contribuir para o projeto familiar como esposas-modelo e boas mães. Nessa época, ganha força um ideário que considera fundamental as mulheres da elite cuidarem e supervisionarem a educação dos seus filhos, uma vez que ela passa a ser considerada a base moral da sociedade: cabe à mulher não só cuidar do comportamento da prole, mas adotar regras rígidas e castas no encontro sexual com seu marido. "Cada vez mais é reforçada a ideia de que ser mulher é ser quase integralmente mãe dedicada e atenciosa, um ideal que só pode ser plenamente atingido dentro da esfera da família 'burguesa e higienizada'" (D'Incao, 2007, p. 229).

O desuso da prática das amas de leite no Brasil, como vimos, teve grande participação dos higienistas, que passaram a defender a ideia de que "mãe tem uma só". No entanto, não se consegue que as famílias, não necessariamente ricas, mas que vão conseguindo meios suficientes para contratar o serviço das babás, abram mão desse privilégio. "Consegue-se, sim, que de amas de leite estas se transformem em amas-secas" (Segato, 2006, p.4).

Com a saída das mulheres da classe média para o mercado de trabalho, foram delegadas as tarefas dos cuidados da casa – incluídos aí objetos e pessoas – a um exército de mulheres que são educadas para realizar essas tarefas. Destinam-se investimentos públicos e privados para iniciativas que buscam dar treinamento às empregadas domésticas nas casas, acentuando uma lógica que considera dispensáveis os serviços sociais que pudessem permitir e facilitar essa saída (Costa, 2002).

Mesmo os movimentos feministas da metade do século XX, constituídos predominantemente de pessoas de classe média, reincidem no imaginário da mulher como rainha do lar, que relega suas funções do trabalho doméstico para as mulheres pobres. A transferência de responsabilidades e de afetos no interior da vida doméstica garantiu a continuidade de certo padrão de maternidade[11] – apenas para algumas mulheres –, afastando os temores de um caos nas organizações familiares (Costa, 2002).

Assim, a passagem das mulheres do trabalho doméstico para o trabalho externo, no Brasil, não se faz acompanhada de investimentos em sistemas protecionistas públicos que permitam uma verdadeira *maternidade social*. No caso brasileiro, essa passagem reafirma e atualiza as desigualdades que vêm desde os séculos do cativeiro, posto que se ancora em uma prática de *maternidade transferida* (Costa,2002).

"A saída para estudar, trabalhar e equiparar-se aos homens, ou para a mera permanência no ócio, através da maternidade transferida de umas para outras mulheres, marca seguidos pactos (e guerras) domésticos" (Costa, 2002, p. 308).

O que busco salientar com esse breve histórico das relações estabelecidas pela prática de *maternidade transferida*, desde os tempos da escravidão até recentemente, é que, ainda que consideremos que pertencem a momentos sócio-históricos bem diferentes, alguns traços permanecem e atualizam-se. De maneira mais ou menos explícita, a preocupação com a transmissão não só de valores indesejados como de doenças contagiosas permaneceu por

---

11 A expectativa de que se exercesse essa profissão com amor e dedicação aparece claramente em várias passagens do manual destinado às empregadas e às patroas, mencionado anteriormente. "Antes de tomar um lugar de babá ou pajem, faça um exame de consciência, procurando se certificar se tem mesmo vocação para essa profissão. Quando você era pequena, gostava de brincar com bonecas e cuidava delas como se fosse mãezinha de verdade?" (Erre, 1961, p. 261).

décadas. Trata-se de uma atividade em que ainda há grande dose de afeto, imiscuída no trabalho e na diferença socioeconômica. "É, contudo, nas estatísticas, que podemos rastrear a persistência contemporânea da instituição da mãe preta, já na sua função de mãe seca e polivalente criadeira dos filhos da classe média" (Segato, 2006, p. 4). A autora, citando pesquisa mensal de emprego do IBGE, de março de 2006, mostra que, dos trabalhadores domésticos, 94,3% eram constituídos de mulheres e 61,8%, de pretos e pardos: "encontra-se, entre essas 94,3% de mulheres, em sua maioria preta e parda, o contingente de herdeiras das antigas amas de leite, hoje transformadas em babás" (Segato, 2006, p. 5).

"Observando . . . qualquer vizinhança de um bairro de classe média brasileira é possível notar que a convivência cotidiana de crianças brancas com babás negras não é apenas uma relação historicamente situada, mas está presente, até hoje, entre nós" (Corrêa, 2007, p. 9).

A abrangência e a profundidade histórica dessa prática da maternidade transferida, bem como o impacto na psique nacional dela decorrente, destoam da pouca produção acadêmica referida ao tema, como apontam Segato (2006), Corrêa (2007) e Aragão (1991). Não há pesquisas em número significativo nem em relação aos aspectos da subjetividade e da inserção social das mulheres que exerceriam tal profissão, nem em relação aos aspectos subjetivos da sua presença a partir da perspectiva das crianças das quais elas cuidaram, nem da perspectiva das mães que a elas delegaram os cuidados dos seus filhos.

Tal ausência é realmente espantosa, dado que a importância das amas de leite e das babás já fora assinalada por Freud há quase cem anos; ao citar o desenvolvimento da libido das meninas, comparando-o com o dos meninos, ele diz: "Também para a garota a mãe – e as figuras da ama de leite e da babá, que com ela se confundem - tem de ser o primeiro objeto; pois os primeiros investimentos objetais ocorrem se apoiando na satisfação das grandes e pequenas necessidades vitais" (Freud, 1933/2010, p. 272).

Apesar desse processo de negação da importância da presença dessas mulheres - as babás - na vida cotidiana brasileira, alguns autores ousaram articulações que serão fundamentais para seguirmos delineando algumas particularidades na constituição subjetiva das mulheres negras e pobres no nosso país.

Partindo da pesquisa de Malinowski sobre o sistema de parentesco dos habitantes das Ilhas Tobriand - na qual ele aponta o desdobramento da figura do pai entre duas posições: o irmão da mãe e o cônjuge da mãe -, a antropóloga Rita Segato (2006) propõe pensar em uma estrutura semelhante no Brasil, mas pela via materna. Ou seja, ela propõe que no nosso país ocorreria o desdobramento da maternidade na figura da mãe biológica e jurídica (geralmente fundidas em uma única pessoa) e da "mãe" que toma conta da criança, a babá. Esse duplo vínculo materno mereceria, segundo Segato, uma análise da sociedade brasileira e da psique, "porém, o racismo acadêmico estabelecido no país não o permite e o banimento implícito deste tipo de indagação é o resultado" (Segato, 2006, p. 8).

Da mesma forma que Rafaela Deiab (2006) apontou o processo de invisibilização ocorrida nos retratos das *mães pretas* com as crianças brancas, na segunda metade do século XIX - em que a presença dessas mulheres foi se tornando cada vez mais dissimulada e encoberta -, o que Segato (2006) nos afirma é o quanto essa relação entre as crianças e as babás, tão naturalizada e tão pouco estudada no Brasil, seria uma negação da importância que possam representar na constituição subjetiva daqueles que receberam ou recebem os cuidados dessa "mãe".

Segundo a autora, na sociedade brasileira, "o sujeito, qualquer que seja sua cor, deve deixar para trás, num movimento único, a mãe com sua negritude. Seja esta negritude a atual, ou a da genealogia de escravidão que ainda ecoa por trás do colo alugado do presente" (Segato, 2006, p. 16).

Ao lembrar que a criança pequena toma o corpo da mãe como parte do próprio ou como propriedade sua, a autora pergunta quais as consequências psíquicas quando, de fato, a criança seria *proprietária* ou *locatária* do corpo dessa mãe substituta, fato agravado pela dificuldade de essa mãe investir no vínculo contraído com a criança pela consciência de um passado de escravidão ou pobreza: por maior amor que sinta, sempre saberá que não chegou ao vínculo como consequência de suas próprias ações, e, sim, coagida pela busca de sobrevivência (Segato, 2006, p. 14).

"Neste caso, a perda do corpo materno . . . vincula definitivamente a relação materna com a relação racial, a negação da mãe com a negação da raça e as dificuldades de sua inscrição simbólica" (Segato, 2006, p. 15). Ocorreria, assim, um duplo comprometimento: da maternidade pela racialidade e da racialidade pela maternidade.

É a essa dificuldade de inscrição simbólica que Segato atribui um retorno com virulência incontrolável quando o sujeito é chamado a reconhecer o que existe nele de sua babá negra. "O racista certamente amou e – porque não? – ainda ama, a sua babá escura. Somente não pode reconhecê-la na sua racialidade, e nas consequências que essa racialidade lhe impõe enquanto sujeito" (Segato, 2006, p. 17).

As colocações de Rita Laura Segato permitem apontar uma articulação fundamental para pensar o campo discursivo em que as mulheres negras estão inscritas, uma vez que estariam associadas ao que não se pode nomear, nem como próprio, nem como alheio.

Elas seriam o testemunho e o retorno de marcas fundantes e primordiais de inscrição no psiquismo de tantos sujeitos, articuladas a uma impossibilidade do reconhecimento da existência e do valor dessas marcas.

Essas mulheres negras e pobres, que exerceriam a função fundamental de ceder seu colo, seriam, ao mesmo tempo e inextricavelmente, reconhecidas e refugadas, ou melhor, refugadas porque reconhecidas. Ou seja, poderíamos falar de um desconhecimento radical que ocorreria simultaneamente em relação ao materno e ao racial; ao negro e à mãe.

A especificidade do racismo no Brasil seria essa operação cognitiva e afetiva de violência e exclusão que não seria exercida sobre um outro povo, mas que emanaria de uma estrutura alojada no interior do próprio sujeito, plantada aí na origem mesma de sua trajetória e constituição subjetiva (Segato, 2006).

Luiz Tarlei de Aragão parece seguir caminho semelhante quando aponta que, no Brasil, podemos dizer que a mãe se decompõe em pelo menos dois segmentos categóricos: a mãe biológica e a *mãe preta* ou a babá. Salientando que essa *quase simbiose afetiva* teria tido início com a escravidão, aponta um processo sócio-histórico que teria se sedimentado no Brasil por meio da relação existente ainda hoje entre as famílias de classe alta e média alta com a figura da babá. Uma relação em que haveria uma licenciosidade da criança com a babá e uma integração extremamente forte e marcada pelo contato corporal, em que a babá imprimiria na criança suas modalidades de organização afetiva e emocional (Aragão, 1991). O erotismo do sujeito se constituiria, segundo o autor, em uma relação em que o corpo ao qual a criança teria acesso nas suas primeiras trocas pulsionais – o corpo da babá – não teria um "reconhecimento social"; e ao corpo que seria marcado pelo "reconhecimento social" – o corpo da mãe – a criança não teria acesso.

De tal modo que, no Brasil, onde está o corpo e a sexualidade, encontra-se a negação do seu reconhecimento social, ou seja, o social não saberia o que fazer do sexual, e o sexual seria expulso para a marginalidade do social, para um espaço onde imperaria não propriamente a troca, mas a licença: "Ao nível do corpo e da sexualidade, onde há reconhecimento social e simbólico, o gozo é banido e vice-versa" (Aragão, 1991, p. 31).

Assim, há uma linha comum no pensamento de Lélia Gonzalez (1984), Rita Segato (2006) e Luiz Aragão (1991), apesar das nuances de interpretações e diferentes consequências apontadas nas situações contemporâneas. O que considero fundamental no que eles formulam é a importância das marcas afetivas e pulsionais dessa *maternidade transferida*, com a simultânea intensidade da negação da importância dessas marcas: seja por meio do recalcamento (Gonzalez), da foraclusão (Segato) ou de uma disjunção (Aragão).

Isso permite que avancemos algo mais sobre o que ficaria depositado imaginariamente e simbolicamente sobre as mulheres negras e pobres que exercem essa função no Brasil. O que fica evidente nessa *maternidade transferida* é um movimento que, ao mesmo tempo, valoriza a maternidade exercida no ambiente privado para a família de classe média alta e alta – ao contrário do que aconteceria com outra modalidade de maternidade, a *maternidade social* –, mas a transfere para outra pessoa. Os efeitos dessa transferência são fortemente negados pelo discurso hegemônico e os rastros das marcas pulsionais oriundas dessa relação são desconsiderados, e, nessa operação, aquela responsável por essas marcas tem o mesmo destino: desaparece como alguém relevante, fica completamente desqualificada ou desconsiderada na sua humanidade. Isso significa que a desqualificação das babás seria o próprio atestado tanto do reconhecimento quanto da respectiva negação, da importância da função e do papel que elas exerceram e exercem no erotismo das crianças das quais se ocupam.

Criadas de ontem e de hoje

> *Eu tinha 17 anos, estava com meu filho Pedro que é mais branquinho e uma mulher falou pra mim: "Que bom que sua patroa confia em você, deixa você sair com o filho dela". Eu não estava entendendo, falei que era meu filho, aí ela falou: "Espero que não tenha sido seu patrão que fez isso em você!". Você sabe né?! Tinha muito isso. (Selma, 2013)*

Ao retomar essa fala de *Selma*, após ter abordado o fato de ela ter sido enxergada como babá da criança com a qual estava, é preciso seguir para a segunda suposição evidenciada no diálogo reproduzido no seu depoimento: a de que ela teria tido um filho com seu patrão. De onde viria essa hipótese? Quais ventos sopram do nosso passado para essa interlocutora deduzir tão prontamente que o patrão de *Selma teria feito isso nela*?

Estou tomando esse depoimento justamente porque a fala da interlocutora de *Selma* não parece configurar uma exceção: encontra-se multiplicada e replicada em muitos depoimentos de mulheres negras no nosso país, depoimentos em que fica denunciada a colagem entre prestar um serviço doméstico e ser vista como alguém cujo corpo estaria totalmente à disposição. O que fica bastante evidente, desde as "criadas de servir" até a regulamentação do serviço doméstico, são relações de contiguidade sociais e simbólicas entre a escravidão e o trabalho doméstico na história brasileira (Souza, 2012).

> *. . . a mulher negra ela vai sofrer mais, isso desde a época do fim da escravidão, desde a época da colonização. Quer dizer, a mulher negra nesse país ela foi estuprada, seus corpos continuam sendo estuprados, ela é vista como um corpo disponível, ela é vista como uma mulher que ela está à disposição a qualquer hora, né?! (Daniela Gomes, jornalista, 2013)*[12]

Para chegar à figura da doméstica, partirei daquela mulher que era entendida como completamente despossuída de seu próprio corpo, uma vez que este era, literalmente, propriedade do seu senhor: à mucama cabia servir à família de seu senhor e satisfazer as suas necessidades, em todos os sentidos.

Mucamas

Primeiro imposta aos indígenas e posteriormente aos africanos e seus descendentes, a *escravidão doméstica* foi uma das principais modalidades do trabalho escravo no Brasil. A presença dos escravizados domésticos foi marcante nos lares do período colonial: dos mais simples aos mais abastados, fosse nas fazendas ou nas cidades, como aborda Flávia de Souza (2012).

Se no sistema escravista tanto os homens quanto as mulheres eram considerados propriedades do senhor, como os bens e os animais, há que se marcar as peculiaridades dessa posse do corpo no caso das mulheres. Para além de serem majoritárias entre os criados domésticos, sua especificidade se inscreve no fato de que se

12 Depoimento no documentário *25 de julho – Feminismo negro contado em primeira pessoa.*

somavam à ideologia paternalista, e ao controle social em relação aos escravizados, as relações de poder baseadas no gênero.

Assim como os homens escravizados, as mulheres escravas possuíam um corpo que não lhes pertencia; a particularidade no caso delas, porém, estava no fato de que a sua sexualidade aparecia ao senhor como se fosse livre de entraves ou amarras, alheia às normas morais e religiosas, para ser apropriada como seu objeto sexual (Giacomini, 1988).

Essas escravizadas recebiam o nome de "mucamas", palavra originada de *mu'kama*, que teria o sentido de "amásia escrava" na língua africana quimbundo.[13] No Brasil, recebendo o sentido de "escrava negra moça e de estimação que era escolhida para auxiliar nos serviços caseiros ou acompanhar pessoas da família e que, por vezes, era ama de leite".[14]

"Enquanto mucama, cabia-lhe a tarefa de manter, em todos os níveis, o bom andamento da casa-grande: lavar, passar, cozinhar, fiar, tecer, costurar e amamentar as crianças nascidas do ventre 'livre' das sinhazinhas" (Gonzalez, 1982c, p. 93). Para esclarecer o que significava esse "em todos os níveis", Lélia Gonzalez acrescenta: "isto sem contar com as investidas sexuais do senhor branco que, muitas vezes, convidava parentes mais jovens para se iniciarem sexualmente com as mucamas mais atraentes" (Gonzalez, 1982c, p. 93).

Assim, da mesma forma que já foi dito o quanto na relação entre as crianças brancas e as *mães pretas* o afeto e a promiscuidade, a hierarquia e a diferença estavam presentes de forma absolutamente indissociável, na relação do senhor com essa mulher escravizada,

---

13 Língua falada em Angola, do grupo banto.

14 Ferreira, A. B. de H. (1975). *Novo dicionário da língua portuguesa* (12ª. impr.). Rio de Janeiro: Nova Fronteira.

a *mucama*, que fazia parte da intimidade do lar na casa-grande ou na cidade, tal constatação se repete.

Algumas "criadas de servir" poderiam receber um tratamento diferenciado quando comparadas aos outros sujeitos escravizados, em uma certa hierarquia entre eles, mas é preciso lembrar que esses benefícios continuavam em uma lógica de dominação social e seguindo a vontade soberana do senhor ou da senhora (Souza, 2012).

Embora a condição de escravizado atribuísse ao negro o valor de uma *coisa*, um instrumento de trabalho sem direitos de nenhuma espécie, é preciso lembrar que o processo de coisificação do negro não foi total. Ainda que os brancos lhe negassem a condição humana, tanto objetiva quanto subjetivamente, não só é possível observar as inúmeras formas de resistência dos negros a esse processo como os próprios brancos acabaram dispensando tratamentos diferenciados aos distintos segmentos. O sistema escravocrata apresentava contradições entre os interesses econômicos do senhor branco, enquanto empresário capitalista, e esse tratamento diferenciado a certos tipos de escravizados. As regalias podiam chegar à alforria, por motivos de conveniência, mas também pela existência de laços afetivos. E a mais séria inconsistência desse sistema escravocrata com certeza se referia aos papéis desempenhados pela mulher negra (Saffioti, 1969/2013).

Como lembra Saffioti, cabia à escrava, além de sua função no sistema produtivo de bens e serviços, uma função sexual, e essa exigência de prestação de serviços sexuais a tornava ao mesmo tempo *res* e pessoa humana. "Transfigurava-se, assim, em processo de *coisificação* o papel que lhe cabia enquanto pessoa, e em criatura humana a *coisa* (instrumento de trabalho)" (Saffioti, 1969/2013, p. 236). Para além da noção apresentada por Caio Prado Jr., de que a relação entre escravizadas e seus senhores configurava-se como uma relação de um contato primário, animal e puramente sexual, Saffioti (1969/2013) e Gonzalez (1984) apresentam um quadro de tensões concernentes a essas relações, incongruentes com as expectativas de um sistema baseado em uma lógica puramente econômica e escravista. "Ela [escravizada] se constituía no instrumento inconsciente que, paulatinamente, minava a ordem estabelecida, quer na sua dimensão econômica, quer na sua dimensão familial" (Saffioti, 1969/2013, pp. 237-238).

Isso porque a valorização sexual da mulher negra levava a comportamentos antieconômicos por parte do senhor, entre estes, a venda e a tortura de negros com os quais ele competia no campo amoroso e sexual. Surgia, assim, uma disputa entre homens brancos e negros pelas mulheres negras, bem como uma rivalidade entre mulheres brancas e negras pelos homens brancos. Enquanto às brancas[15] cabiam as funções de esposa e mãe dos filhos legítimos do senhor, às escravas cabia a satisfação das suas necessidades sexuais (Saffioti, 1969/2013).

Os ciúmes das senhoras brancas, ocasionados pelas relações amorosas do senhor com as escravizadas, embora não fosse uma fonte constante de atritos conjugais – uma vez que ambas as mulheres tinham uma posição subalterna em relação ao senhor e que as diferenças sociais entre as brancas e as negras eram gritantes –, perturbavam tanto o sistema de trabalho quanto a moralidade,

15 Mary del Priore aponta o quanto é importante atentar-se para os poderes discretos e informais exercidos pelas senhoras brancas por meio da maternidade, que punha em xeque a ficção do poder absoluto do senhor; caso contrário, reincide-se na visão de uma mulher totalmente passiva no processo histórico. Assim como as mulheres de classe subalterna (normalmente negras, mulatas ou índias) foram apresentadas recorrentemente pela bibliografia tradicional com imagens estereotipadas que as associavam à promiscuidade e lascívia, as senhoras brancas também foram apresentadas estereotipadamente como autossacrificadas e submissas sexual e materialmente (Del Priore, 2009).

tendo como consequência alguns procedimentos indesejáveis por parte das *sinhás* (Saffioti, 1969/2013).

Nesse sentido, Gilberto Freyre (1933/2008) apresenta alguns exemplos da crueldade de senhoras de engenho em relação a algumas escravizadas, provenientes dos relatos de viajantes ou da tradição oral: "sinhás-moças que mandavam arrancar os olhos de mucamas bonitas . . . outras que espatifavam a salto de botina dentaduras de escravas; ou mandavam-lhes cortar os peitos, arrancar as unhas, queimar a cara ou as orelhas" (Freyre, 1933/2008, p. 421). Segundo o autor, o motivo seria o ciúme do marido, o rancor sexual e a rivalidade de mulher com mulher. O isolamento e a submissão ao marido em que viviam nas casas-grandes nordestinas talvez fossem um estímulo poderoso ao sadismo das senhoras brancas, completa o autor. Apesar do relato sobre esses atos violentos, é preciso lembrar que Gilberto Freyre idealizava uma nova civilização por meio da *casa-grande*, em que a sexualidade brasileira seria considerada resultado, na sua visão, de uma mistura tão bem-feita quanto original, em que a convivência cultural parecia se sobrepor à realidade da extrema desigualdade social (Schwarcz, 2012a).

Ainda que o discurso oficial condenasse o hábito entre os homens de "fazerem uso de suas escravas" – fossem eles casados, solteiros, ricos ou pobres –, a escravidão era uma fonte privilegiada de concubinatos, pois todos os que possuíam mulheres escravizadas, desde os grandes senhores até os simples trabalhadores, achavam-se no direito de estender seu domínio e sua posse à posse sexual. À mulher de origem africana era associado o pecado de "viver em tratos ilícitos", sendo considerado muito grave ser manceba, amásia ou concubina de um homem casado (Del Priore, 2000).

Se a satisfação das necessidades sexuais dos senhores proprietários cabia às mulheres escravizadas e às prostitutas, pode-se afirmar que o que tornou possível a castidade e a manutenção da rígida normatização da sexualidade das mulheres da camada senhorial foi justamente a presença das *mulheres erradas*, das *mulheres perigosas*. A figura da prostituta foi ideologicamente útil para a construção e manutenção de seu oposto: a *mulher pura*, distante da sexualidade transgressora e desregrada (Del Priore, 2000).

Dessa forma, o que é preciso destacar é que a figura da mucama (assim como a da prostituta) se articula, se alimenta e se constrói em relação à figura da santa-mãezinha, de tal modo que *uma não existiria sem a outra*.

A doméstica e a mulata: entre a servidão e o ícone da mulher brasileira

> *Não existe lei Maria da Penha que nos proteja*
> *Da violência de nos submeter aos cargos de limpeza*
> *De ler nos banheiros das faculdades hitleristas,*
> *'Fora macacos cotistas'*
> *("Mulheres negras", música composta pelo* rapper *Carlos Eduardo Taddeo)*

> *A primeira coisa que a gente percebe nesse papo de racismo é que todo mundo acha que ele é natural. . . . Mulher negra, naturalmente, é cozinheira, faxineira, servente, trocadora de ônibus ou prostituta. Basta a gente ler jornal, ouvir rádio e ver televisão. (Lélia Gonzalez, socióloga, 1984)*[16]

16 Gonzalez (1984, pp. 225-226).

> *Sabe quantas vezes na minha vida eu não vejo uma pessoa perguntando: "Ah, mas você faz arquitetura?". E por quê? Eu não posso fazer arquitetura? Tem curso pra branco e curso pra negro? Ah, parece viagem, mas não é! (Stephanie Ribeiro, blogueira negra e estudante de arquitetura, maio de 2015)*

> *Me perdoem se for preconceito, mas essas médicas cubanas têm uma cara de empregada doméstica. Será que são médicas mesmo?... Afe que terrível. Médico, geralmente, tem postura, tem cara de médico, se impõe a partir da aparência... Coitada da nossa população! (Micheline Borges, jornalista, post no Facebook, 2013)*[17]

Os depoimentos acima apontam duas questões tantas vezes levantadas por mulheres negras brasileiras e que considero essenciais: o olhar que associa a mulher negra à empregada doméstica e a *aparência* que seria própria para exercer determinadas profissões. Seguindo a trilha de Lélia Gonzalez, será possível perceber que esses dois aspectos não são indissociáveis, muito pelo contrário: eles aparecem absolutamente articulados no exemplo paradigmático das figuras da *doméstica* e da *mulata*, como veremos mais adiante.

Sabemos que os trabalhos de manutenção e de cuidados das casas são desempenhadas no Brasil basicamente, por mulheres pobres que estão fora da rede de parentela dos empregadores. Nas formas de remuneração e relacionamento entre patrões e empregadas domésticas há uma reprodução de um sistema que é extremamente estratificado de gênero, classe e cor (Brites, 2007), conforme já foi exposto ao discorrermos sobre as relações entre

---

17 Depoimento referente à chegada de médicos cubanos para o programa brasileiro Mais Médicos.

babás e empregadores. "Basta examinar as estatísticas oficiais para verificar que negras e negros estão, majoritariamente, na base da pirâmide ocupacional, em termos de qualidade de seus postos de trabalho, de seus salários, de seus graus de escolaridade etc." (Saffioti, 2004, p. 53).

> *É sempre a mesma coisa. É ou a mulher negra para sexo, ou a mulher negra Globeleza, ou a mulher negra é empregada. Ah, mas por que a mulher negra é empregada? Porque a gente vive num país que, pós-abolição, a mão de obra negra era abundante. "Então o que que a gente faz com essa mão de obra abundante?" Vai dar chances? Vai dar estudo? Não! "Vamos colocar eles pra limpar, lavar e passar". (Stephanie Ribeiro, blogueira negra e estudante de arquitetura, maio de 2015)*

"Os anos posteriores à abolição foram extremamente duros para as populações negras. De fato, a lei 13 de Maio nada concedeu ao elemento negro, além do *status* de homem livre" (Fernandes, 1971, p. 62). A inserção no trabalho doméstico foi uma "opção" para as mulheres negras nos anos posteriores à abolição, uma vez que, para ocupar essas atividades, não sofriam tanta concorrência das trabalhadoras imigrantes. Nesse sentido, a situação da mão de obra masculina recém-liberta foi ainda mais precária que a das mulheres negras,[18] o que pode ser observado no depoimento seguinte, a respeito da década de 1930:

---

18 "... parece que prevaleceu entre os manumitidos a tendência a aceitar as ocupações acessíveis, que podiam disputar aos trabalhadores brancos, apesar de serem mal remuneradas e de corresponderem às tarefas degradadas pelo regime servil. Ainda assim, a transição foi relativamente mais fácil para a mulher negra, do que para o homem" (Fernandes, 1971, p. 65).

> *Concluímos, por meio de inquéritos, que entre nós vários estabelecimentos comerciais não aceitavam negros para seus serviços, fosse qual fosse a capacidade oferecida. As mulheres é que minoravam a situação, trabalhando como empregadas domésticas e levando as sobras de comida da casa dos patrões. (Dirigente da Força Negra Brasileira, entrevistado por Virgínia Bicudo, década de 1940)*[19]

> *Procedendo a um inquérito, encontramos a maioria dos negros passando privações terríveis: grande número de desempregados, morando mal acomodados em porões imundos, na promiscuidade que favorece a destruição moral da família. Pelas pesquisas realizadas por nós, 80% dos negros da capital [São Paulo] não exercem profissão definida. O negro é meio carpinteiro, meio mecânico, meia-colher [servente de pedreiro], nunca chegando a ser oficial completo, ajudante disto ou daquilo . . . Hoje, não há grande diferença da natureza de serviços dos negros de 50 anos atrás . . . encontramos negros profissionais competentes . . . Mas não há serviço para eles. As ocupações do negro são engraxate, ensacador, estafeta, faxineiro, contínuo, motorista, motoneiro, guarda-noturno, guarda-civil,*[20] *cozinheiro, ferroviário etc. (Dirigente da Força Negra Brasileira, entrevistado por Virgínia Bicudo, década de 1940)*[21]

---

19 Bicudo (1945/2010, p. 127).

20 Até o início da década de 1930, não se admitiam negros como guardas-civis em São Paulo, fato que gerou uma forte campanha pela Frente Negra Brasileira.

21 Bicudo (1945/2010, p. 126).

Na década de 1950, passados cerca de setenta anos do fim da escravidão, Florestan Fernandes apontava a lenta reabsorção do "elemento negro" no sistema de trabalho, caracterizado por ocupações mais humildes e mal remuneradas (Fernandes, 1971).

Os vinte anos *seguintes*, na análise de Lélia Gonzalez, avançam com sérias restrições às possibilidades de ascensão da população negra a determinados setores da classe média. "Excluída da participação no processo de desenvolvimento (desigual e combinado, não esqueçamos), ficou relegada à condição de massa marginal crescente: desemprego . . . trabalho ocasional, ocupação intermitente, trabalho por temporada etc." (Gonzalez, 1982c, p. 97).

É por essa razão que Lélia Gonzalez aponta que, no Brasil, ser negra e mulher significa ser objeto de uma tripla discriminação; os estereótipos produzidos pelo racismo e pelo sexismo a colocariam no nível mais baixo de opressão. Enquanto seus familiares homens (marido, filhos, irmãos, pai etc.) são objeto da perseguição, repressão e violência policiais, a mulher negra presta serviços domésticos junto às famílias de classe média e alta brasileiras (Gonzalez, 1982c).

"Enquanto empregada doméstica, ela sofre um processo de reforço quanto à internalização da diferença, da subordinação e da 'inferioridade' que lhe seriam peculiares" (Gonzalez, 1982c, p. 98). Quando não trabalha como doméstica, a mulher negra atua também na prestação de serviços de baixa remuneração nos hospitais, supermercados, nas escolas, recebendo o sugestivo termo de "servente", sendo que tudo isto fica acrescido pelo problema da sua dupla jornada (Gonzalez, 1982c).

> *. . . a mulher negra tem que batalhar muito mais . . . é uma sociedade machista mas, ao mesmo tempo, muito matriarcal. Se olharmos as mulheres negras desse país,*

> *a maioria das mulheres negras, elas têm que ser chefes de família, tem que ser a mulher quem vai levar suprimento para sua casa, é ela quem segura as rédeas dos filhos. Se pensar principalmente no início do século XX que esses homens não estão em casa, por culpa do próprio sistema que não permite que esses homens estejam em casa, mas são as mulheres negras que vão pros serviços domésticos, são as mulheres negras que têm que batalhar. (Daniela Gomes, jornalista, 2013)*[22]

Muitas relações entre empregadas domésticas e seus patrões ocorrem em uma linha que apresenta uma contiguidade social e simbólica, desde a escrava de servir até os dias de hoje, como já foi afirmado. Não se trata de negar as mudanças entre o trabalho escravo e o trabalho remunerado, nem de desconsiderar as mudanças sociais e políticas de nosso país desde os tempos de colônia até os dias de hoje, mas se trata de perguntarmos: o que permanece e se perpetua?

Não viria dos resquícios dessa herança, de ser o corpo da escravizada ou da mucama um corpo que pertencia ao senhor de escravos, a "autorização" de recomendar às "domésticas" normas de higiene[23] e cuidados com o corpo?

Não viria também dessa herança o uso do "quarto de empregada" como um espaço onde o respeito ensinado às crianças de classe média com as posses alheias desaparece, bem como com

---

22 Depoimento no documentário *25 de julho – Feminismo negro contado em primeira pessoa.*

23 Conforme o manual da década de 1960, citado anteriormente, entre outras recomendações à empregada para habitar uma "casa de família", ela deveria: "Usar sempre após o banho, um desodorante qualquer, a fim de evitar o odor desagradável da transpiração . . . Reservar uma hora certa todos os dias para o seu banho . . . Escovar os dentes de manhã e à noite" (Erre, 1961, p.37-39).

a individualidade e a privacidade dessas trabalhadoras[24] (Brites, 2007)?

E a noção de concessão,[25] em vez de direitos, não seria uma noção que permanece desde os tempos da escravidão?

A impossibilidade de reconhecer a "empregada doméstica" como alguém que possui saberes e conhecimentos oriundos da sua rede de pertencimento social também não seria um desses resquícios?[26]

E a mucama, como tendo obrigação de servir ao senhor em todas as suas necessidades, inclusive sexuais, não encontraria uma herdeira nas relações entre domésticas e seus patrões (ou filhos destes) tantas vezes relatadas na literatura?

Por tudo isso, não me parece exagero que Lélia Gonzalez chamasse a *doméstica* de *mucama consentida* e que apontasse, durante a década de 1980, uma frequente conivência das mulheres brancas nessa lógica: "ainda existem 'senhoras' que procuram contratar jovens negras belas para trabalharem em suas casas como domésticas: mas o motivo principal é o de que seus jovens filhos possam 'iniciar-se' sexualmente com elas" (Gonzalez, 1982c, pp. 99-100).

---

24 Lembro-me da mãe de uma paciente que acompanhei durante a análise de sua filha (menina de cerca de 7 anos): ela me revelava que o quarto onde dormia com sua filha na casa dos patrões era tão pequeno que, para assistir à televisão, era preciso colocá-la na área de serviço e deixar a porta do quarto totalmente aberta, e estes passavam pela área de serviço mesmo quando ela já havia se recolhido, tirando-lhe totalmente a privacidade.

25 Nesse sentido, parece-me ilustrativo lembrar que não só a alforria deveria ser vivida como concessão senhorial, bem como a liberdade concedida poderia ser retirada caso o recém-liberto demonstrasse ingratidão (Mattos, 2013, p. 199).

26 No atendimento relatado acima, essa mesma mãe me conta que, ao chegar a São Paulo, migrando do Ceará, ouviu de seus patrões: "Esqueça tudo que você sabe até agora!".

É por essa conivência que Lélia Gonzalez apontava a necessidade e a dificuldade de incluir a temática dessa exploração sexual sobre a mulher negra, tomada como objeto sexual, nos textos e movimentos feministas, até então liderados basicamente por mulheres da classe média branca (Gonzalez, 1982c). Ou seja, incluir a opressão racial significou marcar diferenças fundamentais de raça e de classe dentro do próprio feminismo, desmontando uma suposta igualdade e homogeneidade de gênero, e significou, por outro lado, trazer para dentro do movimento negro as desigualdades de gênero: enegrecendo o feminismo ou feminizando a raça, como diria a pesquisadora Raquel Barreto (2005).

> *Em recente encontro feminista realizado no Rio de Janeiro, nossa participação causou reações contraditórias . . . no momento em que começamos a falar do racismo e suas práticas em termos de mulher negra, já não houve mais unanimidade. Nossa fala foi acusada de emocional por umas e até mesmo de revanchista por outras . . . Toda a celeuma causada por nosso posicionamento significou, para nós, a caracterização de um duplo sintoma: de um lado, o atraso político . . . e de outro, a grande necessidade de denegar o racismo para ocultar uma outra questão: a exploração da mulher negra pela mulher branca. (Gonzalez, 1979)*[27]

A percepção de Lélia Gonzalez de que teria algo que ficaria oculto e denegado na relação da mulher branca com a mulher negra, isto é, que, por conta do recalque, só poderia ser afirmado a partir de uma negativa, é um ponto essencial para seguirmos no caminho das vicissitudes da constituição subjetiva das mulheres

27 Gonzalez (1982c, p. 101).

negras no Brasil. Lélia Gonzalez utilizava alguns conceitos da psicanálise freudiana e lacaniana para essa leitura, por considerar insuficiente a investigação das ciências sociais para avançar sobre os diferentes modos de rejeição e integração do papel da mulher negra na formação cultural (Gonzalez, 1982c, 1984).

> *Os textos só nos falavam da mulher negra numa perspectiva socioeconômica que elucidava uma série de problemas propostos pelas relações raciais. Mas ficava (e ficará) sempre um resto que desafiava as explicações. E isso começou a nos incomodar. (Gonzalez, 1980)*[28]

Lélia Gonzalez (1984) utiliza duas noções para articular a questão do psiquismo e da subjetividade à questão dos discursos de poder e enlaçamento social: a *consciência*, entendida por ela como o lugar do desconhecimento no sentido do encobrimento e da alienação, onde o discurso ideológico se faria presente; e a *memória*, entendida como o lugar do *não saber que conhece*, ou seja, um lugar de inscrições que restituem uma história que não foi escrita, o lugar da emergência da verdade. A *consciência* se expressaria como efeito do discurso dominante em uma dada cultura, impondo o que este consideraria a verdade e ocultando a *memória*. "Mas a memória tem suas astúcias, seu jogo de cintura: por isso, ela fala através das mancadas do discurso da consciência. O que a gente vai tentar é sacar esse jogo aí, das duas, também chamado de dialética" (Gonzalez, 1984, p. 226).

A *memória*, que nesse caso ficaria oculta, recalcada e tirada de cena, seria referente ao papel desempenhado pela mucama como escrava amásia e também seria o que, dessa relação racista e

---

28 Gonzalez (1984, p. 225).

sexista, perduraria em relação à mulher negra, por meio das figuras da *doméstica* e da *mulata.*

> *O problema ainda é o modo como te olham, te racializam e ordenam. Quando se é jovem a experiência da mulher negra é pela sexualização ou pela subordinação. Depois de uma certa idade você só é subordinada. (Janaína Damaceno Gomes, socióloga, 2013)*[29]

Trata-se da constatação de uma violência simbólica sobre a mulher negra, que se evidencia a partir de uma construção que seria a contrapartida da *doméstica*: o endeusamento da mulher negra no carnaval, por meio da figura da *mulata.*

A hipótese de Lélia Gonzalez (1984) é a de que o mito da democracia racial, como todo mito, ocultaria uma verdade: a da desigualdade racial do nosso país. E o carnaval brasileiro teria um aspecto de subversão e de ultrapassagem do limite do discurso dominante. Tal subversão teria a ver com o negro, que nesse momento sairia das colunas policiais para ser capa de revista como símbolo de alegria e descontração. "E é justamente no momento do rito carnavalesco que o mito é atualizado com toda a sua força simbólica. E é nesse instante que a mulher negra transforma-se única e exclusivamente na rainha, na 'mulata deusa do meu samba'" (Gonzalez, 1984, p. 228).

O outro lado do endeusamento presente no carnaval apareceria no cotidiano desta mulher, por meio da *doméstica*: aquela que carrega sua família e a dos outros nas costas, sendo, no cotidiano, o oposto da exaltação (Gonzalez, 1984).

---

29 Gomes (2013, pp. 15-16).

> *Da janela do apartamento*
> *Vejo só barracos do morro*
> *Onde moram as rainhas*
> *do carnaval*
> *imponentes rainhas negras*
> *riquíssimas de ritmo e*
> *de sexo*
> *Rainhas por três dias alegres*
> *Escravas no resto do ano...*
> *(Solano Trindade, "Rainhas e escravas")*

Assim, a mulher negra seria vista pelo restante da sociedade a partir de três tipos de qualificação "profissional": um deles, a *mãe preta*, conforme abordei anteriormente; os outros dois, a *doméstica* e a *mulata*, tipos que se articulam estruturalmente.

Vale dizer que *mulata* é um termo que torna impossível tratar da questão racial sem tratar da questão sexual, uma vez que seria produto de relações *espúrias* e traria essa marca de origem já no próprio nome. O termo *mulata*, assim como *mulato*, tem sua origem no termo *mula*, produto do cruzamento entre éguas e jumentos. E, da mesma forma que as mulas são estéreis, durante algum tempo a literatura médica discutiu se os mulatos também o seriam (Corrêa, 1996).

> *Depois de séculos, ox (sic) falantes nativos nem sempre sabem qual a verdadeira origem das palavras que usam, porque realmente não é necessário saber de onde vem uma palavra pra entender o que ela significa em um contexto . . . . No entanto é difícil encontrar uma pessoa negra que não se lembre da origem da*

> *palavra "mulatx". Eu detesto ser chamada de mulata . . . Eu sou é negra, prefiro que me chamem assim e não de mulata, escurinha, morena ou qualquer outro eufemismo desajeitado. (Cris Oliveira, mestre em linguística, 2013)*[30]

Tendo deixado de significar somente filha de preto(a) com branca(o), a *mulata* teria se transformado em um "produto de exportação", uma categoria que seria um "tipo nacional", capaz de ensinar às outras nações o que nos tornaria singulares, conforme já abordei anteriormente em relação ao mestiço como construção e símbolo nacional (Gonzalez, 1982c; Schwarcz, 2014). A mulata, nas palavras de Mariza Corrêa, seria o próprio lugar do "'encontro das raças': uma espécie de pororoca cultural" (Corrêa, 1996, pp. 46-47).

Mariza Corrêa observa o quanto, no imaginário brasileiro, os discursos utilizados para qualificar a mulata negativamente têm uma estreita afinidade com os atributos que foram utilizados para identificá-la de um modo positivo. Isso aparece nas palavras que a associam ao universo da pura sensação corporal: lubricidade, volubilidade e amoralidade. A autora aponta como o discurso literário e de alguns críticos literários, o discurso médico e o de alguns historiadores serviram de lastro para a construção dessa figura mítica, a mulata, que seria vista como puro corpo, *não engendrado* socialmente (Corrêa, 1996).

> *Teve um chefe que vivia dizendo que eu deveria ser mulata, ir para uma boate, e não trabalhar em um hospital que era algo que eu sempre quis. Eu era auxiliar*

30 Cris Oliveira, "Palavras de carga". Recuperado de http://blogueirasnegras.org/?s=palavras+de+carga.

> *de enfermagem, queria progredir, mas esse homem vivia atrás de mim, vivia dizendo que eu servia para ser mulata, que eu tinha que dar para ele, por causa do meu corpo . . . sofria muito até que consegui mudar de seção e aí tive mais sossego. (Maria, entrevistada por Jurema Teixeira)*[31]

No texto "Sobre a invenção da mulata", acima referido, Mariza Corrêa (1996) nos aproxima dessa figura por meio do que considera sua última encarnação: a vinheta Globeleza, na qual a tecnologia se articularia com os atributos mais antigos, construindo uma espécie de mulata estilizada e abstrata, mas que sintetizaria as suas antepassadas.

A profissão de mulata seria exercida por jovens negras que se submeteriam à exposição de seus corpos por meio de roupas mínimas e do "rebolado", para o voyeurismo dos turistas e da burguesia nacional, segundo a visão de Lélia Gonzalez.

> *Fique de pé pelos que no mar foram jogados,*
> *Pelos corpos que nos pelourinhos foram descarnados*
> *Não deixe que te façam pensar que o nosso papel na pátria,*
> *É atrair gringo turista interpretando mulata*
> *("Mulheres negras", música de Eduardo Taddeo)*

A origem da profissão de mulata estaria em um processo de distorção e comercialização das escolas de samba, segundo a autora (Gonzalez, 1982c).

31 Teixeira (2001, p. 152).

> *O passistólogo vai continuar rotulando, classificando e agenciando mulheres pretas de acordo com sua idade e tipo de corpo. Continuará a nos transformar em produto de exportação, hiperssexualizadas, prontas para sermos consumidas aqui ou no estrangeiro. (Charô Nunes, 2014)*[32]

> *O que é mais importante numa mulata? Ah, ela tem que ser, não precisa ser linda, porque às vezes você é linda e não passa nada. Ela tem que ser engraçadinha, jeitosa, tem que ter um corpo de mulata... É ter um corpo assim meio violão, bundinha assim um pouquinho grandinha, empinadinha, cintura fina. (Marilu, aluna do II Curso de Formação de Mulatas, entrevistada por Sônia Giacomini, 1989)*[33]

Lélia Gonzalez considera que os termos *mulata* e *doméstica* seriam, portanto, atribuições de um mesmo sujeito: a nomeação dependeria da situação em que essa mulher negra seria vista. Vale ressaltar que o reconhecimento e a idealização a respeito da *mulata* teria consequências fundamentais sobre a mulher negra quando exercendo a função de *doméstica*: a agressividade que recairia sobre ela seria função e efeito, justamente, deste seu endeusamento (Gonzalez, 1984).

"Acontece que a mucama 'permitida', a empregada doméstica, só faz cutucar a culpabilidade branca porque ela continua sendo a mucama com todas as letras. Por isso ela é violenta e concretamente reprimida" (Gonzalez, 1984, p. 233).

---

32 "Mulatólogo não é profissão, é machismo". Recuperado de http://blogueirasnegras.org/2014/01/10/mulatologo/

33 Giacomini (1992, p. 225).

A violência e a agressividade sobre a *doméstica* aparecem, assim, no discurso de Lélia Gonzalez como uma resposta a algo que não se quer admitir: a dimensão pulsional que a mulata traz à tona.

O entendimento da autora sobre essa transformação da *mulata* em *doméstica* se faz a partir de uma concepção de *racismo* como a *neurose cultural brasileira*. Lélia Gonzalez faz uma leitura do social, utilizando-se de conceitos psicanalíticos: a cultura brasileira funcionaria como o neurótico que constrói modos de ocultamento daquilo que lhe é insuportável, em uma tentativa de evitar a angústia de se defrontar com o recalcado (Gonzalez, 1984).

O que fica negado na versão de que as relações entre a mucama e o senhor seriam somente relações primárias e animalescas, assim como a iniciação e a prática da vida sexual "da rapaziada branca" com as "crioulas" até algumas décadas atrás, é que essas relações estavam imersas em um campo pulsional, e não unicamente instintual. "Pelo exposto, a gente tem a impressão de que branco não trepa, mas comete ato sexual e que chama tesão de necessidade" (Gonzalez, 1984, p. 231).

Considero esse ponto fundamental, porque nem sempre o encontramos de maneira rigorosa e clara, até mesmo na bibliografia psicanalítica sobre as mulheres negras brasileiras. Ainda que a mulher negra tenha passado por um processo de coisificação, para satisfazer os desejos do seu senhor ou do seu patrão, não é possível retirar dele, nem dela, a dimensão humana e libidinal. É preciso ficar bem explicitada a posição de Lélia sobre esse ponto, com a qual estou completamente de acordo: segundo a psicanálise, só é possível pensar o corpo como um corpo erógeno marcado e inscrito, desde sempre, pela linguagem. Não é possível falar da relação sexual como se fosse algo natural ou biológico, e, sim, sempre a partir de um campo pulsional.

> *E a gente ficou pensando nessa prática, tão comum nos intramuros da casa-grande, da utilização desse santo remédio chamado catinga de crioula*[34] *(depois deslocado para o cheiro de corpo ou simplesmente cc). E fica fácil entender quando xingam a gente de negra suja, né? (Gonzalez, 1980)*[35]

A dimensão pulsional explicitada pela *mulata*, como representante do corpo e do sexo, estaria completamente articulada com a violência que recai sobre ela, tentando transformá-la em servil.

> *O sistema pode até me transformar em empregada,*
> *Mas não pode me fazer raciocinar como criada*
> *("Mulheres negras", música de Eduardo Taddeo)*

A tentativa de ocultar ou negar o que retorna por meio da representação da mulher negra, como aquela que despertaria algo do campo pulsional, aparece claramente em inúmeras restrições e regulamentações do exercício de sua função enquanto doméstica. Podemos considerar essa tentativa como uma busca de transformá-la, enquanto desempenha essa função, em uma "não pessoa": sua presença não deveria interferir na dinâmica da família, como se ela não escutasse, não enxergasse, não sentisse, não tivesse vontades nem *quereres*. Ou poderia ser entendida de outra forma a seguinte recomendação à empregada que buscasse trabalhar e

34 "Quando chegava na hora do casamento com a pura, frágil e inocente virgem branca, na hora da tal noite de núpcias, a rapaziada simplesmente brochava. Já imaginaram o vexame? E onde é que estava o remédio providencial que permitia a consumação das bodas? Bastava o nubente cheirar uma roupa de crioula que tivesse sido usada, para 'logo apresentar os documentos'" (Gonzalez, 1984, p. 234).

35 Gonzalez (1984, p. 234).

habitar uma "casa de família": "A sua presença entre os membros da família deve ser de tal forma discreta que eles não se sintam tolhidos em sua liberdade nem percam a tranquilidade ao conversar sobre assuntos reservados" (Erre, 1961, p. 196)?

Em pesquisa realizada por Suely Kofes (1994) sobre a relação entre patroas e empregadas,[36] a autora observa que, na medida em que a empregada doméstica entraria para *substituir* a patroa nas suas funções em casa, sua presença seria, ao mesmo tempo que afirmada, negada. Os mecanismos que regulam a movimentação e ocupação da empregada nesse espaço procurariam negar essa sua visibilidade no cotidiano familiar. Essa negação se daria em função de um campo de afetividade que é vivido, por muitas patroas, como perigoso, relativo ao contato entre empregada/filhos da patroa e empregada/marido da patroa (Kofes, 1994, p. 192).

A presença da doméstica, necessária para poder servir, deveria ocorrer de tal modo que não trouxesse nenhuma alteração na vida familiar, inclusive, ou principalmente, na intimidade da família.

> *A Maria é que era empregada ótima. A gente nem percebia que tinha alguém em casa. (Depoimento de uma "patroa" a Suely Kofes, final da década de 1970)*[37]

O campo considerado como perigoso, constituído pela própria presença da *doméstica*, traria como efeito uma tentativa de anulação, negação e domesticação de seu corpo. Teria sido outro o sentido de recomendar às futuras empregadas domésticas não misturarem suas roupas com as dos donos da casa? Ou recomendar a elas para não cantarem ou assobiarem? Ou ainda não usarem

36 Pesquisa realizada entre 1978 e 1980.

37 Kofes (1994, p. 192).

unhas pintadas? Não exagerarem nas saídas noturnas, ainda que depois de terminados os seus trabalhos?[38]

À doméstica é pedido que desempenhe os papéis femininos seguindo os hábitos e cultura da patroa, sobrepondo-se à domesticidade – ser definida pelo doméstico – sua própria domesticação. Uma vez que domesticar pode ser traduzido como "querer que você faça da maneira como queremos que você faça" (Kofes, 1994, p. 191).

O corpo dessas mulheres, as domésticas, apareceria de tal modo articulado a uma ideia do que deve ser domado, que é paradigmática a descrição sobre elas em um manual dirigido às patroas, editado em 1975: "São um festival de incompetência que as patroas com maior ou menor habilidade têm que domesticar, às vezes domar como bicho bravo".[39]

É preciso que fique bem compreendido: o que os ventos que sopram do passado nos trazem sobre as mulheres negras trabalhadoras domésticas é a construção desse corpo que precisaria ser domesticado e que retornaria lembrando a cada um que o gozo é *bicho bravo*, por definição, desregrado e desmedido.

A condição de mulher é negada à empregada para afirmá-la apenas na sua dimensão de trabalhadora. "É como se a organização familiar fosse ameaçada no monolitismo de seus papéis e na sua função de reprodutora social, e ela assim impusesse como condição à presença da empregada a sua assexualidade" (Kofes, 1994, p. 193).

É possível reencontrar nesta pesquisa de campo de Suely Kofes a marca do que Lélia Gonzalez soube tão bem apontar em relação

---

38 Conselhos extraídos do manual *Elas... as donas de casa e elas... as empregadas* (Erre, 1961).

39 Kaufman, 1975, citado por Kofes (1994, p. 191).

às figuras da *doméstica* e da *mulata*: o corpo negado e invisibilizado no cotidiano do trabalho doméstico e que aparece com sua máxima força e brilho no espaço, consentido porque limitado, do carnaval.

É nesse sentido que a afirmação de Lélia sobre a *mãe preta*, ao apontar que ela seria, de fato, a mãe, ganha agora o seu complemento:

> *Pois então. Ela é a mãe nesse barato doido da cultura brasileira. Enquanto mucama, é a mulher; então "bá", é a mãe. A branca, a chamada legítima esposa, é justamente a outra que, por impossível que pareça, só serve pra parir os filhos do senhor. (Gonzalez, 1984, p. 235)*

Partindo da *mãe preta* e da *mucama*, Lélia apresenta a mulher negra que trabalha nas funções de *babá* e de *empregada doméstica* como aquela que revela verdadeiramente o lugar de *mãe* e de *mulher*. Ao colocar a mulher branca no lugar da *outra*, ela formula a hipótese de que a agressividade e a violência que aparecem como imposição à servidão seriam, na verdade, o retorno desse saber insuportável.

Retorno do insuportável: racismo e a outra face do servil

Para escutar a primeira cena em que *Selma* se sentiu discriminada, mencionada no início deste capítulo, foi necessário percorrer várias trilhas, que apontaram a inscrição de sua fala no campo social, revelando outra dimensão, ao mesmo tempo que singular, coletiva. Ou seja, a sensação de *Selma* ao ser discriminada exigiu referenciá-la ao campo do Outro social e histórico e, com isso, penso seguir fielmente a trilha de Lacan ao afirmar que "o *inconsciente* é a política" (Lacan, 1966-1967, p. 93).

A fala de *Selma* permitiu que eu atentasse para o que poderia retornar como insuportável sobre o corpo e o pulsional, que apareceria para outros, mulheres e homens brancos, a partir da presença das mulheres negras, nas suas funções de *babás, domésticas* e *mulatas*.

O que até aqui apresentei é que justamente a dimensão desse insuportável e indizível, não aparecendo de forma evidente e explícita no discurso, retorna por meio da força agressiva e violenta do racismo, conforme as indicações de Lélia Gonzalez (1984) e Segato (2006).

As indicações dessas autoras me reenviam à fala de *Selma*. A lembrança dessa primeira cena faz com que ela se recorde, em seguida, de outras duas. Curiosamente, o seu relato sobre uma segunda situação em que teria se sentido discriminada é uma ilustração passo a passo do modo como algo inadmissível no psiquismo do sujeito retorna nos atos e nas falas racistas. *Selma* mostra a violência e o horror desse inadmissível com a precisão de um bisturi que realiza o corte definitivo:

> *Eu estava com uma cadeirante na escola que eu trabalho e tinham três meninos negros brincando por ali. Aí a mãe dela [da cadeirante], que estava do lado, falou: "Olha uns macaquinhos!". Eu falei: "É, macaquinho brinca, corre, pula, que nem eles estão fazendo". Só não falei: "Tudo que sua filha não faz!". (Selma, 2013)*

O reconhecimento de que a fala depreciativa dessa senhora sobre aqueles meninos ocultava algo da dor sobre o corpo de sua própria filha não passou despercebido para *Selma*: que aqueles meninos, colocados em um lugar degradado, apontavam justamente que não era suportável para essa mãe que eles pudessem mover tanto seus corpos, a ponto de lembrá-la da imobilidade da sua filha. Foi algo que *Selma* me mostrou a partir do que afirma ter pensado naquele momento, ainda que não tenha dito: *Só não falei: "Tudo que sua filha não faz!"*.

Pensou, e possivelmente não disse por dar-se conta da violência e da agressividade incluídas na sua fala. Pensamento articulado com o que lhe foi dito, violento e agressivo, por essa senhora. Frase que toma justamente os contornos racistas, pois não é dirigida aos meninos somente pelo fato de estarem pulando e brincando; é dirigida a eles não só pela angústia que seus atos despertaram nessa senhora, mas porque esta se articula a uma relação de dominação, encontrando uma saída e um formato violentos.

> *Quando você vai para esse campo de chamar essas pessoas de macaco, você está jogando toda a humanidade dessas pessoas no lixo. (Leandro Roque de Oliveira, o Emicida,* rapper, *2014)*[40]

Selma me mostra que o racismo se evidencia ali, nessa depreciação de algo extremamente valorizado, porém, impronunciável. Esse corpo, nomeado como o corpo dos *macaquinhos*, para além de uma relação com o que seria a degradante comparação com o animalesco, revela uma liberdade extremamente desejada, uma mobilidade sonhada e inalcançável, quiçá até em pensamentos.

---

40 Esta fala se refere ao episódio em que uma torcedora do Grêmio foi flagrada pelas câmeras de televisão xingando o goleiro Aranha, à época jogador do Santos, chamando-o de macaco, durante um jogo de futebol em agosto de 2014, o que resultou no seu indiciamento por injúria racial.

E assim *Selma* explicita como eles refletem em negativo o que a filha dessa senhora não podia fazer: negativo não no sentido moral ou de desqualificação, mas no sentido do processo de uma revelação fotográfica. Ou seja, eles mostram o que, para ela, seria impossível de ver, como a película de nitrato de prata do negativo, que fica queimada nos lugares em que se incidiu muita luz, e fica com claridade justamente nas cenas antes muito escurecidas.

Esta é a chave de entrada para iluminarmos novamente a *primeira cena*: pensar que o que o sujeito enxerga no outro e que lhe é insuportável não é o mais secreto do outro, mas o íntimo de si mesmo, revelado à sua revelia. E, conforme apresentamos anteriormente neste capítulo, os corpos de inumeráveis sujeitos nascidos no Brasil carregam as marcas erógenas da figura da mãe preta e da babá negra, com seu impossível reconhecimento social, de tal forma que o íntimo desses sujeitos, brancos, pode-se dizer que é o negro (Segato, 2006).

Esse íntimo, revelado e insuportável, muitas vezes é aniquilado, e esse ato de aniquilação pode se dar justamente e juntamente com aquele que porta essa revelação. Essa aniquilação não acomete a todos de maneira igual: não se dá ao acaso a partilha entre os que são vistos como degradados e sem valor e os que são vistos como detentores dos emblemas fálicos da cultura, o que pretendi explicitar e abordar nos capítulos "Sandra: sobre a invisibilização das mulheres negras brasileiras", "Sônia: uma história escravizada e seus rastros" e "Suzana e o retorno das algemas". Contudo, não se pode achar que a questão se encerra ao afirmarem-se as razões históricas da desigualdade nessa partilha: do ponto de vista da psicanálise, em que acredito e que pratico, há que pensar não só nos efeitos subjetivos que essa desigualdade produz, mas também nos mecanismos subjetivos que contribuem para essa desigualdade.

Pensar que estão sendo chamados de *macaquinhos* porque o nosso racismo encarnado olha os negros como feras animais significa tomar contato com razões históricas da desigualdade, dominação e opressão e lembrar que o que tem valor ou não em uma sociedade é algo que deve ser considerado de maneira rigorosa. Mas estou tentando articular essa valoração social, que inclui o que pode ser visto como civilizado ou como degradante, com algo que diz respeito ao campo pulsional, que escapa às rédeas e tentativas de controle e normatização do sujeito.

A questão fundamental nesse ponto e que *Selma* me possibilitou escutar é que aquilo que aparece como depreciado e indesejável pode muito bem apontar para o que é mais caro ao sujeito.

Esse aspecto é pouco apontado na bibliografia psicanalítica sobre os homens negros e mulheres negras no Brasil. Ainda que essa produção seja bastante reduzida, conforme já afirmei, as pesquisas que encontrei apontam, basicamente, os efeitos subjetivos do racismo sobre esses sujeitos (Souza, 1990; Nogueira, 1998; Teixeira, 2001; Costa, 1990), uma vez que seriam atribuídas aos negros as marcas de um corpo inaceitável e indesejável.

O que fica nomeado como sexualmente degradante, excessivo, desgovernado fica atribuído prioritariamente às mulheres negras – ainda que não somente a elas –, e não àqueles que a elas atribuem esses sentidos. Ou melhor, ao tratar do encontro com as mulheres negras – conforme foi feito a partir da relação com a *babá* e com a *doméstica* –, podemos abordar o que, do íntimo de cada um ou cada uma, poderia lhes ser revelado, ainda que a contragosto, na relação com elas.

A dica de Fanon: o negro como o não eu

> *. . . não há mais dúvida de que o verdadeiro outro do branco é e permanece o negro. E inversamente. Só que, para o branco, o Outro[41] é percebido no plano da imagem corporal, absolutamente como o não eu, isto é, o não identificável, o não assimilável. (Fanon, 1952/2008, p. 141)*

É em uma longa nota de rodapé, da qual retirei esse trecho, que Frantz Fanon aponta um caminho baseado na noção lacaniana de *Estádio de Espelho* para compreender psicanaliticamente a situação racial sentida por consciências particulares, conforme suas palavras. É uma pena que só tenha podido utilizar as formulações dos primeiros anos da produção lacaniana, uma vez que, quando escreveu *Pele negra, máscaras brancas* (Fanon, 1952/2008), Lacan sequer tinha iniciado seus Seminários.

Não me deterei nos efeitos psicopatológicos que tal situação possa ter sobre os negros, relatados por Frantz Fanon.[42] O que dele vou apreender para buscar novas consequências será sua hipótese de que a presença do corpo negro poderia trazer ao branco uma

---

41 O conceito de *Outro* que Fanon está utilizando não é aquele proposto por Lacan para diferenciar *Outro* (lugar do código) e *outro* (semelhante). Este conceito está sendo utilizado como o fez Germaine Guex, citada por Fanon algumas páginas antes: "Ser 'o Outro' é se sentir sempre em posição instável, permanecer na expectativa, pronto para ser repudiado" (Guex, citado por Fanon, 1952/2008, p. 78).

42 Nascido na Martinica, Fanon apoiou-se na sua escuta e observação sobre as atitudes de negros das Antilhas e de antilhanos que foram morar na França; ainda que tenha se ancorado em conceitos freudianos e pós-freudianos em diversas articulações, não deixou de sustentar uma forte crítica à psicanálise: "Veremos que a alienação do negro não é apenas uma questão individual. Ao lado da filogenia e da ontogenia, há a sociogenia" (Fanon, 1952/2008, p. 28).

perturbação e desestruturação do seu corpo, uma agressão imaginária ao seu esquema corporal. Ainda que não se detenha nesse ponto, Fanon afirma o poder da irrupção de um corpo sobre o outro. Acredito que essa sua observação dos negros antilhanos nos fará avançar sobre a intensidade da reação violenta que recai sobre os negros também no Brasil.

Não se trata de pensar em uma identidade negra, ou em uma regra fixa e universal, mas adentrar alguns possíveis efeitos subjetivos sobre vários sujeitos brancos e negros, de diversos países, a partir do encontro entre eles.

É possível ler neste autor que não seria a imagem do negro que se tornaria inassimilável ao branco, e, sim, o que o branco enxergaria dentro de si no seu encontro com o negro que se tornaria impossível de ser assimilado ou admitido. Esse inadmissível ficaria evidente por retornar por meio de reações violentas dos brancos, sobre os negros.

Essa relação do sujeito com o outro, do dentro e do fora, exige uma topologia muito mais complexa do que Lacan pudera apresentar no seu artigo "Os complexos familiares na formação do indivíduo", escrito em 1938 (Lacan, 1938/2003b), citado por Fanon. Essa topologia vai aparecendo no decorrer da sua obra como uma necessidade teórica, para dar conta da complexidade dessa relação entre eu-outro e da dificuldade em falar que há uma separação entre eles. Desse modo, o inassimilável ou insuportável que estou abordando estaria dentro do branco ou dentro do negro?

Entendo que estaria, como aliás é próprio do campo pulsional, naquilo que se desprende de um e está articulado ao outro, do mesmo modo que não podemos dizer que o olhar está no olho de quem olha, nem no que se dá a ver, mas no que envolve o olhar sendo visto. A atividade da pulsão, como aponta Lacan, concentra-se neste *se fazer*: *se fazer ouvir, se fazer chupar, se fazer cagar*.

Quando Fanon diz o quanto se impressionou com o fato de que se o "preto" seria escravo da sua inferioridade, o branco o seria da sua superioridade, ambos se comportando segundo uma orientação neurótica (Fanon, 1952/2008), instiga-me a lê-lo com essa lente do que não está somente em um ou no outro, mas em um circuito pulsional que se passa no *entre um e outro*: naquilo que se destaca do sujeito, desprende-se dele e chega ao outro (Nasio, 1993, 1995; Lacan, 1961-1962/2003a; 1962-1963/2002; 1964/1988c).

Partindo do comportamento de mulheres brancas diante de homens "pretos", observado quando prestou serviço militar em países da Europa, Fanon aponta que haveria um retraimento e um pavor não dissimulado por parte destas ao receber um convite deles, ainda que estes fossem incapazes de tentar algo contra elas. A partir do conceito de *transitivismo*, Fanon aponta o quanto elas sentiriam um temor *ansioso* diante deles, por serem vistos com uma potência sexual alucinante, expressos na fala: "Sabe lá Deus como [os negros] fazem o amor! Deve ser horrível!" (Fanon, 1952/2008, p. 139).

O autor vai escutando o que essa fala revela da relação dessas mulheres com aqueles que encarnariam o símbolo fálico. O negro seria linchado e inferiorizado pelos brancos justamente por representar o ideal de virilidade absoluto: "será que o branco que detesta o negro não é dominado por um sentimento de impotência ou inferioridade sexual?" (Fanon, 1952/2008, p. 139).

A violência sobre o negro passa a ser entendida não como um ato ante aquele que seria inferior, e sim àquele que seria, imaginariamente, superior sexualmente: "A superioridade do negro é real? Todo mundo *sabe* que não. Mas o importante não é isso" (Fanon, 1952/2008, p. 139).

Assim, Fanon afirma que, para se compreender psicanaliticamente a situação racial, não de uma forma global, mas como seria sentida por cada um, seria preciso dar grande importância aos fenômenos sexuais.

"O branco está convencido de que o negro é um animal; se não for o comprimento do pênis, é a potência sexual que o impressiona. Ele tem necessidade de se defender deste 'diferente', isto é, de caracterizar o Outro" (Fanon, 1952/2008, p. 147). *O negro ficaria eclipsado ao ser transformado em pênis no imaginário dos brancos*: provocaria horror, desejo, preocupação, mas nunca a indiferença (Fanon, 1952/2008).

O conceito que Fanon vai cercando extrapola o território do prazer, tanto assim que o autor cita como exemplo o depoimento de uma prostituta que teria uma preferência por homens pretos desde que escutara a história de uma mulher que teria perdido a razão ao fazer amor com um deles. Ela tentava reproduzir essa situação, encontrar esse segredo inexprimível, buscar uma ruptura e dissolução do próprio ser no plano sexual, um delírio orgiástico, segundo as palavras de Fanon. Haveria melhor descrição para a fantasia de um gozo desmedido e sem limites?

Fanon afirma que, para a maioria dos brancos, o negro representaria o instinto sexual não educado, a potência genital acima da moral e das interdições, ou seja, um suposto gozo que não estaria submetido à lei. "Qualquer aquisição intelectual exige uma perda do potencial sexual. O branco civilizado conserva a nostalgia irracional de épocas extraordinárias de permissividade sexual, cenas orgiásticas, estupros não sancionados, incestos não reprimidos" (Fanon, 1952/2008, p. 143). O que o autor afirma é que o branco *projetaria* essas fantasias no "preto", como se ele fosse capaz de realizá-las efetivamente.

No que tange às mulheres, Fanon (1952/2008) se atém às atitudes e fantasias das mulheres brancas em relação aos homens negros: "As brancas, por uma verdadeira indução, sempre percebem o preto na porta impalpável . . . das sensações sexuais alucinantes... Mostramos que a realidade desmente todas essas crenças. Mas tudo isso se acha no plano do imaginário" (p. 152). Sua observação o leva a uma articulação com a produção de autoras pós-freudianas que lhe são contemporâneas, baseando-se em uma leitura de Hélène Deutsch e Maria Bonaparte sobre a sexualidade feminina.

De qualquer modo, o próprio Fanon (1952/2008) afirma que, ainda que sua tese sobre a psicossexualidade da mulher branca frente ao homem negro estivesse certa, ele não teria a mínima ideia do que propor para a "mulher de cor".

Não acredito em uma identidade negra, assim como não acredito em uma identidade branca; também não acredito em uma identidade da mulher ou do homem, como desenvolverei mais detidamente adiante. Ao falar desse insuportável que retorna no encontro do negro com o branco, não pretendo expor uma regra universal sobre categorias identitárias fixas. Se não considero, com Lacan, o sujeito idêntico nem a si mesmo, uma vez que a identidade seria sempre uma construção fugidia, o que dirá de uma identidade de um grupo? No entanto, minha intenção ao considerar o campo discursivo em que estão incluídos, brancos e negros é considerar os processos identificatórios envolvidos na relação desses sujeitos, levando em conta que o sujeito se constitui a partir do outro e do Outro, seja naquilo que é possível ver refletido na sua imagem ou na do outro, seja naquilo que escapa sempre à imaginarização e à simbolização.

Acredito que Fanon tocou em algo fundamental a respeito dessa concepção de identificação que vai muito além do especular, quando nos fez ver que a presença do negro colocaria o branco diante do não eu, do não assimilável. Lacan avançará muitíssimo sobre esse não eu presente na relação do sujeito com o outro/Outro, mas Fanon não terá a chance de ler essas contribuições. Diante disso, proponho uma releitura desse apontamento presente em *Pele negra, máscara branca* (Fanon, 1952/2008) com os recursos proporcionados pela leitura dos textos lacanianos posteriores à escrita desse livro. Com isso, não pretendo afirmar o que Fanon supostamente já estaria dizendo, mas retorcer um pouco mais o seu texto para tentar tirar dele novas consequências.

O que é possível articular, seguindo a leitura de Freud e sua releitura por Lacan, é que o que fica marcado como *não eu*, o inassimilável, não é considerado assim por não ser bom o bastante ou não ser valorizado suficientemente pelo sujeito, mas por tocá-lo em algo que o sujeito julga ameaçar a integridade do seu ser. Trata-se do *não eu* na medida em que não é suportável para o *eu*, pois atesta a rebeldia de seu próprio desejo ou escancara o que escapa no seu corpo de uma domesticação do gozo. O sujeito tenta aprisionar, domesticar, capturar o indomável do desejo humano e do gozo, no outro, por lhe parecer indomável e ameaçador de sua própria integridade e civilidade.

A minha hipótese é de que não podemos pensar nas mulheres negras brasileiras se não incluirmos, no olhar sobre elas, o que cada um que as olha e as reconhece teme não contornar e bordejar em si mesmo de seu erotismo, que é, desde a origem e desde sempre, desregrado.

O estranho como o mais íntimo

Não nos deixemos enganar: o inaceitável não se articula com o ruim, e o aceitável, com o que é bom, da mesma forma que não podemos esgotar a relação do sujeito com o campo pulsional articulando-a somente com o prazer e com a satisfação.

Freud já nos apontara há muito tempo que é preciso ir *Além do princípio do prazer* (Freud, 1920/2014c). Caso se considerassem apenas as leis desse princípio, não teria sido possível explicar os sonhos traumáticos ou a compulsão à repetição; não teria sido possível formular algum sentido a essa repetição cega que nos deixa atônitos ao nos reconhecermos à mercê de algo que não se faz em nome de nossa felicidade e tranquilidade.

A dimensão que Freud (1920/2014c) introduz com o conceito de pulsão de morte é retomada largamente por Lacan, que propõe a necessidade de abandonar o registro dos bens e do Bem para adentrar a dimensão do gozo (Lacan, 1959-1960/1988b), dimensão esta que não é identificável com o princípio do prazer. Ou seja, a dimensão do gozo não se refere àquela dos bens passíveis de serem produzidos ou adquiridos utilitariamente, e também não se explica pelo que se faria em nome de uma suposta bondade, em nome do Bem Supremo, do bem de todos. Segundo ele, com a experiência psicanalítica, o gozo *se colore*, o que aponta para o que nele há de diversas nuances e dimensões (Lacan, 1968-1969/2008) que o afasta da divisão entre o bem e o mal.

Lacan apontará proximidades entre a obra de Kant e de Sade, tanto temporalmente, já que poucos anos separam a publicação de textos fundamentais de um e de outro, como pela lógica do que ambos abordaram. Haveria uma analogia, mostra Lacan (1959–1960/1988b), entre o imperativo categórico de Kant e o imperativo sadeano. Em um caso ou no outro, a insistência em encontrar uma norma rígida que garantiria a satisfação pelo encontro com o objeto faria com que se perdesse a mobilidade das coordenadas de prazer que contornariam o objeto mítico; tanto no imperativo de fazer o Bem, encontrado por Lacan em Kant, como na obrigação de fazer o Mal, recuperada por Lacan em Sade. O objeto mítico, o Outro pré-histórico, aquele que supostamente teria proporcionado ao sujeito uma satisfação plena, seria desde sempre perdido, possibilitando que o encontremos apenas enquanto saudades, por meio de seus reachados, desde que mantenhamos uma distância. Ao forçarmos o acesso a ele, o que encontramos é a dor, a dor de si mesmo ou a dor dos outros, diz-nos Lacan. O desejo se sustentaria na suspensão desse gozo proibido no seu acesso fundamental, não havendo regra ética que faria mediação entre o prazer do sujeito e uma regra geral, ou seja, essa relação se configuraria como uma posição inteiramente enigmática do sujeito (Lacan, 1959-1960/1988b; 1961-1962/2003a).

Essas formulações permitem adentrar no que é mais íntimo e familiar ao sujeito, e também no que lhe é mais estrangeiro, no que lhe é íntimo e exterior, a ponto de Freud ter chamado de o *estranho familiar* (Freud, 1919/2014b), e Lacan ter chamado de *extimidade* (Lacan, 1959-1960/1988b; 1968-1969/2008). O termo êxtimo tenta conjugar, segundo Lacan, o íntimo com a exterioridade radical: ao mesmo tempo que estaria no âmago do seu eu, estaria excluído dele (Lacan, 1968-1969/2008).

É assim que vamos nos aproximando da ideia de um *estrangeiro* dentro do próprio sujeito, retomando o que Freud nos apresentara do sinistro, do estranho, do inquietante (Freud, 1919/2014b). A investigação realizada por Freud, de diversas situações em que se pode perceber o *estranho*, seja por meio da literatura, seja em situações cotidianas (na repetição não intencional, na relação com a morte ou diante da loucura, por exemplo), vai permitindo que ele perceba e aponte-nos que há, nessa sensação de inquietação e estranheza, uma relação muito estreita entre o que seria alheio ao sujeito e o que foi seu antigo conhecido.

A palavra *unheimlich* (assustador) seria, em princípio, o oposto de *heimlich* (doméstico, familiar), na língua alemã. *Das Unheimliche* (o estranho) remeteria a algo que é assustador, ao mesmo tempo que bastante familiar, velho conhecido, sendo o processo de recalque o responsável por essa aproximação, o que ficaria expresso pelo sufixo *un* presente nessa palavra.

O estranho familiar é lembrado por Neusa Souza na sua relação com o estrangeiro, em um texto que alia o rigor teórico a uma escrita extremamente poética. Ao falar do *estrangeiro* que desde sempre vive em nossa casa, aponta:

> *sendo o mais opaco, o mais escondido, é ao mesmo tempo, o mais estranho e o mais interior . . . por estar tão em nós, tão escondido em nós, se perde aí – tal qual um bem precioso que, de tão bem guardado se perde. (Souza, 1998, p. 156)*

Na esteira de Freud, ela aponta que o *estrangeiro*, para a psicanálise, é o *eu*, desde que se entenda este *eu* não como no senso comum - unitário e coerente –, mas o *eu*, dividido e discordante e que não é idêntico a si mesmo. "Divisão, e não síntese; outro, e não o mesmo, é assim que a psicanálise pensa o eu, esse estrangeiro, esse outro que somos nós" (Souza, 1998, p. 155).

Esse estrangeiro em nós é de uma heterogeneidade radical; trata-se do real[43] no simbólico, o núcleo duro do real, como marca a autora: "No centro do dizer habita o que não se pode dizer, no universo feito de palavras há um mundo onde palavra alguma jamais pisou" (Souza, 1998, p. 157).[44]

---

43 Aqui, a autora se refere ao registro do real de Lacan, não ao real da realidade: o registro do real se caracteriza exatamente por aquilo que escapa à simbolização e é vivido pelo sujeito como uma realidade nua e crua.

44 Não pude deixar de lembrar, ao ler a sua afirmação de que "a experiência de estranheza às vezes se veste com o sentimento de fastio do mundo" (Souza, 1998, p. 162), de sua morte prematura, por meio do seu ato suicida, dez anos depois da escrita deste texto.

A autora lembra que existem algumas formas, figuras do estranho, entre elas o estranho como feminino, aquilo que escapa à norma: "O feminino pensado como diferença, alteridade – o feminino como Outro. *Outro sexo*, outro modo de gozo, outra raça, outro país, outra língua. O feminino é o Outro que se opõe ao mesmo, resiste ao um da norma" (Souza, 1998, p. 159).

A norma à qual Neusa Souza se refere inclui não só o masculino e o fálico, mas o adulto e o europeu. O que isso contribui para nosso tema?

A *mulher negra* poderia encarnar a estrangeira por ser *mulher*: o estrangeiro sendo aqui articulado ao feminino e a norma, ao masculino e fálico. Como veremos adiante, esse feminino não se refere ao corpo anatômico, uma vez que não é exclusividade *delas* e não é impedido a *eles*.

A *mulher negra* pode encarnar a estrangeira, ainda mais por ser *negra*, estrangeira em relação aos brancos, na medida em que a norma, apontada por Neusa Souza de maneira um tanto genérica, mas reconhecível, seria constituída pelo europeu. Diria que aqui o negro é o estrangeiro do branco!

Com isso, considero possível afirmar que a *mulher negra* representaria uma das figuras do estrangeiro, tanto para os homens – brancos e negros – como para as próprias mulheres brancas. De tal modo que, no tocante ao *estrangeiro*, ela se tornaria reincidente: *mulher* e *negra*. A tal ponto que não considero um simples acaso a coincidência dessa face duplamente estrangeira que a mulher negra representa, com a dupla discriminação já apontada anteriormente.

Contribuições da psicanálise a respeito do racismo

O racismo passa a ser compreendido, então, como uma modalidade de domínio do sujeito diante da angústia que sente, *nele*, frente ao que lhe é estranhamente familiar da presença do outro, do estrangeiro, da outra raça, do outro sexo, do outro da norma, conforme Octavio Souza (1994).

Sendo assim, o racismo não pode ser entendido como uma anulação ou rejeição do outro, pura e simplesmente (O. Souza, 1994). "Embora absurdo, há no racismo o projeto de se tornar outro pelo igualamento da própria diferença que se pretende anular. O racismo revela-se, assim, uma atitude manifesta de repúdio, vinculada a um fascínio latente" (O. Souza, 1994, p. 140).

É nesse sentido que Caterina Koltai aponta o quanto o estrangeiro provoca amor, ódio, temor, "amódio". Na vertente do horror que provoca em nós, podemos falar em racismo, e na vertente do fascínio, falamos em exotismo (Koltai, 2000, 2008; O. Souza, 1994).

Mas o que é que provoca horror, o que é esse insuportável *em nós-no outro*? Fanon nos disse que o insuportável representado pelo negro seria o sexo, o perigo biológico e sexual, como já afirmei. Neusa Souza, lendo Freud e Lacan, diz-nos que o que nos é insuportável é *outro modo de gozo, Outro sexo*. Como entender essa passagem?

A leitura de Octavio Souza de "O inquietante", de Freud (1919/2014b), mostra passo a passo essa articulação. A sensação de estranheza viria da reatualização de complexos infantis recalcados ou de crenças animistas superadas, daí sua face tão familiar. Ou, de forma simplificada, seria possível dizer que os complexos infantis seriam referidos ao complexo de castração, e as crenças animistas, à onipotência do pensamento (O. Souza, 1994). Em um passo a mais, Octavio Souza mostra que a onipotência do pensamento observada nas crianças é vivida de modo transitivo, ou seja, a onipotência do sujeito podendo ser a onipotência do outro, de tal forma que "complexo de castração e crença na onipotência do pensamento podem ser entendidos, paradoxalmente, como efeitos da suposição da *não castração* do Outro" (O. Souza, 1994, pp. 131-132).

A angústia diante do estranho seria provocada pela ameaça do desejo de um Outro concebido como não castrado (O. Souza, 1994). "Esse Outro estrangeiro personifica um gozo que não possuímos: por isso não há como suportá-lo" (Koltai, 2000, p. 118). O sujeito estaria convencido de que o gozo existe, e que se ele não goza é porque há quem esteja monopolizando esse gozo: haveria um ladrão de gozo que, por gozar demais, deixaria o sujeito gozando de menos (Koltai, 2000, 2008).[45] Esse intruso causaria mal-estar pela relação que mantém com o trabalho, com o lazer e, principalmente, com a sexualidade. "Sua sexualidade é sempre considerada excessiva e ameaçadora, 'basta ver a quantidade de filhos que põem no mundo, onerando os cofres públicos'" (Koltai, 2008, p. 5).

Para a psicanálise, o racismo seria, então, uma forma de extirpar do Outro o seu modo de gozo e lhe impor o nosso (Souza, 1998; Quinet, 2001; Koltai, 2000; O. Souza, 1994; Derezensky, 2008).

Tal afirmação se ancora na fala de Lacan em seu texto "Televisão": "Deixar esse Outro entregue a seu modo de gozo, eis o que só seria possível não lhe impondo o nosso, não o tomando por subdesenvolvido" (Lacan, 1973/2003d, p. 533).

---

45 Os exemplos de Caterina Koltai (2000) são particularmente didáticos a respeito do estrangeiro: "No que diz respeito ao trabalho, 'parece que não conhecem a justa medida, ou trabalham demais, verdadeiras bestas de trabalho, sempre prontos a roubar o emprego dos filhos da casa', ou 'trabalham de menos, verdadeiros bichos-preguiça que se divertem e descansam, enquanto outros trabalham por eles'. Quanto ao lazer, 'ousam comemorar outros feriados que não aqueles que constam do calendário', e ainda por cima 'de maneira estranha e exuberante'" (Koltai, 2008, p.5).

Assim, para além de uma agressividade imaginária dirigida ao semelhante, o racismo envolve aquilo que toca também ao que resiste à simbolização e à imaginarização: no racismo o que se odeia é a maneira particular que se atribui ao gozo do Outro, pois que traz uma confrontação de modos de gozar incompatíveis para o sujeito (Derezensky, 2008).

É preciso salientar que o racismo exige um discurso social que nomeie o estrangeiro a ser odiado, autorizando a reação agressiva e violenta do sujeito diante dele (Koltai, 2008). O sujeito encontra na cultura as modalidades disponíveis para sua confrontação com esse modo de gozo do Outro que lhe são insuportáveis, seja por meio do exotismo, pela admiração, seja por meio do racismo, pelo ódio.

Por se originarem de um solo comum, há uma reversão possível entre essas duas estratégias, racismo e exotismo (O. Souza, 1994). Não teria sido essa reversão que Lélia Gonzalez teria apontado ao trazer a *mulata* e a *doméstica* como duas faces de uma mesma mulher?

Afirmar que tanto o exotismo como o racismo são estratégias em que o sujeito tenta dominar o estranho que o estrangeiro representa faz lembrar que o fascínio não está tão distante das atitudes racistas e de discriminação, como aparentemente se apresentam. Também esse ponto *Selma* soube apontar.

É na terceira cena relatada por *Selma* como resposta a minha indagação de situações em que teria se sentido discriminada que ela sublinha e enfatiza, ainda mais, o que poderia haver de fascínio no que aparece relacionado ao racismo. Aponta também, porém, como é possível encontrar outras saídas.

A calma de olhar

> *Teve uma vez no ônibus que uma mulher ficou me olhando. Ela me olhava, me olhava e eu não estava entendendo. Aí ela disse "você é negra, mas tem uns traços de branca... o nariz, o rosto... e eu, sou branca, mas tenho traços de negra". Eu disse "É que meu avô era italiano, por isso sou assim". Mas... não era de preconceito que ela falou, era de que ela estranhou. (Selma, 2013)*

Selma percebe o olhar fascinado dessa outra mulher, e aponta a proximidade entre este olhar e o olhar que entende como preconceituoso. Tanto assim que lembra dessa cena como um terceiro exemplo de situações de discriminação que teria vivido para, mais adiante, reformular essa afirmação.

A fala dessa mulher sobre o rosto de *Selma* aponta um estranhamento que evidencia um jogo especular e pulsional, em que aquilo que ela pergunta sobre o que lhe seria estranho e familiar no seu próprio rosto, branco, aparece a partir do contato com o rosto, negro, de uma outra mulher.

Que *Selma* primeiro nomeie esse encontro como um exemplo de preconceito, não parece um acaso. O momento de estranhamento e fascínio poderia ter desembocado, de fato, no racismo ou no exotismo. E talvez *Selma* seja bastante precavida quanto a isso, pois é possível que tenha sido assim inúmeras outras vezes com ela. No entanto, *Selma* soube esperar, como também o soube essa outra mulher: *tiveram calma de olhar.*[46]

46 José Moura Gonçalves Filho retira essa frase do depoimento de dona Dilma, uma empregada doméstica, a respeito de seu patrão: "Não conversa com a gente não! Não tem calma de olhar" (Gonçalves Filho, 2007, p. 215),

A fala dessa mulher sobre os traços faciais de *Selma* incluíram os traços do seu próprio rosto; ela soube suportar a angústia que irrompe diante do não sabido, mantendo a tensão do estranhamento e não, como forma de livrar-se dele, tentando empurrar o estranho para o corpo do outro, como se assim ficasse controlado e segregado, em um lugar bem longe de si.

Tanto assim que ao dizer "*você é negra, mas tem uns traços de branca... e eu, sou branca, mas tenho traços de negra*", essa mulher faz uma torção entre o que é de uma e da outra, a tal ponto que o heterogêneo fica explicitado como algo que nasce do encontro, aquilo que não está delimitado em uma ou na outra, mas em uma se deparando com a outra, disso podendo advir a surpresa.

Ambas tiveram a *calma de olhar*. Sem essa *calma*, só é possível apreender os tipos e caricaturas, como diz José Moura Gonçalves Filho (2008). Como as pessoas são repletas de enigmas, é preciso não se apressar. A pressa fica evidente quando se trata de uma relação de dominação, que abrevia e congela justamente a experiência de estranhamento.

É por isso que essa *terceira cena*, embora traga também o estranho presente no encontro de uma mulher branca com uma mulher negra, é completamente diferente das duas anteriores, pois não há nela a degradação do estranhamento em desprezo e dominação. Na *primeira cena*, o encontro se transforma em tentativa de dominação e congelamento de *Selma* no lugar de serviçal: não há pergunta sobre ela; ela só poderia estar servindo a uma outra família. Se mais rica ou mais branca, não sabemos, mas com certeza mais poderosa. Ela estaria lá, com aquela criança, a serviço de outrem, os patrões. Na *segunda cena*, *Selma* sabe que o que escutou se refere

---

apontando o quanto a visão daquele que enxerga o outro como subalterno *não tem calma de olhar*.

ao insuportável de quem o disse: os alunos brincando explicitariam a dificuldade motora da filha de sua interlocutora; mas não houve *calma* diante desse estranhamento. Essa fala foi escutada por *Selma* como racista e violenta: os meninos negros teriam roubado a mobilidade da filha cadeirante; assim seriam, como todos os negros, uns animais, uns macaquinhos.

Essa *terceira cena*, no entanto, traz uma situação completamente diversa diante do estrangeiro: ninguém rouba ninguém, cada um tem algo estranho dentro de si, que reconhece em si e no outro. Diferentemente da relação de servidão, como lembra José Moura, a relação com pessoas inclui o enigma e a surpresa e, por isso, exige um tempo, os espaços entre as palavras, os respiros presentes na fala dessa mulher, que *Selma* reproduz: "você é negra, mas tem uns traços de branca... o nariz, o rosto... e eu, sou branca". O estranhamento se mantém, a tensão vira um convite à fala, convite para que *Selma* se apresente, diga algo sobre si, de onde vem, com quem se parece: "É que meu avô era italiano, por isso sou assim".

De maneira que, no final do relato, *Selma* também escuta sua própria fala, retoma o que antes atribuíra o nome de racismo e discriminação, para chamá-lo de outra forma: "Mas... não era de preconceito que ela falou, era de que ela estranhou".

Como diz Neusa Souza (1998), se cada um pudesse acolher o efêmero e abraçar o nômade, o passageiro da diferença, o estranho se conjugaria como alegria do novo e afirmação do múltiplo.

5. Sofia e o tornar-se uma mulher negra

Conforme visto no capítulo anterior, ainda escutamos os ecos e vivemos sob a herança de um contraponto entre a escrava amásia, valorizada sexualmente à custa de um processo de coisificação, cujo corpo aparecia ao senhor como se fosse livre de entraves sexuais; e a mulher dita "de respeito", esposa do senhor de escravos, valorizada socialmente à custa de um corpo assexuado, a encarnação da santa-mãezinha.

A angústia decorrente do encontro com uma depositária desse corpo sexual, representante desse suposto gozo ilimitado e sem amarras, poderia ser uma das causas para, ainda hoje e com bastante frequência, tantos e tantas buscarem colocar a mulher negra em uma posição exclusivamente materna, conforme eu havia escutado das educadoras na escola.

Lembremo-nos de que a pergunta que pude formular a partir do que escutei de um grupo de estudantes com o qual trabalhava era: por que os adolescentes daquela escola precisavam defender tanto a honra de suas mães, e o tempo todo? Por que essas mulheres, que eram constantemente defendidas pelos seus filhos como *não putas*, eram convocadas tão frequentemente, na escola, como *só mães*? E, ao menor sinal de que elas não se contentavam em ser *só mães*, o nome que circulava tão facilmente sobre elas era a *puta*, a mulher devassa, a mulher sem qualidades.

O que fica obturado nessa passagem tão rápida da mãe à puta é o significante *mulher*, impossível de pronunciar. Por que esse espaço entre a mãe e a mulher seria tão estreitado, tão difícil de ser preservado para essas mulheres, mães, negras e pobres? Essa é uma questão que exige ser abordada e contornada aos poucos.

Mãe é tudo igual, mas depende do endereço

O significante *mãe* não é um significante qualquer. Atrai como um ímã: sua força faz com que, em determinados momentos, consiga congregar em torno de si mulheres nas situações de vida mais díspares, em momentos históricos bastante distantes. A historiadora Mary Del Priore (2009) chega a afirmar que, se não se pode crer ingenuamente em uma solidariedade de gênero, acima das diferenças de raça, de credo e de segmento econômico, haveria situações em que tal solidariedade ocorreria, sendo a maternidade um desses raros momentos.

Difícil esgotar os motivos que acabam por reunir sob um único nome modos de se relacionar tão diversos, em uma identificação capaz de suspender tantas outras diferenças. Ao menos por alguns instantes, *mãe é tudo igual.*

Destaco dois aspectos que, segundo acredito, contribuem para a força dessa nomeação, *mãe*, que viria como uma cola identificatória tão forte que faria crer tratar-se de uma identidade.

O primeiro aspecto seria aquele sob a perspectiva do novo ser que é fundado no campo do desejo humano a partir dessa função materna, como já foi abordado no capítulo passado; trata-se da função que fundaria o erotismo no sujeito recém-chegado ao nosso mundo. Uma importância que beira, para esse pequenino ser, algo de inominável. A mãe seria aquela que saberia quem é e o que necessita esse serzinho, e aquela com quem ele teria experimentado uma relação de satisfação tão plena que só poderia ser novamente alcançada enquanto saudade: a mãe como esse objeto mítico; a mãe que escolheria atender ou não ao chamado do filho, fazendo-o sentir prazer ou desprazer, de um modo que ela parece, aos olhos dele, a tal ponto poderosa e arbitrária que se faz necessário alguém intervir para que ele possa sentir-se menos submetido a seus caprichos. A castração à qual a psicanálise se refere seria justamente a entrada de algo a barrar esse desejo e esse poder da mãe. Ainda que com toda a passagem do sujeito ao momento adolescente e à vida adulta, com a possibilidade de sair desse lugar de objeto do desejo da mãe para construir sua posição desejante, pode-se supor que algo desse lugar, vivido tão primariamente, continue ecoando e reverberando: a mãe como objeto primordial.

No entanto, haveria outro aspecto, relativo à força identificatória dessa nomeação *mãe*: esse nome poderia ser utilizado para omitir um outro, a *mulher*. Esse aspecto poderia aparecer sob duas vertentes: da perspectiva de uma mulher que escolheria se apresentar como sendo *mãe* e, em muitos casos, apresentar-se acima de tudo e somente como *mãe*; ou da perspectiva daqueles que poderiam preferir vê-la assim. Aí me refiro àquela que seria vista nesse papel e que, muitas vezes, escolhe esse nome, *mãe*, como uma forma possível de tentar suportar o que *dela* escapa sempre de uma nomeação. E também me refiro àqueles que, vendo-a, escolhem esse nome, *mãe*, como forma de referirem-se a elas para tentarem suportar o que, *para eles*, escapa daquela nomeação. Ou seja, para além do desejo de ser mãe, podemos pensar que dizer-se *mãe* seria uma nomeação que viria em socorro da ausência de um significante que desse conta do que seria *a mulher*; melhor seria dizer que aí se faria uma equivalência, ainda que bastante questionável, entre *mãe* e *mulher*. Ao se tomar uma pela outra, a primeira, a palavra *mãe*, responde o que a outra, *mulher*, não tem como responder.

Há uma injunção a uma certa concepção de maternidade, como veremos, um imperativo muitas vezes inalcançável. Trata-se de um lugar ao qual se atribui, no discurso social, muitas obrigações, e que se baseia em toda uma concepção do que seria exercer essa função, lugar de muito poder e, por conta disso, de uma cobrança quase sem fronteiras: como é que essas entrevistadas respondem a isso? É o que discorrerei no início deste capítulo: o enganche desse lugar tão fundante e fundamental, sempre visado, o *ser mãe*, mas levando em conta os seus endereços.

> *Quando as pessoas perguntam quantos filhos eu tenho, dizem "Nossa! Nove filhos!". Eu já vou logo cortando: "mas sabe por quê?" (Sofia, 2013)*

Sofia me faz testemunha de um discurso que paira sobre ela e a assombra: ao falar de quantos filhos tem, o que aparece é o puro espanto do outro, *Nossa!*, que vem substituir uma pergunta que poderia ter sido feita diante desse estranhamento. *Sofia* também me mostra que, diante da surpresa do outro, ela mesma se encarrega de pronunciar, *no lugar do outro*, a pergunta que este deixou de lhe fazer: "*mas sabe por quê?*".

O outro não sabe ainda o porquê – afinal, ela não o disse –, mas também não lhe indaga. *Sofia* se antecipa, possivelmente porque acredita que o outro, por iniciativa própria, não lhe perguntaria. Não parece ser uma cisma sua, como já foi afirmado em "Sandra: sobre a invisibilização das mulheres negras brasileiras" e em "Selma: sobre a servidão, o racismo e o sexismo", há encontros que se estabelecem marcados por uma relação de dominação e superexposição, em que o sujeito é visto como se já fosse conhecido, dispensando as perguntas para que possa se apresentar. Ao não perguntar, deixa o interlocutor de saber que *Sofia* desde pequena queria uma casa com muita gente, para *dar continuidade a uma família que é bonita*: as marcas da casa da sua avó, onde os tios e primas circulavam, não podem ser, de modo algum, menosprezadas. Além disso, não podemos nos esquecer de que *Sofia* convive com histórias bastante próximas de mães que perderam seus filhos: os filhos que se vão prematuramente da vida não parecem ser uma exceção no seu universo. Tanto pela sua história familiar, de serem inicialmente em quatro irmãos, tendo restado somente ela e mais um, quanto pelas assustadoras cifras de adolescentes negros e pobres assassinados ou encarcerados.

> *Quem tem um filho, não tem nenhum. As colegas falam "fez bem". Porque uma, o filho morreu, outra, o filho foi embora, ficou mais sozinha. (Sofia, 2013)*

Mas não parece ser só espanto o que *Sofia* escuta por meio da fala do outro sobre seus tantos filhos; tanto assim que, pouco depois, reafirma que, para ela, ter esses filhos é algo de valor. Possivelmente ela escuta também algo de crítica, ou talvez um certo pesar, o que nos faz perguntar: será que esse comentário "*Nossa! Nove filhos!*" se faria do mesmo modo e no mesmo tom a uma moradora de Higienópolis[1] que, por razões religiosas, resolvesse ter vários filhos?

---

1 Higienópolis é conhecido como um bairro nobre de São Paulo, com moradias de alto padrão, e em que há uma grande concentração de moradores judeus ortodoxos vivendo sob os preceitos religiosos em relação ao casamento e ao sexo, com famílias bastante numerosas se comparadas à média de filhos das famílias brasileiras.

Ao escutar a maneira como se sentem olhadas, cobradas, responsabilizadas como mães, essas mães que são também negras e pobres, é impossível não questionar: será mesmo que *mãe é tudo igual, só muda o endereço*?

Mudando o *endereço*, muda também o lugar em que se está inscrito no discurso social e, com isso, mudam tanto o modo como se é visto e convocado nessa posição materna quanto a concepção sobre maternidade, própria ao seu grupo de pertença.

> *Mal não faz, se fizesse as outras mulheres da família não tinham tido tantos [filhos]. Todas as tias do lado do meu pai têm vários. Só uma teve seis e uma, quatro, o resto nove, oito, sete. (Sofia, 2013)*

Ao retomar a história de suas tias, *Sofia* recupera o valor de uma família numerosa, marcando uma distinção entre o valor dentro do seu grupo íntimo e familiar e o desvalor que isso pode ter no discurso comum. Vale lembrar que a concepção hegemônica do discurso social não recobre a totalidade do Outro, entendido no sentido da dimensão simbólica que referencia o sujeito (Rosa, 2015). Trata-se de uma distinção fundamental, pois "o discurso social e político, carregado de interesses e visando manter ou expandir seu poder, mascara-se de discurso do Outro (campo da linguagem) para enredar o sujeito em suas malhas" (Rosa, 2015, p. 8).

> *Nossa! São todos de um pai só? (Sofia, 2014)*

É a pergunta que *Sofia* diz ser dirigida a ela; na sequência, mostra na sua resposta o que acredita que o outro pensa sobre ela quando a interpela assim:

> *Não, mas não é um de cada pai, você acha que tive nove homens e de cada um tive um filho? Com meu primeiro marido tive quatro filhos. Outro, fiquei quinze anos, tive três. Com esse último fiquei três anos, tive dois. Os outros, foi relacionamento rápido, falo marido porque dormia em casa. (Sofia, 2014)*

A fala de *Sofia*, se incluída em uma trama discursiva que inscreve as mulheres pobres de maneira geral, apontaria que as dinâmicas familiares "alternativas" que foram combatidas desde o processo colonial brasileiro ainda perduram de algum modo, como um desvio e algo problemático, uma vez que escapariam à família nuclear conjugal como norma hegemônica, adotada por décadas pelas camadas abastadas. Como já foi dito, o estereótipo da santa-mãezinha dedicada e assexuada se construiu no imaginário brasileiro no período colonial e não nos abandonou mais (Del Priore, 2000, 2009).

Os novos parâmetros da "família pós-moderna", que incluem as "produções independentes", os "recasamentos" e "famílias de escolhas" não parecem ser valores e conquistas dos quais usufruiriam de maneira homogênea todos os grupos sociais. Foi o que *Sofia* me fez escutar: pela sua fala, ela não sente que estaria sendo vista ou incluída nesses novos parâmetros, e isso não parece ser uma sensação que devamos atribuir somente a ela como uma exceção ou como algo individual. A antropóloga urbana Claudia Fonseca (2002a) aponta que mesmo os pesquisadores parecem aceitar facilmente esses novos parâmetros da "família pós-moderna" quando referidos a famílias da classe média ou média alta, mas o mesmo não se daria em relação às famílias mais pobres, em que perdurariam os rótulos mais antigos, contendo, na maior parte dos casos, conotações pejorativas: "mães solteiras", "famílias desestruturadas", "filhos abandonados".

Não é pouca coisa pensar que a família nuclear, sendo vista como norma, acaba por lançar outros arranjos familiares em um lugar desqualificado e de desvalor quando se trata de grupos familiares que não os das classes dominantes. Não parece curioso que, diante da fala de *Sofia* sobre seus tantos filhos, a primeira suspeita seria de que fosse algo ruim, um deslize ou algo não desejado? Ao dizer que suas tias têm também vários filhos e fazê-lo como argumentação de não ser isso um mal em si, me faz pensar que, estranhamente, *Sofia* não se sente vista como alguém que reafirmaria ao outro, a cada nova gravidez, o seu desejo de ser mãe; mas, ao contrário, a presença de cada filho só aumentaria a desconfiança sobre ela, desqualificando esse desejo ainda mais. Quando perguntada sobre o que acreditava que haveria por trás da pergunta sobre seus filhos, *Sofia* é bastante explícita:

> *Se teve nove filhos... será que foi mulher de programa, será que deu para qualquer um? (Sofia, 2014)*

O que está em jogo, portanto, não é tão somente a condição materna, mas uma certa maneira de ser mãe, aliada, ao que parece, à manutenção de um ideal de casal, de paternidade, de presença paterna e de família.

O valor e a legitimidade de determinadas dinâmicas, não estando no discurso social dominante, podem, no entanto, ser encontrados em alguns setores (Fonseca, 2002a), e parece ser algo dessa legitimização que *Sofia* recupera ao citar as mulheres de sua família paterna. Trata-se de restituir um campo de significantes, referidos ao campo do Outro em que possa circular, localizar-se e estabelecer laços, dando valor e sentido à sua experiência (Rosa, 2015).

Um exemplo bastante evidente dessa busca de legitimação à revelia do discurso dominante é a ideia de que *mãe não é uma só*.

Claudia Fonseca (2001, 2002a) mostra o quão comum é a circulação de crianças em bairros populares e a nomeação de mãe para mais de uma pessoa, o que considera um exemplo desse suposto "desvio" do discurso hegemônico, ainda que legitimado nesse campo simbólico. A circulação de crianças entre uma casa e outra não é, de modo algum, algo excepcional. Trata-se de uma prática bastante comum em grupos populares, derivada tanto da importância da família extensa quanto da necessidade de encontrar estratégias coletivas para a sobrevivência da criança: o cuidado das crianças caberia à mãe, mas essa nem sempre seria a mãe biológica, incluindo-se aí avós, mães de criação, vizinhas, tias. A autora aponta o quanto seria errôneo supor que, pela facilidade com que muitas crianças são colocadas em outros lugares, elas não seriam suficientemente queridas, sendo o deslocamento de crianças motivado não só por situações de crise, mas também, muitas vezes, plenamente voluntário (Fonseca, 2002a).

Vale notar que ter de se encarregar pessoalmente de encontrar soluções para a maternidade foi consequência da ausência de investimentos em sistemas protecionistas públicos que permitissem uma verdadeira *maternidade social*, como já foi abordado no capítulo anterior. A própria disponibilidade de creches no Brasil só foi instituída como programa oficial nos anos 1970, sendo que, ainda hoje, são insuficientes.

> *Tinha uma tia que cuidou de mim, que cuidava do Pedro[2] pra eu fazer as coisas, foi uma segunda mãe. (Sofia, 2013)*

Que seus filhos tenham tido mais de uma mãe, ou que elas tenham tido ajuda dentro de sua comunidade, não modifica, em

2 Nome fictício de um de seus filhos.

nada, um enunciado que ouvi insistentemente de diversas entrevistadas de que se sentem *grandes mulheres* por terem sido capazes de criar seus filhos sozinhas, *sem a ajuda de ninguém*. A falta de amparo e ajuda do Estado, nesses casos, não é mencionada nem questionada, como se cada uma tivesse de encontrar um meio individual, ou na sua comunidade, de dar conta dessa função, sob o risco de ser acusada e ter questionada sua capacidade, sua condição, seu direito e sua decisão de ser mãe.

Além de alívio ou orgulho por estarem conseguindo sustentar e criar seus filhos em situações tão adversas e de afirmarem sua condição como mães, poderia parecer, a princípio, que, no que se refere à presença dos pais dos seus filhos, tratavam a contribuição deles como um mero suplemento.

> *Quatro filhos que ele tem comigo, ganhava R$ 1000,00 dava R$ 100,00. . . . Desempregado, de R$ 100,00 passou para R$ 40,00, R$ 10,00 para cada um. Ele vinha "tó, vim trazer o dinheiro pros meus filhos". No mínimo tinha que ser metade do dinheiro dele. Eu disse, "sou muito mulher para dar muito mais pros meus filhos", o juiz entendeu que eu estava nervosa. (Sofia, 2014)*

O que, em um primeiro momento, parecia sugerir quase um desprezo pela contribuição financeira paterna e pela participação desse pai, afirmando ela ser tão poderosa e tão autônoma, foi revelando para mim, em um segundo tempo, uma outra vertente.

O pagamento da pensão, sabidamente por *Sofia*, como por várias delas, seria uma obrigação desses pais, mas ao ser exigido por meio da lei e do juiz, parecia tornar-se um reconhecimento compulsório, perdendo, com isso, todo o valor.

> *Se ele achar que deve dar algo para eles, se quiser dar carinho, se quiser levar na loja... mas não vou pedir pensão. Ele vai no fórum mentindo, dizendo que foi mandado embora. (Sofia, 2014)*

> *Sou dócil, amorosa, não gosto de ser contrariada, não vivo muito tempo com um homem. Não passa de nove anos. Não tenho paciência, não quero ninguém mandando mais . . . Não gosto de fazer muita coisa pra homem não, passar camisa . . . Gosto de liberdade, não gosto do "não vai, por isso", "não vai, por aquilo". (Sofia, 2014)*

As ajudas de avó, vizinhos, comadres são bem-vindas, pois parecem não interferir ou trazer uma suposta perda de *liberdade* ou de *independência*, nem macular a sensação de não se sentir mandada ou dominada por ninguém. Se estou marcando essa questão é menos para concluir o que estaria incluído aí da complexidade dos aspectos subjetivos envolvidos na relação dessas mulheres com seus filhos, e mais para colocar um sinal de alerta ante possíveis simplificações psicanalíticas que poderiam deduzir desse orgulho por terem criado os filhos sozinhas, uma recusa dessas mulheres em relação a uma entrada paterna. Não querer ser dominada ou depender de alguém, quando as marcas dessa dominação passaram efetivamente por um controle de seus desejos e de seu corpo na história de suas antepassadas ou nas suas próprias histórias, pode significar muito mais a afirmação de uma posição desejante e vital do que a recusa de se render à castração. Cabe a nós, os psicanalistas, também não nos precipitarmos e não olharmos essas mulheres com desconfiança quando afirmam, orgulhosamente, que foram capazes de criar seus filhos.

Essa desconfiança não vem de hoje. No início do século passado, ainda que muitas vezes fosse a mulher pobre quem levava o sustento principal da casa, o trabalho dela continuava sendo visto como mero suplemento à renda masculina. Em vez de ser admirada por ser "trabalhadora", tinha de defender sua reputação, e facilmente era acusada de "mãe relapsa". A mulher pobre vivia cercada de uma moralidade oficial completamente descolada de seu cotidiano: segundo a norma, caberia ao homem assegurar o sustento, e a ela caberia ocupar-se dos afazeres domésticos. Na impossibilidade de cumprir esses valores, buscando escapar à miséria por meio do seu trabalho, corriam o risco de ser chamadas de "mulheres públicas", conforme lembra Claudia Fonseca (2002b).

Pesquisas dessa autora sobre as mulheres pobres da década de 1920 no nosso país apontam a necessidade de existir um homem em casa, como forma de "botar respeito", e não serem vistas como meretrizes ou "sem moral".

Analisando processos de apreensão de menores, entre 1901 e 1926, a autora aponta como as práticas toleradas no dia a dia adquiriam um caráter de exceção à regra quando eram apresentadas ao juiz. A "moralidade oficial" agia como uma arma de reserva para que certas categorias - burgueses e/ou homens - estigmatizassem outras - pobres e/ou mulheres - no momento de um conflito. "Admira-se, hoje, como esses fofoqueiros do senso comum mantinham a ficção de normalidade, como conseguiam acreditar e convencer os outros de que cada nova transgressão à moral familiar apresentada na justiça era um desvio pontual" (Fonseca, 2007, p. 526).

O que poderia ser considerado "falta de moral feminina" seria tão amplo que se tornaria uma arma potencial dirigida a quase qualquer mulher adulta, tanto assim que diversos homens rotulavam suas ex-companheiras de "prostitutas" somente pelo fato de terem se juntado a um novo companheiro. "Qualquer mulher que não correspondia à norma ideal era uma 'rameira' em potencial" (Fonseca, 2007, p. 532).

É bastante curioso, no entanto, escutando as mulheres negras e que vivem sob condições sociais precarizadas, o quanto algumas marcas desse passado tão longínquo permanecem até hoje no imaginário social sobre elas. É o que *Neide*, uma das mulheres que pude entrevistar, explicita:

> *Mulher que mora sozinha, mais cobiçada. Acham que é uma qualquer, não respeitam, qualquer um quer chegar, dar uma mexida. Quando uma mulher mora com homem é mais respeitada . . . Às vezes, a mulher tem um homem que mora com ela mas não serve, é só pra dizer que tem um homem, dos outros homens não ficarem mexendo. . . . Às vezes vejo – "Olha a fulana!" – "Não fala isso, cuidado o fulano! Ela tem marido! Ela tem homem!" (Neide, 2013)*

A presença de um homem como quase indispensável para "botar respeito" na casa, isto é, tanto como estratégia de proteção diante da omissão ou insuficiência da polícia quanto para atestar a integridade moral das mulheres (Fonseca, 2007), também é algo que, vindo desde muitas décadas, permanece no discurso de *Neide*.

É preciso salientar que não estou, com isso, negando as conquistas sociais das mulheres ou o aumento de sua participação em setores fundamentais, nem desconsiderando o processo histórico, mas insistindo que é preciso ter cautela para não tomar os novos parâmetros da família "pós-moderna" como algo de que se pode usufruir como conquistas de todos. O que se compreende como novos parâmetros para as classes abastadas nem sempre é assim compreendido para as configurações das famílias mais pobres.

A descrição da vida da mulher pobre em relação ao seu trabalho e à sua trajetória familiar nos anos 1920, conforme foi afirmado, parece desembocar sempre na ameaça da "mulher decaída"; qualquer deslize jogava a mulher no campo dos "sem moral", espaço onde se construía, no dia a dia, uma moralidade alternativa (Fonseca, 2007).

Não seria também algo dessa transmissão a ameaça constante de ser reconhecida como "mulher rameira", "mulher decaída", "mulher da vida", "mulher da rua", o que tanto escutei na escola em que iniciei esta pesquisa?

De *Sofia*, ouvi, diretamente, as duas pontas deste relato: tanto por meio do próprio filho como dela mesma. Inicialmente, ouvi de seu filho a defesa violenta diante da simples menção do nome de sua mãe, sob o argumento de que a estavam chamando de puta no grupo de adolescentes que coordenava. Mas, depois, fui ouvi-la e, de alguma forma, ela também me contou que se sentia acusada e olhada como puta, ainda que de uma maneira subentendida nas perguntas ou no espanto dos outros.

Sofia marca que sua vida tem muitos outros atrativos, que não se esgotam na presença dos filhos; não esconde seus interesses pelos homens com quem namorou ou casou, apontando um lugar para onde seu desejo se voltaria para além de ser mãe. No entanto, a ausência de uma relação estável e conjugal e a presença de encontros amorosos fora dessa lógica trariam imediatamente o entendimento de que a *mulher independente* seria a *mulher da vida*. Tanto assim que, como já disse, ao indagar *Sofia* sobre qual o sentido que ela supunha na pergunta se todos os seus filhos teriam um pai só, responde imediatamente:

> *Preconceito. "Se teve nove filhos... será que foi mulher de programa, será que deu para qualquer um?" (Sofia, 2014)*

O que *Sofia* explicita é que não se trata de um mesmo cálculo; o número de maridos ou relacionamentos amorosos que possa ter tido não tem correspondência exata com o número de filhos que ela tem. Acaso precisaria ter?

> *Tive sete maridos, só tive filho com três, o resto foi uma convivência, mas tinha isso de ir dormir na casa do outro. (Sofia, 2013)*

O que fica evidente na sua fala é que ela faz uma disjunção entre ser mãe e ser mulher, mas aparece também que ela sente um estranhamento e uma desqualificação que acompanham de forma mais ou menos explícita essa disjunção.

Não foi a primeira vez que *Sofia* me falou sobre essa frase que a ronda. Ao ser vista com seu filho mais velho, um pouco mais claro que ela, contou da hipótese, de uma desconhecida, de que esse fosse filho de seu patrão, passando instantaneamente de mãe para mucama ou criada amásia, conforme foi trabalhado no capítulo anterior.

Estou supondo que a ideia da mulher *puta* traria a presença de um desejo que não se moldaria à mulher mãe como mulher casta e assexuada, que poderia aparecer também na figura da amante, da concubina, na paixão ou na aventura amorosa. Por que *Sofia* – como uma mulher cujo gozo não se esgotaria na relação com um parceiro amoroso colocado na figura de pai de seus filhos e que, ao se dizer mãe, não o afirmaria desde a posição de mulher casta – precisaria passar desta posição de uma *mulher independente* para uma *puta* tão rapidamente e de forma tão inexorável no discurso dos outros?

A mãe, a mulher e a puta na psicanálise freudiana e algumas dicas de Lacan

A questão de por que tanto *Sofia* como outras mulheres negras e com uma condição econômica desfavorável da comunidade escolar que pesquisei passariam da nomeação de *mulher* tão rapidamente para a de *puta* envolve uma complexa trama de aspectos sócio-históricos e subjetivos. Abordei alguns deles ao mostrar que a construção de um ideal materno da santa-mãezinha teria ocorrido desde os tempos coloniais, sendo o seu avesso a "mulher da rua", contraponto indispensável, uma vez que uma não existiria sem a outra. Para corresponder ao padrão da mãe como exemplo e da maternidade como tarefa, era preciso que nenhuma aparência sensualizada pudesse confundir a mulher normatizada com a outra, aquela considerada luxuriosa e, porque luxuriosa, tentadora e perigosa (Del Priore, 2009).

Ainda que esse ideal tenha sido modificado e questionado, possibilitando novas configurações familiares, incluindo o erotismo, a sensualidade e o prazer no imaginário sobre o feminino, o que escutei nesta pesquisa foi que essa possibilidade de escapar ao ideário da mãe deserotizada e submissa parece não ter sido uma opção permitida a todas as mulheres de maneira homogênea e democrática. Ou seja, mesmo que se concorde que "a mulher dócil, submissa ou deserotizada não é mais o ideal de nosso tempo" (Alonso, 2008, p. 17), é preciso estar atento, porque as mudanças no nosso imaginário social não obedecem somente às relações de atribuições de gêneros, mas são interseccionadas por outros marcadores, como situação econômica e cor, entre outros. De tal modo que a afirmação de Mary del Priore a respeito do século XVIII no Brasil, de que "o importante era caricaturar as práticas transgressivas e comuns de mulheres de classes subalternas, até transformá-las num excesso – daí o estigma da puta para as mulheres não enquadradas" (Del Priore, 2009, p. 94) toca meus ouvidos, como ventos que sopram do passado e que ainda ressoam quando me refiro às mulheres desta pesquisa.

Levando em conta essas diferenças de inscrição no laço social, torna-se imprescindível avançar no que a psicanálise teria apontado e contribuído na reflexão sobre essa representação da mulher como *mãe* e como *puta* para articular mais alguns elementos que estariam compondo a complexa trama de sentidos em que *Sofia* está inscrita, de tal modo que, no lugar em que gostaria de ser reconhecida como *mulher que gosta de liberdade*, se sente olhada como *mulher de programa*.

Ainda que muito sucintamente, escolhi falar da articulação entre esses lugares – *mulher, mãe* e *puta* – nos textos freudianos a partir de dois prismas: o das mulheres e o dos homens. Em relação às mulheres, passearemos rapidamente sobre as representações de *mãe* e de *prostituta*, acompanhando a proposição freudiana da constituição psíquica, a partir das possíveis respostas encontradas pelas meninas diante das diferenças anatômicas em relação aos meninos. Da perspectiva dos homens, apontarei o quanto essas representações entre a *mãe* e a *prostituta* povoam suas fantasias. Vale adiantar que ambas as perspectivas partem do que seria o feminino como um enigma que ocupou tanto as mulheres como os homens durante séculos, e que as respostas freudianas, como ele mesmo afirmou, seriam limitadas e incompletas, à espera de informações mais profundas e coerentes que poderiam, depois dele, surgir (Freud, 1933/2010i).

A figura da mãe na psicanálise freudiana se configura como uma das saídas para a menina no seu trajeto até tornar-se uma mulher. Melhor dizendo, configura-se como *a* saída para a feminilidade normal. Freud afirmava que o caminho da menina, desde um "homenzinho" até tornar-se uma mulher, implicaria, ao menos em relação a dois pontos, um caminho mais tortuoso do que o do menino. Ela teria de atravessar uma dupla mudança, até alcançar a feminilidade normal: deveria mudar de zona erógena (do clitóris para a vagina) e de objeto (tendo a mãe como primeiro objeto de amor, teria de se dirigir ao pai). Enquanto o menino sairia do Complexo de Édipo a partir da entrada em cena do Complexo de Castração, a menina teria no Complexo de Castração a sua entrada no Complexo de Édipo. O descobrimento da castração para a menina, ou seja, a percepção do pênis do menino como diferença do seu corpo, seria um ponto crucial e a lançaria em um de três caminhos possíveis: um que conduziria à inibição sexual ou à neurose; outro que a levaria a um complexo de masculinidade; e um terceiro seria o que a conduziria à feminilidade normal. Nessa terceira via, o desejo com o qual a menina se orientaria na direção do pai, buscando conseguir dele o pênis que a mãe lhe teria negado, seria substituído pelo desejo de ter um filho dele, o que, no futuro, poderia se transformar no desejo dela de ter um filho com um outro homem. A feminilidade para Freud, portanto, seria essa substituição do desejo impossível de ter um pênis pela realização possível de ter um filho (Freud, 1925/2011c; 1931/2010h; 1933/2010i).

O essencial até aqui a apontar é que Freud não só atribuiu à maternidade a saída normal para a feminilidade, mas também não poupou elogios ao que a relação entre mãe e filho seria capaz de propiciar: "apenas a relação com o filho produz satisfação ilimitada na mãe; é a mais perfeita, mais livre de ambivalência de todas as relações humanas" (Freud, 1933/2010i, p. 291).

Freud não deixa de assinalar o risco de se desconsiderar a força dos costumes sociais no entendimento da feminilidade – ao levar em conta, por exemplo, que as mulheres seriam mais propensas aos fins e atitudes passivos, ele chega a apontar que as limitações que eram impostas às mulheres lhes deixavam uma gama menor de possibilidades de satisfações, tanto sexuais quanto sublimatórias (Freud, 1933/2010i). De qualquer modo, poderíamos considerá-lo como alguém que, mergulhado nas condições de produção da moral burguesa de seu tempo, não teria sido capaz de perceber que essas poderiam ser modificadas, até mesmo pelo efeito disruptivo provocado pelo próprio discurso psicanalítico (Kehl, 2008, pp. 229-230).

Diante desse estreitamento de possibilidades de satisfação a que as mulheres estavam sujeitas na época de Freud, é possível considerar a histeria como resistência e afirmação do erotismo contra a camisa de força da maternidade, como aponta Joel Birman (2006). Ao lado da histérica, podemos identificar também outras figuras sociais que, embora patologizadas ou criminalizadas, não deixaram de apontar a insatisfação em relação à maternidade como forma prioritária de satisfação do desejo feminino. É assim que a *prostituta*, aquela que vivia do comércio do sexo, pode ser entendida, ao lado da histérica, da infanticida e da ninfomaníaca, como uma das figuras sociais emblemáticas da resistência feminina ao aprisionamento do seu erotismo (Birman, 2006).

Vale dizer que a sedução feminina nem sempre foi um traço negativizado em nome do ideal de maternidade, como se a figura da mulher fosse o oposto da figura da mãe, conforme lembra Joel Birman (1999). Na Antiguidade e no Renascimento, o gozo feminino era considerado fundamental para a instauração da fecundação. No entanto, a partir do século XVIII, passou-se a considerar que a mulher teria de perder seus atributos da feminilidade para ser mãe; as práticas educativas do século XIX visavam extirpar o excesso feminino, para que a figura da mãe pudesse ser harmônica com a da esposa casta e fiel. As mulheres que mantinham a sedução e o erotismo como atributo passaram a ser consideradas como perigosas, e a *prostituta*, considerada representação máxima da sensualidade e do feminino, era vista como egoísta e sem qualquer decência, uma vez que seria o oposto da figura da mãe e da devoção ao outro. "Contudo, nessa condição decaída e estigmatizada no seu ser, a prostituta passou a se inscrever numa função social precisa e muito bem delineada, ou seja, começou a ser considerada como a reserva de gozo do mercado sexual" (Birman, 1999, p. 88). Estaria nela depositada a possibilidade de oferecer aos homens o prazer e o erotismo que estariam sufocados no lar burguês.

É nesse contexto que se pode incluir o que Freud detectou e escutou sobre as escolhas eróticas dos *homens civilizados*. Segundo o autor, somente em uma minoria, as duas correntes, a da afeição e a da sensualidade, se fundiriam adequadamente: "o homem quase sempre sente respeito pela mulher, que atua como restrição à sua atividade sexual, e só desenvolve potência completa quando se acha com um objeto sexual depreciado" (Freud, 1912/1980b, p. 168).

Pela observação freudiana, seria comum ao homem somente experimentar um pleno gozo sexual ao se entregar sem escrúpulos à satisfação, o que ficava vedado e impedido na sua relação com a própria mulher ou com uma mulher estimada. "É esta a origem de sua necessidade de um objeto sexual depreciado, de uma mulher eticamente inferior, a quem não precise atribuir escrúpulos estéticos, que não o conheça em seu outro círculo de relações sociais e que ali não o possa julgar" (Freud, 1912/1980b, p. 168). Nesse caso, no entanto, dedicará a tal mulher suas energias sexuais, mas manterá seu carinho dirigido a uma outra mulher, considerada por ele de um tipo social mais elevado. Na vida erótica desses indivíduos, o amor divino e o amor profano (animal) ficariam dissociados: "quando amam, não desejam, e quando desejam, não podem amar. Procuram objetos que não precisem amar, de modo a manter sua sensualidade afastada dos objetos que amam" (Freud, 1912/1980b, p. 166).

A alternativa indicada por Freud a esse dilema não lhe parece muito confortável, pois seria preciso, ainda que pareça paradoxal ou desagradável, para que o homem pudesse ser realmente livre e verdadeiramente feliz na vida erótica, que ele houvesse vencido o respeito à mulher (Freud, 1912/1980b). Essa indicação abrirá caminho para diversas questões sobre o feminino, a mulher sensual e a mulher de respeito.

É preciso observar, na esteira de Joel Birman, que o discurso freudiano colocaria as mulheres em uma situação sem saída. "Quer se trate da frigidez, da virilidade ou da maternidade, as mulheres sempre se situariam em uma posição de identificação fálica; existiria, então, somente o sexo fálico" (Birman, 1999, pp. 205-206). Nesse sentido, a questão da diferença sexual seria entendida de uma maneira muito problemática, colocando os homens em uma situação idêntica, apesar de que poderiam gozar com as satisfações imaginárias pelo fato de serem detentores do pênis (Birman, 1999).

Lacan trouxe avanços incontestáveis diante do impasse da elaboração freudiana sobre a sexualidade feminina, até mesmo para poder mantê-la como algo da ordem do indizível, algo impossível de recobrir com a linguagem. O que é essencial apontar é que "Lacan acentuará menos a questão da *identidade* feminina do que a do *gozo feminino*" (André, 1987, p. 209).

Na impossibilidade de se apoiar totalmente no referente fálico, o gozo da mulher se afastaria, da maneira mais radical e contundente, da noção de *identidade* e conjunto; daí viria a afirmação de Lacan de que não se poderia falar de *a* mulher, mas somente de cada uma das mulheres: "Das mulheres, a partir do momento em que há os nomes, pode-se fazer uma lista, e contá-las. Se há *mille e tre* é mesmo porque podemos tomá-las uma a uma, o que é essencial" (Lacan, 1972-1973/1985b, p.19). Com isso, o gozo feminino, em vez de propor e inaugurar o que seria a verdadeira natureza feminina, acabaria por desnaturalizá-lo (Amaral,1998).

Lacan esclarece que o gozo da mulher não estaria todo balizado pela função fálica; seu gozo, por outro lado, não poderia tampouco ser considerado *complementar* ao do sujeito na posição masculina, porque isso levaria a uma noção de um todo, *Um* que seria impossível de conceber. Não se trataria de *complementaridade*, e, sim, de *suplementaridade*. Diante da castração, uma mulher mais do que se "unificaria", ela se desdobraria. Assim, seu gozo, sendo outro em relação ao gozo fálico, ficaria em uma condição de tal alteridade que ela só poderia ser considerada como Outro sexo, como um sexo como Outro (Lacan, 1972-1973/1985b).

O efeito da castração na mulher, segundo a concepção lacaniana - diferentemente da noção freudiana, que a colocaria como cativa da inveja do pênis –, permitiria que ela alcançasse um gozo *suplementar*, não todo fálico, e, portanto, saísse de uma posição que poderia ser tomada como "de menos" para a posição "não toda". "Não é porque ela é não toda na função fálica que ela deixe de estar nela de todo. Ela não está lá não de todo. Ela está lá à toa. Mas há algo a mais" (Lacan, 1972-1973/1985b, p.100).

É preciso cautela para não recair aqui, novamente, na armadilha sempre presente da questão anatômica, pois a experiência da feminilidade é o que, de um gozo, escapa tanto de um saber como de uma qualificação. Nesse sentido, ela não é garantida a uma mulher, nem vetada a um homem: "poetas, místicos, e ainda outros, tiveram acesso a isto, e souberam aí encontrar seus próprios lugares, sem exibição militante nem publicidade barulhenta" (Julien, 1997, p. 98).

A possibilidade de suportar que o desejo de uma mulher permaneça sempre como questão é o que permite que cada um dos parceiros possa tirar proveito disso, usufruindo da ocasião, da singularidade e da imprevisibilidade presentes no encontro com o outro; sendo exatamente a falta de resposta que funciona como aquilo que induz ao desejo (André, 1987).

A condição de *mãe* seria algo que criaria uma suposta identidade feminina na falta de um outro sinal: diferentemente da condição de mulher, que, como vimos, não permite criar um conjunto, a condição de *mãe* o criaria (André, 1987). Para esse gozo que a faria, em algum lugar, ausente de si mesma, ausente como sujeito, conforme nos diz Lacan, ela encontraria o seu filho, como uma rolha (Lacan, 1972-1973/1985b).

Assim como uma mulher poderia se dizer *mãe* na tentativa de encontrar na maternidade uma resposta para o enigmático da sua condição feminina, poderíamos supor que alguém a chamaria assim também, como tentativa de suportar o que, desse gozo, escapa de uma categorização. Da mesma forma, o nome *puta*, como uma suposta *identidade*, poderia estar sendo tomado como tentativa de catalogar e nomear o que permaneceria como enigmático e insondável do desejo e do gozo. De uma forma ou de outra, o que se depreende da leitura de Lacan é que qualquer suposta *identidade* referida ao gozo feminino deveria antes ser olhada como uma saída precipitada, imaginária e alienante, pelo insuportável diante do inominável desse gozo e pela impossibilidade de um saber que recubra o erótico no humano.

O erótico na bibliografia psicanalítica sobre as mulheres negras

Partindo das pistas oferecidas por Freud sobre a cisão entre o amor divino e o amor terreno no homem "civilizado" e sobre a articulação entre o que seria considerado erótico e aquilo que seria degradado, debrucei-me sobre a literatura psicanalítica que abordou as mulheres negras no nosso país. Também aproveitei a indicação de Lacan, para quem o gozo feminino produziria algo da ordem de um não saber para ambos os sexos. Vale notar que não se trata de uma bibliografia relacionada à questão das mulheres negras e da erótica feminina especialmente; com isso, fiz um recorte, dentro das pesquisas que trataram sobre os homens e mulheres negros brasileiros a partir da psicanálise, do que foi dito sobre esse tema.

A chave de entrada para ler os depoimentos das mulheres negras presentes nas pesquisas já realizadas, bem como os das minhas entrevistadas, será considerar que o *estranho familiar* ou o *estrangeiro* dizem respeito a algo do outro em nós; ou seja, referem-se a algo do nosso insuportável no encontro com o outro. O encontro com o outro, segundo a concepção que estou adotando, coloca o sujeito diante de um Outro, concebido imaginariamente como não castrado, capaz de um gozo ilimitado (O. Souza, 1994).

O que é valorizado ou não pelos sujeitos e pela comunidade na qual se inscrevem deve, portanto, ser considerado levando em conta que aquilo que é degradado pode assumir o traço desqualificatório justamente por indicar a intensidade e a estranheza da ligação desses sujeitos com aquilo que rechaçam. Isso significa que o que é da ordem do excesso e do insuportável no erotismo não pode ser compreendido simplificadamente como o que não é desejável, o que já foi abordado por Freud, nos textos há pouco citados (Freud,1910/1980a; 1912/1980b).

Ainda que a bibliografia sobre esse tema seja bastante escassa, parece-me ser possível articular a partir dela pontos fundamentais; mais do que trazer contribuições realmente inéditas sobre o tema, trarei um diálogo e uma releitura do que já foi produzido. Retomando casos e entrevistas apresentados pelos autores, observei que, do ponto de vista teórico, existia muita afinidade com a minha maneira de articular e pensar a teoria e a clínica. No entanto, a questão que me chamou a atenção foi que algumas indicações que me pareciam verdadeiros tesouros passavam despercebidas posteriormente, quando da análise do material clínico, ainda que não estivessem completamente ausentes nos textos. Acredito que o que ia sumindo nos textos ou ficando em segundo plano ficou realçado a partir do meu material clínico. A fala de *Sofia* parecia não caber ou ser contemplada por aquilo que as pesquisas aparentemente apontavam.

> *Sou muito vaidosa, costumo me maquiar, arrumar o cabelo, trança, salto, me arrumar muito. Se estou sozinha do jeito que estou falando, chamo muito a atenção. (Sofia, 2013)*

> *Não conheci minha mãe, quando faleceu eu era bebê . . . Era uma negra muito bonita, mas não conheci, nunca vi uma imagem. Meu pai e minha avó diziam: "você é a cara dela". Me olho no espelho e acho parecida, pelo que os outros contam. (Sofia, 2014)*

Sofia me permitiu escutar o quanto se sentia bonita, uma beleza que lhe vinha da semelhança com sua mãe: não parecia querer negar esse corpo, nem o esconder, menos ainda branqueá-lo. Essa fala não parecia estar referida a uma aparência padronizada ditada pelo mercado das imagens (Gonçalves Filho, 2008) ou ao estereótipo da mulata, fixado por meio da figura da mulher exótica, e, sim, a uma mulher que, entre tantos sonhos e desafios, não tinha medo de se sentir bonita. Talvez *Sofia* apontasse algo mais próximo do que Lélia Gonzalez dizia.

> *Nunca esquecerei o carnaval de 78, que passei em Salvador. Graças à recomendação do Macalé, um de seus fundadores, participei do desfile do Ilê. Foi de arrepiar e fazer o coração da gente bater disparado. Jovens negras lindas, lindíssimas, dançando ijexá, sem perucas ou cabelos "esticados", sem bunda de fora ou máscaras de pinturas, pareciam a própria encarnação de Oxum, a deusa da beleza negra. (Lélia Gonzalez, 1982)*[3]

Como seria possível articular a fala de *Sofia* com a ideia de que a criança negra se depararia com uma mãe para quem a pele negra seria o avesso do objeto do desejo (Nogueira, 1998)? Com a afirmação de que a autoridade estética branca definiria o belo e sua contraparte, o feio, de modo que o negro introjetaria a sentença de que "o negro é o outro do belo" (Souza, 1990)? Com a concepção de que ser negro seria anular e recusar a presença de um corpo negro, uma vez que, pela violência racista, ele passaria a considerar o bom, o verdadeiro e o belo como próprios da brancura (Costa, 1990)?

Com essa questão e as chaves de entrada acima referidas, procurei fazer um novo quebra-cabeça, utilizando, basicamente, peças que encontrei, fornecidas pelos próprios autores, mas que tinham sido deixadas um pouco de lado, como se tivessem pouco uso, dando-lhes, agora, um novo destaque.

---

3 Gonzalez (1982a).

Antes de trazer cada um desses autores revisitados, acrescido do que escutei na minha pesquisa, vale atentar para algumas distinções: é preciso lembrar que a escuta desse material não se deu em um contexto da clínica, ou seja, o que escutei não foi o testemunho de pessoas que tiveram seu sofrimento transformado em demanda de análise e que teriam se dirigido a um consultório particular, como foi o caso de Isildinha Nogueira (1998) e de José Tiago Reis Filho (2005). Na medida em que o discurso de minhas entrevistadas não estava, necessariamente, articulado ao sofrimento psíquico, talvez tenha sido possível que elas se apresentassem em relação a seu corpo e à sua negritude para além desse sofrimento, o que ficara apenas subentendido nas pesquisas anteriores. Dessa forma, o que fiz foi trazer algumas peças das margens desses textos para o centro das formulações, e é isso que buscarei agora delimitar.

O branco como Ideal: espelhamento e identificação

Virgínia Bicudo já apontara na sua tese *Atitudes raciais de pretos e mulatos em São Paulo*, defendida em 1945, que os "pretos" de classe intermediária, que teriam tido mais comumente contato com brancos na sua infância do que os da classe social "inferior", tinham ressentimentos e ódio pela rejeição do branco, por um lado, e, por outro, apresentavam-se desanimados e queixosos pela falta de solidariedade entre "pretos". Os sentimentos de mágoa e revolta dirigidos contra o branco não seriam inconscientes, mas conscientemente reprimidos por medo de provocarem rejeição mais acentuada, desenvolvendo atitudes de submissão e humorismo como defesa para ocultar seus sentimentos em relação ao branco.

No convívio íntimo com brancos, o "preto" de classes sociais intermediárias adquiriria as maneiras de pensar e sentir do branco também no que se referia ao próprio "preto", de tal forma que teriam a mesma atitude com os "pretos" e os mesmos sentimentos do branco. "Em virtude dos contatos primários da infância e do mecanismo psíquico da *identificação*, o preto *introjeta* [grifo nosso] as ideias do branco e passa então a ver os pretos do ponto de vista do branco, desprezando-os" (Bicudo, 1945/2010, p. 97). A autora segue apontando que "com mentalidade formada pelo branco, o preto desenvolve o autoideal de branco, que não se expressa abertamente no desejo de ser branco" (Bicudo, 1945, 2010, p. 97).

"A vida do preto torna-se uma luta contínua, mais diretamente contra seu sentimento de inferioridade, do que contra as atitudes do branco que motivam a concepção de si próprio" (Bicudo, 1945, 2010, p. 103). A autora se refere a casos de sentimento de inferioridade, pensamento obsessivo de não possuir boa aparência e autocrítica exagerada, resultando em uma vida de relativo isolamento social.

Décadas depois, a pesquisadora Neusa Souza (1990) corajosamente se propõe a realizar um discurso do "negro sobre o negro", no que se refere à sua emocionalidade, no seu livro *Tornar-se negro ou as vicissitudes da identidade do negro brasileiro em ascensão social*. A formulação do que teria sido *introjetado* pelo negro nessa nossa sociedade marcada pelo racismo ganha novos contornos e consistência teórica, por meio de uma proposta de articulação da teoria das ideologias com a psicanálise, ou seja, uma concepção freudiana do complexo edípico em suas relações com a produção ideológica. Seu livro, publicado no início dos anos 1980, traz com enorme sensibilidade, por meio da fala de dez entrevistados, entre homens e mulheres negros do eixo Rio-São Paulo e em ascensão social, os efeitos devastadores dos discursos herdeiros de um longo período escravista, em que o negro teria sido visto como inferior e submisso. Seguindo as indicações de Florestan Fernandes, a autora afirma que, não tendo outra concepção positiva de si mesmo, o negro em ascensão social teria sido compelido a tomar o branco como modelo de identidade.

Os efeitos nefastos no psiquismo do negro, pelo fato de o branco ter sido tomado como elemento neutro da cultura e, mais ainda, como sinônimo de sucesso, de inteligência, de valor, de beleza, são marcas apontadas pela autora de maneira precisa e minuciosa. O negro que se empenhasse em conquistar ascensão social, segundo Neusa Souza, teria de pagar o preço do massacre de sua identidade, afastando-se de seus valores originais, tomando o branco como único modelo possível de identificação.

Seria a estética branca a que definiria o belo e o que seria sua contraparte, o feio, na nossa sociedade classista e racista. Os lugares de tomada de decisão seriam ocupados basicamente por brancos, e estes é que afirmariam, segundo Neusa Souza (1990), que "o negro é o outro do belo".

Em diversos trechos das entrevistas, a autora aponta os efeitos dilacerantes do ideal de branquitude e do mito negro, com os quais os sujeitos negros teriam de se haver. Os sentimentos de inferioridade, insegurança, retraimento e ansiedade fóbica seriam efeitos da impossibilidade de os homens e mulheres negros aliarem seu *Eu* ao seu *Ideal de Eu*, construído em grande parte pelos ideais dominantes brancos. Ou seja, o *Ideal de Eu*, para esses sujeitos negros, seria branco.

O *Ideal de Eu* não é um conceito que tem um sentido unívoco na obra freudiana. Farei um recorte extremamente sucinto de suas formulações somente com a intenção de tornar possível acompanhar o texto de Neusa Souza.

Diante do despertar de seu próprio juízo e dos ensinamentos recebidos durante seu desenvolvimento, o pequenino sujeito, segundo Freud, não teria mais como manter sua imagem de perfeição da infância (*eu Ideal*) e tentaria conquistá-la por meio de uma nova forma, seu *Ideal de Eu*. Ou seja, esse *Ideal de Eu* estaria marcado pela idealização dos pais ou substitutos e pelos ideais coletivos (Freud, 1914/2010d).

Essa indicação de Freud está na base do que Lacan vai construir sobre sua concepção de Estádio de Espelho. Esse pequeno serzinho seria uma coleção incoerente de desejos que encontraria no olhar do Outro materno uma primeira unidade, uma primeira síntese do seu eu, lembrando que esta se daria, então, em função do desejo desse Outro, ou seja, da maneira como esse Outro o viu e o nomeou (Lacan, 1949/1998c; 1951/1991). É nesse sentido que o *eu Ideal* estaria articulado a essa primeira imagem de si, captada por meio do olhar do Outro, com uma sensação de júbilo e uma ilusão de completude próprias do registro imaginário. A releitura de Lacan do texto freudiano o faz afirmar que o *eu Ideal* estaria no plano do imaginário, e o *Ideal de Eu*, no plano simbólico, uma vez que tomaria seu lugar no conjunto das exigências da lei (Lacan, 1954/1986).

O conceito de *Ideal de Eu* adquire um lugar bastante central na formulação de Neusa Souza (1990), uma vez que ela o toma, seguindo Hornstein (1973), como o que produziria a conexão da normatividade libidinal com a cultura.

Segundo a autora, realizar o *Ideal* de *Eu* seria uma exigência que o *Supereu* imporia ao *Eu* e, no caso dos pais e dos filhos negros o *Supereu* estaria marcado pelo mito negro, dilacerando os negros por concebê-los como irracionais, feios, ruins, sujos, sensitivos, superpotentes e exóticos. Uma vez que seu corpo traria a impossibilidade de cumprir esse ideal, ocorreria uma tensão entre *Supereu*, *Eu* e *Ideal de Eu*, que ocasionaria uma ferida narcísica responsável pelos quadros psicopatológicos que afligiriam o negro (Souza, 1990).

A autora lembra que os antepassados ocupariam um lugar tão privilegiado para o negro brasileiro que suas palavras teriam estatuto de verdade e seus projetos não realizados constituiriam o destino dos descendentes: filhos, netos, bisnetos e daí por diante. Essas figuras ancestrais construiriam o *sistema Supereu-Ideal de Eu*. Sendo o contexto familiar o primeiro lugar onde a constituição do *Ideal* se daria, a sociabilidade em outros lugares poderia reforçar ou não o modelo ideal cujas vigas mestras já estariam erguidas.

Neusa Souza acaba por reunir *Ideal de Eu* ao *Supereu* como um sistema só, o que não foi uma exclusividade da sua leitura sobre a obra freudiana. No entanto, prefiro seguir a diferenciação colocada por Lacan, em que o *Ideal de Eu* teria relação com a identificação com os pais idealizados e também com os ideais coletivos, enquanto o *Supereu* teria um caráter cego de simples tirania e puro imperativo e, assim, diria respeito a uma relação com uma lei tão insensata que chegaria até a ser o desconhecimento da lei. "Não será porque a moral do neurótico é uma moral insensata, destrutiva, puramente oprimente, quase sempre antilegal, que foi preciso elaborar na análise a função do supereu?" (Lacan, 1954/1986, p. 123).. Enquanto o *Ideal de eu* seria exaltante, o *Supereu* seria constrangedor.

Essa distinção me parece importante para explicitar que o caráter imperativo dos ideais culturais e valores do branco chegariam muito mais como injunções do *Supereu* ao sujeito, ou seja, mais desse social anômico ao qual o sujeito teria de obedecer do que como votos ou anseios (Teixeira, 2012).

Parece-me fundamental apontar também que, embora Neusa Souza seja bastante enfática em relação aos efeitos devastadores do processo ideológico que aprisionaria o sujeito negro, fazendo com que ele procurasse negar e expurgar qualquer "mancha negra", ela não deixa de apontar as brechas e ambiguidades diante desses efeitos.

Nesse sentido, o trecho do depoimento a seguir é exemplar. Ele é citado em um dos itens que Neusa Souza considera como um dos "temas privilegiados" dos seus entrevistados, que ela denomina "Negar as tradições negras".

> *Meu pai foi o único dos filhos que ascendeu... Fez Licenciatura em Ciências e dava aula de Biologia no Santo Inácio. Ele sempre transou a religião negra – é babalorixá de candomblé, com todo intelectualismo dele . . . É o único da família a assumir esse lance. Não é uma questão folclórica. Ele acredita mesmo. E esse é o grande câncer de minha avó: o filho dela professor, é o macumbeiro. (Carmem, entrevistada por Neusa Souza)*[4]

Trata-se de um trecho que ilustra, realmente, essa negação das tradições culturais a partir daquilo que seria vivido pela avó de *Carmem* como um *câncer*. No entanto, o depoimento também apresenta, por meio da atitude do pai de *Carmem*, que, ao mesmo tempo que ele teve uma ascensão social, conseguiu manter aquilo em que ele *acreditava mesmo*.

O trabalho de Neusa Souza mantém essa inquietude; não omite esses lampejos de resistência que aparecem aqui e ali nos depoimentos, iluminando formas de existir que não estariam atendendo completamente às injunções do discurso ideológico.

É o que fica bastante evidente também no depoimento de *Luísa*, que Neusa Souza oferece em detalhes ao leitor, por considerar que traria em si o essencial de todas as outras entrevistas e que,

4 Souza (1990, p. 66).

justamente nesses detalhes, mostra-se repleto de oscilações diante dos mandados dos ditames sociais.

Luísa traz a questão dos ideais do discurso social sobre a branquitude durante a sua infância, apresentando sua leitura de um mundo que seria próprio do negro e de um que seria próprio do branco.

> *Meu pai dizia que a gente era rico. Minha mãe dizia que a gente era pobre. Eu achava que ser rico era morar naqueles edifícios que tinham brinquedo. Mas também não era pobre, porque ser pobre era morar em favela. Aí, eu não sabia meu lugar, mas sabia que negro eu não era. Negro era sujo, eu era limpa; negro era burro, eu era inteligente; era morar na favela e eu não morava e, sobretudo, negro tinha lábios e nariz grossos e eu não tinha. (Luísa, entrevistada por Neusa Souza)*[5]

Luísa fala da dificuldade de saber quem ela era nesse mundo dividido entre esses dois modelos tão únicos de existência. Como se reconhecer nesse universo identificatório? É uma pergunta fundamental, e logo *Luísa* dá mostras da complexidade de construir uma resposta: ela vai da sensação do que é *menos ruim* ao *legal*, em um emaranhado de contradições nesse processo.

> *Com catorze anos estava acabando o ginásio. Comecei a fazer teatro na escola. Resolvemos fazer uma peça escrita por nós mesmos, sobre os problemas que nos tocavam, interessavam. Um dos problemas era o racismo. Eu fui escolhida para o papel principal – eu era a única negra. Foi uma coisa legal. Não foi um momento*

5 Souza (1990, p. 48).

> *de consciência profunda, não era tanta vergonha, era uma coisa menos ruim. Foi a primeira vez que discuti a questão do racismo – sem falar de mim, mas falando do assunto. Foi a primeira vez que usei cabelo afro, também era uma coisa legal. (Luísa, entrevistada por Neusa Souza)*[6]

O depoimento de *Luísa*, que Neusa Souza apresenta, tem essa sutileza e essa delicadeza de produzir uma inquietação em nós mesmos; causa-nos um movimento em que não é possível encontrar uma conclusão e colocar um ponto final a partir de nenhum trecho de sua fala. Seu depoimento me lembrou o encontro com *Silvana* e seus muitos nomes: *Sandra*, *Sônia*, *Suzana*, *Selma* e, agora, *Sofia*, não sendo possível identificá-la como tendo um nome só.

A leitura de Neusa Souza sobre esse depoimento marca uma posição em que *Luísa* teria ficado capturada por um *Ideal de Eu* branco. Ela defende esse ponto, como defende também que teria sido a avó materna de *Luísa* quem teria exercido a função paterna, e que *Luísa* teria feito da sua vida o discurso da sua avó. Diria que no texto de Neusa Souza as contradições e oscilações permanecem muito mais na força dos depoimentos do que propriamente na análise que ela efetua; mas ainda assim existem, tanto nos depoimentos quanto nos comentários. Há sempre uma brecha apontada.

> *O negro* que [grifo nosso] *elege o branco como Ideal de Ego engendra em si mesmo uma ferida narcísica, grave e dilacerante, que, como condição de cura, demanda ao negro a construção de um outro Ideal de Ego. Um novo Ideal de Ego que lhe configure um rosto próprio. (Souza, 1990, pp. 43-44)*

6 Souza (1990, p. 49).

O detalhe deste *que* faz toda diferença: ela não está afirmando que o negro, necessariamente, elegeria o branco como *Ideal de Eu*, e, sim, que aquele que o faz engendra em si mesmo uma ferida narcísica. Ou seja, ela aponta que estes são os negros que ela está *tematizando*, não todos. E ainda mais: diante dessa ferida, ela afirma que cada um precisaria engendrar um outro ideal, com um rosto próprio, para sair desse adoecimento.

> *Tornar-se negro, portanto, ou consumir-se em esforços por cumprir o veredicto impossível – desejo do Outro – de vir a ser branco, são as alternativas genéricas que se colocam ao negro brasileiro que responde positivamente ao apelo da ascensão social. (Souza, 1990, p. 77)*

Esse trecho me parece central no texto de Neusa Souza, e sobre ele considero imprescindível destacar e problematizar três pontos.

O primeiro se refere à compreensão de que o veredicto impossível de vir a ser branco seria equivalente ao desejo do Outro. Neste ponto, acompanho Miriam Debieux Rosa (2015): não podemos confundir este Outro, como o lugar do código – tesouro de significantes em que fomos banhados de linguagem e erotismo –, com os ideais da cultura e emblemas fálicos, marcadamente ideológicos. O discurso social, com seus imperativos dos ideais culturais e valores de branquitude, faz parte do Outro, entendido como campo da linguagem, mas não o recobre totalmente. Se Neusa Souza fala do desejo do Outro, não o podemos tomar, no meu entender, como equivalente ao discurso social que impele brancos e negros a responderem ao imperativo de branquitude. Os emblemas fálicos exigidos pela cultura, aos quais os pais e a avó materna de *Luísa* – assim como as figuras primordiais que marcam cada sujeito branco ou não branco – estão submetidos, não equivalem ao que estes desejariam dela, ou melhor, ao que ela supõe que desejam dela, por ela e para ela.

O segundo ponto, que abordarei mais adiante, refere-se a uma compreensão de Neusa Souza de que, diante da destruição de uma *identidade* do negro, que lhe teria sido imposta pelo veredicto impossível de ser branco, este teria de construir uma *nova identidade*. O que pretendo problematizar é o próprio conceito de *identidade* do ponto de vista psicanalítico, uma vez que a leitura dessa temática pela via das *identificações* me parece mais profícua para abordar as brechas e contradições anteriormente apontadas no discurso de *Luísa*.

O terceiro ponto se refere a uma fundamental diferença entre o que Neusa Souza afirma nesse trecho e algumas das leituras que foram realizadas do seu trabalho posteriormente: para ela, existiria a possibilidade de o sujeito se consumir diante da injunção de atender aos ideais do branco, mas existiria também a possibilidade de construir uma saída. Aliás, essa saída seria eminentemente política, o que não parece equivaler exclusivamente a uma saída pela militância ou por uma ação política no sentido partidário.

> *Saber-se negra é viver a experiência de ter sido massacrada em sua identidade, confundida em suas perspectivas, submetida a exigências, compelida a expectativas alienadas.* Mas é também, e sobretudo, *a experiência de comprometer-se a resgatar sua história e recriar-se em suas potencialidades* [grifo nosso]. *(Souza, 1990, pp. 17-18)*

Ao retomar literalmente esse trecho de Neusa Souza, a minha intenção é recuperar a sua voz e a voz dos homens e mulheres negros e negras que ela escutou, os quais, segundo sua percepção, estariam buscando, ainda que de maneira mais ou menos frágil ou contraditória, construir uma *identidade* que lhe desse feições próprias (Souza, 1990).

A primeira parte desse parágrafo se refere aos efeitos da violência racista sobre os negros e negras deste país, temática que ficou bastante contemplada na leitura do seu texto, realizada por Jurandir Freire Costa (2003), como veremos a seguir.

No entanto, considero indispensável ressaltar a segunda parte desse trecho; esta também não pode ser esquecida, pois trata-se de uma passagem da voz passiva, em relação aos negros, para a voz ativa. Ou seja, tratar do que o discurso racista e ideológico branco impingiu ao negro seria, do ponto de vista do negro, pensá-lo na voz passiva. Mas existe também a possibilidade de o pensarmos por meio da voz ativa, a capacidade do negro de fazer resistência a essa violência, como já vem fazendo desde que foi trazido para cá, em atos os mais diversos, não só ações políticas mais amplas ou resistências coletivas, como também por meio das formas mais sutis e micropolíticas de resistir e recriar-se. Essas formas cotidianas de resistência, que muitas vezes ficam invisíveis, foram registradas por Neusa Souza (1990) pelas falas de *Luísa*, *Carmem*, *Eunice*, *Alberto*, *Pedro* e *Correia*,[7] e também apareceram nas falas de *Sandra*, *Sônia*, *Suzana* e *Selma*, conforme já foi abordado, e na de *Sofia*, como ainda pretendo apontar.

A socióloga Lélia Gonzalez faz uma afirmação bastante afinada com essa posição de Neusa Souza, fundamental para a luta política das mulheres negras aqui no Brasil.

7 Luísa, Carmem, Eunice, Alberto, Pedro e Correia são nomes fictícios de alguns dos entrevistados de Neusa Souza (1990).

> *Aí me recordo daquela frase de Simone de Beauvoir quando ela diz: "A gente não nasce mulher, a gente se torna mulher". Do mesmo modo nós não nascemos negros, nós nos tornamos negros! A gente nasce "pardo", "azul-marinho", "marrom", "roxinho", "mulato claro" e "escuro", mas a gente se torna negro. Ser negro é uma conquista. Não tem nada a ver com as gradações de cor de pele! Isso foi o racismo que inventou! (Gonzalez, 1988a)*

O que estou salientando é que *ser negro*, segundo Lélia Gonzalez, seria uma conquista, assim como para a psicanalista Neusa Souza (1990). *Ser negro* é tomar consciência do processo ideológico que engendraria esta estrutura de desconhecimento que aprisionaria o negro em uma imagem alienada, na qual ele se reconheceria. Seria, então, criar uma nova consciência, que reafirmasse uma dignidade alheia a qualquer nível de exploração, um vir a ser. "Ser negro é tornar-se negro", nos diz Neusa Souza (1990, p. 177), e esta nos parece a diferença fundamental entre a conclusão da sua dissertação e o que dela ficou contemplado no prefácio que acompanhou a sua publicação em forma de livro.

Quando Neusa Souza (1990) publicou *Tornar-se negro*, coube a Jurandir Freire Costa escrever o prefácio que chamou "Da cor ao corpo: a violência do racismo" (Costa, 1990, 2003), destacando, como o próprio título diz, o que ele considerou o núcleo central do problema abordado pela autora: a violência racista. Costa recupera de Neusa Souza a proposição de como essa violência seria exercida, do ponto de vista intrapsíquico, pela tendência a destruir a identidade do sujeito negro. A internalização compulsória de um *Ideal de Eu* branco faria com que o negro vivesse seu projeto identificatório como incompatível com seu *Eu*, ocasionando um fosso que o sujeito negro tentaria transpor, podendo comprometer sua felicidade ou até mesmo seu equilíbrio psíquico.

Para o autor, o modelo de *Ideal de Eu* que seria oferecido ao negro não seria um modelo humano de existência psíquica realizável ou atingível; seria o de um *fetiche do branco*, a brancura: fetiche inverso e simétrico ao que a autora designou por mito negro. O sujeito negro ficaria hipnotizado com o mito da brancura, associado ao belo, bom, justo, verdadeiro, ao que é próprio do progresso, da cultura e da civilização (Costa, 2003).

Apoiado no texto que prefacia, Jurandir Freire Costa (2003) afirma que o sujeito negro, no desejo de embranquecer, desejaria sua própria extinção. O autor destaca uma série de termos utilizados pelos entrevistados de Neusa Souza, em que haveria uma desvalorização sistemática dos atributos físicos do sujeito negro, o que faria com que a *ideologia de cor* constituísse a superfície de uma ideologia ainda mais daninha, a *ideologia do corpo*. "É com desprezo, vergonha ou hostilidade que os depoentes referem-se ao 'beiço grosso' do negro, 'nariz chato e grosso' do negro, 'cabelo ruim' do negro, 'bundão' do negro, 'primitivismo' sexual do negro e assim por diante" (Costa, 2003, p. 140).

Vale atentar-se para o fato de que vários desses termos parecem ter sido retirados da fala de uma das entrevistadas, *Luísa*, cuja *história de vida* Neusa Souza apresentou separadamente e em detalhes. No entanto, intercalados com esses termos recortados por Jurandir Freire Costa, aparecem no depoimento de *Luísa* muitos *outros*, com sentidos que parecem apontar também para outras direções.

> *Minha avó: negra muito bonita. A cor negra é roxa, bonita. Nariz fininho, olhos puxados. Não se assume negra. Fisicamente, inclusive estica o cabelo, tem até*

> *calvície. Morre de raiva porque eu não estico meu cabelo. (Luísa, entrevistada por Neusa Souza)*[8]

> *Minha mãe é gorda, bem mãe, peitão, daqueles que ela se orgulha de que amamentou muito os filhos. (Luísa, entrevistada por Neusa Souza)*[9]

Não estou com isso dizendo que a entrevista de *Luísa* não seja repleta de receios e ambiguidades em relação ao seu corpo, apresentados do começo ao fim do seu relato: as lembranças da malandragem da avó materna que teria nariz grosso e beiços grossos vai aparecendo em uma mistura de sentimentos em relação a ela, que incluem sensação de proteção, raiva e vergonha por parte da neta.

Com isso, o que pretendo é retomar essa ambiguidade que aparece no relato de *Luísa*, e também nos outros apresentados na pesquisa *Tornar-se negro* (Souza, 1990). Trata-se de um terreno em que, com a vergonha diante da avó debochada, aparece uma fala de admiração por essa mulher que teria marcado muito a história de *Luísa* e seu universo erótico, pois lhe parecia que essa avó *sabia muita coisa do mundo* e que era *muito sacadora.*

Pelas palavras de *Luísa*, é possível saber que ela se sentia *feia* quando criança, mas também a vemos se perguntando o que seria essa sensação de se achar *mais mulher* por ser negra. Existe tanto uma como outra fala no livro de Neusa Souza (1990), mas no texto de Jurandir Freire Costa (2003), e não só no dele, como veremos, a última vertente desaparece.

A fala de *Luísa* é tomada por Jurandir Freire Costa como testemunha do máximo efeito da violência racista, com a invasão

---

8 Souza (1990, p. 45).

9 Souza (1990, p. 46).

catastrófica de afetos e representações sem nome, com a perda da identidade e despersonalização.

> *Contavam que eu falava muito sozinha, tinha amigos invisíveis, falava muito na frente do espelho, era uma sensação de me reconhecer, de identidade minha, de me sentir; falava comigo mesma, me achava feia, me identificava como uma menina negra, diferente. Não tinha nenhuma menina como eu. Todas as meninas tinham o cabelo liso, nariz fino. Minha mãe mandava eu botar pregador de roupa no nariz para ficar menos chato . . . Depois eu fui sentindo que aquilo (olhar no espelho) era uma coisa ruim. Um dia me percebi com medo de mim no espelho e um dia tive uma crise de pavor e foi terrível. Fiquei um tempo grande assim; não podia me olhar no espelho com medo de reviver aquela sensação. (Luísa, entrevistada por Neusa Souza)*[10]

O relato de *Luísa*, recortado por Jurandir Freire Costa, para aí,[11] mas no livro de Neusa Souza, não. Costa toma o percurso da vida de *Luísa* como uma história prototípica da violentação do negro pelo branco. "É uma história psíquica onde são admiravelmente resumidas as etapas de reação à violência, desde o momento inicial da resistência *ao instante final da rendição*" [grifo nosso] (Costa, 2003, p. 152).

Já Neusa Souza parece tomar o relato de sua entrevistada de maneira bem diferente. Segundo ela, *Luísa* teria uma identidade

---

10 Souza (1990, p. 47).

11 Este trecho aparece no texto de Jurandir Freire Costa com pequenas alterações, entre aspas, mas sem a referência ao texto original, ao nome da autora ou ao nome da entrevistada, como já foi dito em "Sandra: sobre a invisibilização das mulheres negras brasileiras" (Costa, 2003, p. 151).

feita de contradições, submetida às formações ideológicas dominantes e sobredeterminada por sua história individual, a qual seria marcada pela História. *Luísa* teria tomado consciência de suas contradições, buscando transformar sua história e a História, demolindo os mitos que teriam constituído sua identidade (Souza, 1990).

Se *Luísa*, por um lado, parece apontar supostamente um ideal de homem branco:

> *Eu desprezava, não transava com os pretos. Os brancos, eu admirava, eram meus amigos. (Luísa, entrevistada por Neusa Souza)*[12]

Mais adiante, ela nos faz repensar:

> *Para mim um homem negro tinha que ser especial. Ser muito melhor que o branco, se destacar, ser como eu. Teria que ser lindo. Muito bonito, muito inteligente. (Luísa, entrevistada por Neusa Souza)*[13]

Como havia dito, ao retomar esses depoimentos com a chave de leitura indicada por Freud, em que a mulher degradada aparece associada à mulher que desperta desejo, parece-me necessário recolocar essa suposta desvalorização sistemática dos atributos físicos das mulheres negras em questão.

No texto de Neusa Souza as contradições e oscilações permanecem, mas, na leitura de Jurandir Freire Costa (2003), essas ambiguidades vão se apagando, em uma construção de um negro

---

12 Souza (1990, p. 48).

13 Souza (1990, p. 50).

marcado com o selo da perseguição pelo corpo próprio, controlando e vigiando o que, desse corpo, poderia se opor à construção da identidade que teria sido coagido a desejar, a identidade branca (Costa, 2003).

A síntese do texto de Jurandir Freire Costa estaria na sua célebre frase:

> *Ser negro é ser violentado de forma constante, contínua e cruel, sem pausa ou repúdio, por uma dupla injunção: a de encarnar o corpo e os ideais de Ego do sujeito branco e o de recusar, negar e anular a presença do corpo negro. (Costa, 2003, p. 137)*

O perigo dessa frase é, no meu entender, que ela toma o *ser negro* por aquilo que teria sido *impingido a ele*.

Entre o *tornar-se negro* (Souza, 1990) e a *violência do racismo* (Costa, 2003), muda-se o agente e o sujeito da frase, o que não pode ser menosprezado em uma pesquisa que, como a própria autora afirmou, buscava elaborar um conhecimento do negro acerca de si mesmo.

Não estou, evidentemente, negando a força opressiva do discurso social sobre os negros no Brasil, o que já foi desenvolvido nos capítulos anteriores. Em um país em que a nossa modalidade de racismo já foi nomeada, justamente, como um *crime perfeito*, como diz Kabengele Munanga (2009, 2012a), a importância do prefácio de Costa parece ter sido, como o próprio autor afirma no final, uma exortação: "Escuta, psicanalista! Presta atenção a estas vozes que a autora nos fez ouvir. Ela nos mostra o que fomos incapazes de ver" (Costa, 2003, p. 153).

Concordo, neste ponto, com a fala de Jurandir Freire Costa, até porque talvez ainda seja preciso continuar exortando os psicanalistas a escutarem. No entanto, não podemos negar o que alguns psicanalistas já escutaram e o que nos ofereceram para escutar, com seus relatos sobre as modalidades de resistência e as formas de humanidade, de homens e mulheres negros, mesmo diante de uma violência que os *levaria* a uma situação de desumanidade. *Levaria*, porém, não leva, inexoravelmente: o futuro do pretérito aqui parece menos devido a uma piedade do dominador do que à potência e à capacidade de fazer frente à dominação por parte dos negros e negras, e é isso que me parece essencial escutarmos.

Quinze anos depois da publicação do livro de Neusa Souza, é escrito mais um trabalho fundamental no campo da psicanálise com sujeitos atravessados pela questão da negritude: o doutorado de Isildinha Baptista Nogueira (1998), cuja intenção era chamá-lo de *A cor do inconsciente*, mas o acabou chamando de *Significações do corpo negro*. Curiosamente, apesar de vários pontos de aproximação e uma enorme afinidade teórica entre ambas as autoras, Isildinha Nogueira não faz nenhuma referência direta ao trabalho de Neusa Souza (1990), embora a cite na bibliografia e em uma nota de rodapé. Nogueira não faz uso do que sua colega produziu, a não ser por meio da leitura e das palavras que Jurandir Freire Costa (2003) utilizou na sua leitura do texto de Neusa Souza.

Isildinha Nogueira afirma a importância de pensar o corpo conforme é concebido socialmente, e, nesse sentido, o *corpo negro* adquiriria a significância daquilo que é indesejável e inaceitável na nossa cultura; ele seria o negativo, que seria recusado para poder instaurar o que seria o parâmetro positivo, ou seja, o corpo branco, o corpo desejável. O corpo negro teria as marcas do escatológico, do execrável que a cultura afastaria. O *negro*, representando o que corresponderia ao excesso, ao que extravasa, ficaria excluído dos atributos morais e intelectuais associados ao *branco*, aquele que seria *o outro do negro*. O *negro* viveria, então, cotidianamente, a experiência de que a sua aparência colocaria em risco sua imagem de integridade (Nogueira, 1998, 1999).

"Se a cultura lhe atribuiu uma natureza que é da ordem do inaceitável, esses sentidos são introjetados pelo negro e vão, necessariamente, produzir configurações psíquicas particulares" (Nogueira, 1998, p. 44). Esse ponto é central na argumentação de Isildinha Nogueira; esse processo de *introjeção* faria com que o negro recusasse sua própria imagem e sofresse com seu corpo, uma vez que este seria a marca de um fantasma de inferioridade, da qual ficaria cativo (Nogueira, 1998).

Segundo a autora, ainda que seja necessário esclarecer que não considera que o bebê negro seja menos desejado que o branco, ela afirma que a mãe desejaria o bebê branco, como desejaria, para si, a brancura: "a criança do projeto e do desejo da mãe certamente não está representada no pequeno corpo negro, que o olhar materno, inconscientemente, tende a negar" (Nogueira, 1998, p. 105). A hipótese da autora é de que a mãe negra, cuja "falta" se expressaria como desejo de ser "branca", constituiria seu filho nesse momento original a partir desse seu desejo.

> *O que o olhar do outro lhe mostra, desse modo, é o que, no seu desejo, o sujeito negro recusa: o fato de que ele é a encarnação do significado "negro", na medida em que ele traz no corpo o significante "negro". (Nogueira, 1998, p. 107)*

A hipótese da autora é de que a mãe negra amaria seu bebê, mas negaria o que a pele negra representaria simbolicamente; assim, para reconciliar-se com a imagem do desejo materno, a criança negra precisaria negar algo de si mesma. A autora segue, afirmando que

> *a imagem que o espelho lhe dá exige, para ser introjetada, uma operação suplementar de idealização: é preciso projetar nessa imagem um ideal de "brancura" para afastar dela o componente de rejeição que a pele negra envolve, no desejo materno" (Nogueira, 1998, p. 109)*

Retomando a experiência do Estádio do Espelho, descrita por Lacan, em que o bebê experimentaria uma sensação de júbilo diante da unidade de seu corpo refletida no espelho, sensação esta vivida pelo investimento do olhar da mãe, Isildinha Nogueira propõe uma especificidade dessa vivência no caso do bebê negro. O fascínio que seria experimentado nessa experiência viria acompanhado por uma repulsa à imagem que o espelho ofereceria; a criança negra relutaria em aderir a essa imagem de si, pois esta não corresponderia à imagem desejada pela sua mãe (Nogueira, 1998).

Essa afirmação me parece arriscada: que o olhar da mãe que nomeia e constitui a criança esteja marcado pela posição de desqualificação que essa mulher ocupa no campo social, não tenho dúvida; mas a questão é saber se com isso poderíamos afirmar que, ao ver sua imagem no espelho, a criança negra não reconheceria ali uma imagem ancorada no desejo de sua mãe.

A pele negra pode remeter a diversas representações depreciativas, a ela associadas pelo discurso racista, mas podemos supor que o que se vê a partir dela pode não ser pautado completamente por essa desqualificação oriunda do discurso ideológico. Retomo aqui a frase que escutei de *Sofia:*

> *Não conheci minha mãe, quando faleceu eu era bebê . . . Era uma negra muito bonita, mas não conheci, nunca vi uma imagem. Meu pai e minha avó diziam: "você é a cara dela". Me olho no espelho e acho parecida, pelo que os outros contam. (Sofia, 2014)*

A cor negra nessa fala não parece aderida ao discurso sócio-histórico como o que desqualifica e precisa ser expurgado, mas está muito mais relacionada ao campo pulsional, em que se sentir parecida é ter a mesma cor de pele, algo extremamente precioso, pois é a marca por onde se reconhece filha, ainda que sua mãe não esteja presente.

Isildinha, no seguimento da sua tese, vai apresentar três casos em que mostra o que esse significante *cor negra*, pelo fato de ela mesma ser uma analista negra, teria evocado de significações em seus pacientes. Acredito que, ali, a autora deixa uma dica que aponta para um outro caminho do que a cor negra poderia suscitar na relação com o outro, no que se refere ao campo pulsional.

Tanto Isildinha Nogueira como Neusa Souza, e acrescento José Tiago Reis Filho, trazem relatos de vivências de horror das mulheres negras em relação ao próprio corpo, relatando situações de mutilação, vergonha ou muito desconforto em relação à cor da própria pele. A minha hipótese é de que esse horror em relação ao corpo não se dá prioritariamente pelo fato de que não cumpririam um ideal de brancura, em que o corpo do branco seria aquele valorizado e sinônimo do belo na cultura; estou propondo pensar que o mal-estar em relação ao próprio corpo, vivido por tantas mulheres negras, não estaria relacionado necessariamente ao fato de não terem podido viver de maneira plena uma sensação de júbilo diante do olhar materno quando bebês.

O horror e o mal-estar em relação ao próprio corpo, nos casos relatados a respeito das mulheres negras, ganham novas elaborações ao recuperarmos a leitura de Isildinha Nogueira sobre a representação da sexualidade da mulher negra no imaginário social, a partir da dimensão do *gozo invejado*. Com isso, será preciso ir para além do especular, uma vez que a dimensão do pulsional é o que, como veremos, escapa do que aparece no espelho.

Mais além do espelho: o não identificável e não assimilável

A cena da criança diante do espelho, relatada por Lacan pela primeira vez em 1936, foi retomada nos textos que articularam a psicanálise e as relações raciais. O *Estádio do Espelho* seria o momento em que o *infans* antevê uma miragem do seu poder ao enxergar seu corpo com uma forma total, podendo dar uma unidade a esse corpo vivido como corpo despedaçado (*morcelé*) (Lacan, 1949/1998c). Trata-se de uma cena que já havia sido descrita alguns anos antes pelo psiquiatra e filósofo Wallon, ao tratar da importância da relação especular no humano. Partindo da observação de que a criança identificaria melhor as partes do corpo do outro que as suas próprias e que representaria as partes do seu corpo como estranhas a si, a reação de júbilo seria consequência de que somente diante do espelho a criança conseguiria integrar a unicidade de seu corpo. Em Lacan, essa descrição ganha outros contornos, uma vez que enxerga nessa cena o ato psíquico necessário, o elemento que precisaria agregar-se ao autoerotismo para constituir o narcisismo. Como Freud bem apontara, não existiria uma unidade comparável ao *Eu* no indivíduo desde o princípio (Freud, 1914/2010d). O *Estádio do Espelho*, para Lacan, inclui também a questão do reconhecimento do eu e do outro e do desejo humano, que, diferentemente do desejo animal, não se apoiaria em um objeto real positivo, e, sim, em outro desejo; ou seja, seria o desejo do desejo do outro (Kojève, 1984).

O *Estádio do Espelho* mostra, de maneira muito evidente, o quanto o registro do imaginário é, ao mesmo tempo fundante e alienante, e permite perceber também o quanto a identificação imaginária seria marcada por essa ilusão de ser completo. "O ser humano não vê sua forma realizada, total, a miragem de si mesmo, a não ser fora de si", lembra-nos Lacan (1954/1986, p. 164). A relação com essa imagem primeira de si traz, portanto, uma ilusão de completude vivida pelo sujeito, como fascínio e sideração que reaparecerá em instantes fugazes ao longo da vida do sujeito.

A importância de retomar esse momento fundante está em relembrar o quanto a nossa relação com o corpo passa por uma estrangeiridade, tanto assim que nos referimos a ele como algo que "temos", não como o que "somos" (Costa & Poli, 2012). O corpo, para nós, seres falantes, tem toda uma dimensão do que pode ser representado e imaginarizado e do que pode ser simbolizado e nomeado, como já foi afirmado, mas tem também algo que sempre escapa a essa possibilidade de simbolização, que Lacan nomeia como real.

A cena da criança no espelho é retomada por Lacan quase cinquenta anos depois de ter sido apresentada pela primeira vez, justamente na tentativa de aprofundar o que havia ficado de fora nos seus comentários, e de fora da cena. Retomando essa cena, Lacan aponta uma relação essencial entre o momento jubilatório, em que a criança acabou de se apreender nessa experiência inaugural de reconhecimento no espelho, e o movimento em que se volta para aquele que a segura, aquele que está atrás dela e a suporta. A criança volta-se para o adulto, aquele que representa o Outro, buscando obter, de alguma forma, seu assentimento para o que há, para ela, nesse momento (Lacan, 1962-1963/2002). O que é primordial nessa cena é que há algo que pode ter uma imagem especular e algo que, literalmente, não tem. "Esse investimento da imagem especular é um tempo fundamental da relação imaginária, fundamental nisso que tem limite e que todo investimento libidinal não passa pela imagem especular. Existe um resto" (Lacan, 1962-1963/2002, p. 46).

Ao olharmo-nos no espelho, podemos ver nossa imagem e nosso olho, mas não podemos nos ver olhando. O olhar, nesse sentido, não pode ser encontrado na visibilidade do espelho, mas, como diz Antonio Quinet (2002), é o seu segredo.

Na medida em que a criança se volta para aquele que a segura, o que se faz presente é o mais evanescente dos objetos, aquilo que só aparece à margem do espelho, ou seja, a *troca de olhares* entre ela e quem estaria ali assistindo à sua brincadeira (Lacan, 1964/1988c).

A importância da troca de olhares é indispensável para retornar ao que já foi escrito sobre algumas mulheres negras na sua conturbada relação com a imagem de seu corpo. O que estaria na margem do espelho seria esse objeto, chamado ao mesmo tempo de objeto causa do desejo e de objeto mais-gozar, o que Lacan nomeou *objeto a*, ou seja, que contempla tanto essa dimensão que inclui aquilo que movimenta e causa o desejo como também uma tensão que não é da ordem do prazer e que traz uma mescla de embriaguez e de estranheza.

Além do olhar, Lacan nomeia também a voz, as fezes, o seio e o falo como as cinco formas de apresentação desse objeto: quando eles aparecem, a angústia assinala a particularidade deles. A angústia está ligada, então, à aproximação do objeto, e ela é caracterizada como aquilo que não engana, no sentido de que, ao estar angustiado, o sujeito não tem a menor dúvida disso (Lacan, 1962-1963/2002). A angústia tem uma estreita relação com o real, e o que vem do real nos assola, insiste em nós, provocando-nos estranheza. O real é o que nos toma de assalto: ao entrarmos em contato com algo do real, faltam-nos as palavras, e também o ar.

Ao buscar o que estaria fora do espelho, lembro-me da afirmação de Fanon (1952/2008) de que, para o branco, o Outro seria o negro, percebido por ele como não identificável e não assimilável. Pensar no que fica não assimilável exige essa passagem para o que está além do princípio do prazer, como já apontei anteriormente, exigindo os conceitos há pouco mencionados de objeto pulsional, daquilo que toca o real, do que provoca angústia e estranheza. Lembrando que o objeto pulsional é aquele que está no *entre-dois* dos sujeitos, nem em um sujeito, nem no outro. O olhar não está só naquele que olha, nem somente no que se dá a ver; a voz não está nem em quem fala, nem em quem escuta; o seio não pertence só à mãe, nem só ao bebê que se faz amamentar, e assim ocorre em todas as formas desse campo pulsional, marcado por orifícios e bordas, com suas pulsações e com o gozo que lhes faz palpitar.

Fanon (1952/2008) afirma o quanto o negro poderia afetar e atrapalhar o esquema corporal do branco, ocasionando uma desestruturação pela sua presença, e, assim, o branco teria necessidade de se defender desse outro que seria o suporte de suas preocupações e de seus desejos. Essa indicação permite pensar que a imagem do negro poderia mostrar para o branco o outro de si mesmo e vice-versa: cada um veria no outro não o seu eu, mas o seu não eu, e este não eu seria extremamente perturbador, seria o inaceitável.

Isildinha Nogueira (1998) diz que aquilo que seria considerado inaceitável e que fica atribuído aos negros pela cultura seria por eles *introjetado*. A sociedade branca e escravocrata teria produzido um imaginário social em que *o negro teria ficado como catalisador dos fantasmas e perversidades dessa sociedade*. O corpo negro seria socialmente concebido como representando o excesso, o que extravasa, sendo os atributos morais e intelectuais associados somente aos brancos (Nogueira, 1998, 1999).

> *É assim que a representação da sexualidade do negro, para tal imaginário, coloca-o na dimensão da violência selvagem (o estupro, por exemplo), ou na dimensão do gozo invejado (na figura de uma extraordinária potência sexual do homem negro ou da sensualidade exacerbada da mulher negra). (Nogueira, 1998, p. 120)*

Em um texto especificamente sobre o corpo das mulheres negras, a autora afirma que não seria fácil para elas livrarem-se dos lugares pelos quais estariam marcadas historicamente: a sambista, a mulata, a doméstica.

> *Seu corpo, historicamente destituído de sua condição humana, coisificado, alimentava toda sorte de perversidade sexual que tinham seus senhores. Nesta condição eram desejadas, pois satisfaziam o apetite sexual dos senhores e eram por eles repudiadas. (Nogueira, 1999, p. 44)*

O homem negro, assim como também a mulher negra, por conta dessa representação de um *gozo invejado*, ficaria confundido e perturbado por essas imagens sociais de modo que,

> *na tentativa desesperada de não ser a presentificação do "mal", adere de forma fantasmática aos valores "brancos", pela negação de suas características étnicas que chega, no limite, como vimos, à negação de seu próprio corpo. (Nogueira, 1998, p. 120)*

Essa afirmação da autora traz um apontamento que considero fundamental: *tentando não ser a encarnação desse "mal"* – explicitamente articulado com o que pouco antes ela dissera da representação do sexual, do gozo invejado e insuportável –, *o negro aderiria aos valores brancos e à negação de suas características.*

O que vai saltando dos textos psicanalíticos sobre as mulheres negras parece-me que é justamente esse inaceitável, e, por isso mesmo, é tão difícil de enunciá-lo, lembrando que é da ordem do que não aparece no espelho, mas somente à sua margem. Mais do que uma tentativa de se livrar do corpo feio que fugiria aos padrões de beleza da mulher branca e que precisariam, portanto, afinar o nariz ou alisar o cabelo, o que considero que afligiria sobremaneira as mulheres negras é serem vistas como portadoras de um corpo "*perigozo*", um corpo que Isildinha Nogueira (1998, 1999) apontou como presentificação do mal e das fantasias mais inconfessáveis.

O gozo invejado e suas consequências: retomando Isildinha Nogueira, Neusa Souza e Tiago Reis Filho

Vejamos o que é indicado desse corpo perigosamente associado ao *gozo invejado* nas pesquisas já realizadas. Adianto que é preciso garimpar nas margens e que ele aparece entre uma frase ou outra, de uma maneira evanescente e lateral. Trata-se de um terreno extremamente pantanoso, porque exige sair do campo da moral e do que seria desejável ou valorizado socialmente para o campo onde aparece algo que não é somente da ordem do bem-estar e do prazer do sujeito e que, além de indizível, toca-o, arrebata-o e pulsa nele.

Como esse corpo da mulher negra foi muito marcado por ter sido visto como sede de realização dos prazeres dos senhores, aproximarmo-nos dele é aproximarmo-nos desse horror, o horror de que, ao despertar o desejo do outro, isso pudesse ser entendido como justificativa e autorização para que fosse submetido e utilizado ao bel-prazer do outro dominador.

Aí é que mora o maior perigo: a garantia de não ter um corpo submetido seria não ter um corpo que pudesse despertar desejo?

Acreditamos que tenha sido consequência da necessária aproximação com esse horror e com esse inaceitável, ao tratar das representações e fantasias no imaginário social sobre o corpo da mulher negra, o fato de que se tenha preferido abordar, nas pesquisas anteriores, a identificação dessas mulheres com um corpo que seria feio, sujo e degradado, pouco valorizado e pouco desejado, esquecendo-nos de que encontramos na outra face da degradação o desejo inconfessável.

Por mais doído que seja falar do corpo que seria socialmente desvalorizado, ainda parece que é uma via menos penosa do que falar de um corpo que seria visto como fonte de desejos incontroláveis. Vejamos em Isildinha Nogueira, em José Tiago Reis Filho e em Neusa Souza como essa dor e vergonha do corpo aparentemente visto como feio aparecem, mas também como aparecem, ainda que de modo fugaz e mais sutil, o horror e o medo pelo corpo que poderia despertar o desejo do outro.

Isildinha Nogueira (1998) apresenta três casos clínicos em que mostra o que a sua cor, negra, teria evocado de significações para cada paciente, uma vez que entende as reações esboçadas por eles à presença de seu corpo negro como inscritas no campo transferencial e, portanto, como formas de expressão de suas fantasias.

O primeiro caso apresentado pela autora é o de uma senhora branca que inicialmente procura Isildinha Nogueira como analista para seu filho de 11 anos. Após falar dos comportamentos do filho, que seria birrento e muito ligado a ela, diz que, depois da morte do marido, começou a sair compulsivamente, com muitos homens.

Na segunda entrevista, diz-se envergonhada por ter se impressionado com o fato de a analista ser negra e, após uma intervenção desta analista, consegue dizer:

> *. . . eu é que tenho uma história negra, nos últimos tempos me comporto como uma garota de programa. (Senhora Santos, analisanda de Isildinha Nogueira)*[14]

Isildinha Nogueira (1998) aponta o quanto sua presença teria evocado nessa senhora o que ela considerava uma *história negra* ou *história de negra*, no sentido de desregramentos e permissividade sexual, sentidos que estariam articulados ao corpo negro no imaginário social.

Nogueira analisa esse caso apontando que, para essa senhora, o que até então era uma representação do imaginário social atribuído aos negros aparecia também como uma representação de si mesma, como se ela tivesse sido, de alguma forma, "contaminada" por esse significante. "Uma vez que, na condição de branca, ela estaria livre de qualquer desequilíbrio dessa ordem, como se a condição de branca pudesse lhe assegurar um equilíbrio do exercício de sua sexualidade" (Nogueira, 1998, p. 146).

Parece-me um exemplo muito preciso de como o insuportável do sujeito, ou seja, o enigma sobre o sexual para essa senhora, aparece na fala racista como se fosse algo do outro. O que fica depositado no corpo da analista por essa senhora é o que está alojado no mais íntimo do seu ser, tão opaco e tão escondido que é, ao mesmo tempo, quase impossível de reconhecer; reaparece por meio desse encontro, em que essa senhora fica "contaminada", percebendo que o que vê na outra está também dentro dela.

14 Nogueira (1998, p. 144).

No segundo caso, Isildinha Nogueira (1998) mostra uma menina negra de 6 anos, que apresenta sérios problemas de relacionamento e não se adapta na escola. As falas da mãe e o atendimento da menina aparecem ilustrando a hipótese da analista e pesquisadora de que a construção da imagem de corpo do negro estaria marcada, desde a origem, pelo olhar de uma mãe que recusa e nega a imagem do corpo do seu filho, uma vez que rejeitaria o que a pele negra envolve de representações sociais. No caso apresentado, há toda uma desvalorização da mãe dessa menina à presença do pai, que se daria por meio da recusa frente às marcas identificatórias das raízes culturais portadas por ele. Não há dúvida de que haveria, por parte dessa mãe, uma impossibilidade de suportar o que essa menina trazia sempre presente com o seu corpo, negro. A leitura que Isildinha Nogueira realiza desse caso parece muito coerente e instigante, mas não poderia deixar de apontar que não considero possível, a partir desse caso, explicar como seria a constituição psíquica dos sujeitos negros brasileiros como um todo, como faz parecer a parte teórica apresentada pela autora.

O terceiro caso relatado por Isildinha Nogueira (1998) é o de Maíra, uma jovem negra de 25 anos, que procurou análise por sentir-se muito solitária, com dificuldade de ter amigos e de conseguir namorar.

> *Eu não me sentia negra e fazia de tudo para não me lembrar disso, cresci ouvindo minha avó falar que temos que casar com pessoas mais claras, para clarear a família. Só me aceitei negra depois que entrei para a militância do movimento negro. (Maíra, paciente de Isildinha Nogueira)*[15]

15 Nogueira (1998, p. 154).

Após um tempo de análise, quando estava para se casar com um rapaz estrangeiro que conhecera no trabalho, ele avisa a família e manda as fotos de sua futura esposa. A família reagiu dizendo-lhe que seria difícil viver com uma mulher negra no seu país de origem. O noivo não se deixou abalar pela reação da família, mas Maíra começou a emagrecer de modo surpreendente, conforme o casamento foi se aproximando, temendo a família do noivo.

A leitura que Isildinha Nogueira (1998) faz do caso é a de que Maíra teria uma imagem de corpo que era de um corpo branco, produto do desejo de sua mãe. No entanto, seguindo seus comentários, a autora nos afirma algo mais. "Embora Maíra estivesse, há um tempo razoável, na tentativa de elaboração da sua negritude, seu medo de ser uma negra permanecia enraizado" (Nogueira, 1998, p. 160). O processo de emagrecimento fica entendido pela analista como uma tentativa de dar sumiço no seu corpo negro.

O que fui depreendendo desses relatos, mais do que um corpo que precisaria ser limpo, uma vez que o negro seria sujo, ou que deveria desaparecer, por não ser belo o bastante, são os efeitos de um imaginário social sobre o corpo das mulheres negras, que as enxergaria como possuindo uma sensualidade exacerbada e uma licenciosidade sexual. O primeiro caso, em que Isildinha Nogueira aparece aos olhos da sua cliente como aquela que seria capaz de um gozo desmedido, evidencia-nos isso e, na medida em que esse suposto gozo não permanece segregado na analista, pode ser reconhecido pela paciente como o que, dentro dela mesma, seria seu *estrangeiro*.

Assim também, no terceiro caso, podemos supor que o sumiço em seu corpo se relacione com o que fora apresentado do medo do seu corpo negro: sim, talvez a maior questão para muitas das mulheres negras não seja que o corpo delas escapa ao que seria o ideal e o desejável, mas, muito ao contrário, que há uma fantasia sobre o corpo delas no imaginário social de que produziria muito desejo e um gozo desarrimado.

Um depoimento pessoal de Isildinha Nogueira alguns anos depois de seu doutorado parece ir em uma direção semelhante.

> *Conversando com o Prof. Kabengele, ele me lembrou que uma vez eu estava indignada. Uma senhora foi me procurar no consultório e disse: "Vim buscar você por conta de um problema grave que tenho, um descontrole da sexualidade. Já fiz outras psicanálises mas não consigo ter controle sobre isso. Isso para mim é terrível". O que estava implícito, na hora, era: a nossa sexualidade, a sexualidade do negro, que é vista como a sexualidade do animal, tudo pode. O senhor fazia tudo com a negra, e até hoje é assim. Para nós, os negros, no imaginário popular, a sexualidade é algo fora do comum, animalizado, não está dentro dos padrões normais da sexualidade dos humanos. O negro é o "quente", é aquele que sabe tudo fazer numa cama. A minha resposta para ela foi dura, mas permitiu a ela pensar: "Não sou uma prostituta. Sou uma psicanalista". (Isildinha Nogueira, 2004)*[16]

A indignação explícita de Isildinha Nogueira se articula com o que afirma que estava implícito no olhar dessa senhora: enxergá-la como detentora de uma sexualidade animalesca. A mulher negra, assim como o homem negro, seria enxergada como a que *tudo saberia fazer em uma cama*. Não seria essa descrição, justamente, a de um gozo imaginado como total e sem amarras? E,

16 Nogueira (2004, p. 110).

mais que isso, a suposição de que essas mulheres deteriam um saber sobre o gozo sexual?

O que Isildinha Nogueira responde explicita ainda mais o que ouviu: *Não sou uma prostituta.*

Assim como *Sofia* havia dito ter escutado nas entrelinhas a suposição de que seria garota de programa, e como ouvimos de tantos filhos na escola a necessidade de defenderem suas mães, dizendo que elas não eram putas, *Isildinha Nogueira* também precisou explicar que não era prostituta. O que atravessa cada uma dessas situações parece referido a uma mesma significação que recai sobre o corpo de cada uma dessas mulheres: habitar o corpo de uma mulher negra.

Esse parece-me um ponto fundamental: as consequências psíquicas de ter um corpo imaginariamente marcado como superpotente ou hipersexual para as mulheres nomeadas por elas mesmas, ou pelos outros, como mulheres negras. O que poderia significar para essas mulheres carregar esse olhar? José Tiago Reis Filho (2005), na sua pesquisa de doutorado *Negritude e sofrimento psíquico: uma leitura psicanalítica*, apresenta o caso de uma paciente sua, *Maria*, que pode nos trazer mais algumas pistas.

Preciso parar de me mutilar. É a frase que dá início ao primeiro encontro de *Maria* com seu analista (Reis Filho, 2005, p. 103). José Tiago Reis Filho era, ao menos à época desse atendimento, o único analista negro da cidade. Segundo sua própria fala, não era raro ser procurado por pacientes negros, pelos mais diversos motivos. O que teria levado *Maria* a consultá-lo seria o fato de que sofria com sua negritude e mutilava seu corpo por ser impossível conviver com suas insígnias: segundo ela mesma lhe dissera, seu corpo era seu fardo e custava-lhe muito caro ter de carregá-lo (Reis Filho, 2005).

Maria frequentemente sentia uma angústia súbita e intensa, e arrancava seus cabelos: os arrancava até a raiz, fazendo falhas e sangrando o seu couro cabeludo. Esse comportamento tinha começado aos 13 anos, quando da sua menarca. "Um dia se viu mergulhada em uma angústia tão grande que começou a se bater, não conseguiu ver-se no espelho ou o que viu 'não era ela'. Passou a ter crises cada vez mais constantes e se 'mutilava'" (Reis Filho, 2005, p. 108). Enquanto as outras meninas saíam, passeavam e namoravam, *Maria* só conseguia ir à escola ou à missa, saindo acompanhada dos pais ou irmãos. O recorte do caso realizado por Tiago Reis vai mostrando uma menina que, conforme vai crescendo, não consegue suportar o próprio corpo, um corpo, para ela, marcadamente de uma mulher negra:

> *Tinha inveja das amigas, cresceu tendo vergonha de seu corpo, dos lábios grossos, do nariz que não é chato, mas lembra o nariz de negros, de sua bunda grande e suas ancas largas, como das negras, dos cabelos que não são como as da mãe. (Reis Filho, 2005, p. 107)*

Para a mãe de Maria, aliás, o que mais marcava uma mulher negra era o cabelo, a dificuldade para arrumá-lo. Ao pentear o cabelo de sua filha, ela ia dizendo: *tem que dar um jeito nisso*.

A mãe de Maria era filha de um pai negro e de uma mãe branca; foi empregada doméstica e teria aprendido com os patrões as *boas maneiras*. Educava os filhos a partir desses ensinamentos e fazia sérias críticas à família do marido por se comportarem fazendo *coisas de negros*, como falar muito alto, não ter educação e dar vexame e, em relação às mulheres, *não se darem ao respeito*. Nunca foi vaidosa, não usava maquiagem, arrumava-se de maneira discreta e afirmava não gostar que as mulheres *se mostrassem*, como as cunhadas.

O nascimento de *Maria* teria sido uma decepção, uma vez que o pai esperava que fosse um filho homem. Depois dela, nasceram dois meninos em sequência, com os quais a sua mãe se relacionava de maneira bem mais tranquila do que com ela.

As falas recortadas por Tiago Reis mostram uma mocinha que, desde a adolescência, queria ser invisível e procurava não chamar a atenção, não gostava de usar biquíni, pois *destacava muito seu corpo*, era muito discreta e temia que percebessem que não se sentia bem em sua pele. Só se permitiu ser mais vaidosa quando teve contato com a irmã mais nova da sua mãe, que era batalhadora, tinha estudado na universidade, trabalhava fora, gostava de sair, de viajar e de se arrumar (Reis Filho, 2005).

As lembranças e vivências de agressões com conteúdo racial são inúmeras durante os seus anos de análise, incluindo as menções de que teria cecê, ou seja, *catinga de crioula*.[17]

A análise do caso de *Maria*, realizada pelo autor, ressalta que a voz e o olhar maternos que marcaram sua constituição trariam o significante da brancura como o representante do que teria valor. "A mãe rejeita em si as características negras, transmitindo à Maria a decepção, o susto e a rejeição por ser mulher (queria um filho homem) e negra: 'temos que dar um jeito nisso', referindo-se aos cabelos crespos da filha" (Reis Filho, 2005, p. 111).

Talvez mais do que considerar a branquitude como aquilo que teria valor, possamos pensá-la como negação da negritude rejeitada. E mais ainda: o susto e a rejeição da mãe de Maria seria por a filha ser mulher e ser negra ou, principalmente, por ser mulher negra? Ainda que sua mãe, em relação aos filhos homens, não os

17 "Como a iniciação sexual dos rapazes do período escravocrata brasileiro se dava com as escravas, em muitas situações era o cheiro destas que os excitava, o cecê" (Reis Filho, 2005, p. 111, nota 109).

quisesse confundidos com os meninos *pretinhos e mal educados que via na favela*, o que recai sobre *Maria* é de outra ordem. O momento em que, para *Maria*, o espelho fica insuportável é o momento em que ela começa a menstruar, marcando fisicamente que estaria *ficando mulher*. Como ter um corpo de mulher negra se isso poderia ser entendido e significado como se tivesse um corpo de mulher que *não se dá ao respeito*?

A questão que estou apontando é da complexidade de ser mulher negra quando a falta de respeito recai sobre elas, e não sobre o outro, que, por tantas décadas, perdeu o respeito na relação com elas. Isso porque as marcas da escravidão, com o abuso sobre o corpo da mulher servil, traria, no meu entender, ainda confundidos o *ser respeitada* e o *se dar ao respeito*. Como *se dar ao respeito*: ficando invisível, mutilando-se, tirando qualquer traço de vaidade e de beleza do seu corpo, tirando qualquer marca de um corpo que pudesse ser tomado como um corpo de uma mulher negra?

> *A gente sempre foi considerada vadia, vagabunda desde os tempos da escravidão. Desde que chegamos aqui nesta terra não tivemos respeito pelos nossos corpos. Trabalhamos nas casas, nas lavouras, cuidando de criança. Quem de nós quer ser chamada de vadia? (Preta, entrevistada por Carlos Mendes, 2014)*[18]

Ao estar em um meio em que era a única negra, conforme seu relato sobre a época da faculdade, o corpo de *Maria* já se destaca. Já se destaca, a princípio, como diferente. Essa não é uma experiência vivida por ela de forma exclusiva, ainda que a viva solitariamente.

---

18 Nome fictício escolhido pela própria entrevistada (Mendes, 2014, p. 74).

> *A gente começa desconstruindo a ideia de a pele natural ser a branca. Porque eu sou negra, eu sou natural, eu sou normal. Eu não sou exótica. Eu passo a minha vida inteira escutando que eu sou exótica, que eu sou diferente, que o meu cabelo é diferente. Essa é a minha vivência. (Stephanie Ribeiro, blogueira negra e estudante de arquitetura, 2015)*

Maria se destaca, ainda que seja extremamente discreta; possui um corpo que destaca suas formas ainda que se recuse a usar biquíni, pois seu corpo, mesmo com roupas, torna-se superexposto. No instante em que seu corpo é notado, é tocado pelos ventos que sopram do passado e trazem algo do cecê da mulher escrava, ou seja, algo que traz a marca da condição de objeto para o gozo do outro, transmitido pelos subterrâneos da cultura. Mutilar-se não poderia ser uma tentativa de estragar esse corpo para não correr o risco de ser devorada por um Outro que a tomasse como objeto de seu gozo? Uma vontade de ficar invisível a esses olhos de cobiça, mais do que um receio de não ser um corpo suficientemente atraente?

Acreditamos que querer ter um corpo de mulher branca, corpo que seria supostamente invejado, poderia ser entendido como a vontade de ter um corpo que, reconhecido como respeitável, poderia *ser respeitado.*

Os depoimentos colhidos por Neusa Souza (1990) trazem mais alguns elementos para avançar sobre a complexidade da relação das mulheres negras com o próprio corpo.

> *C. (primeiro homem com quem teve um relacionamento afetivo-sexual) era branco, família branca e morava em Ipanema... Eu tinha vergonha do meu corpo. Eu queria transar no escuro. Ele é que, aos poucos, foi me*

> *mostrando que as coisas eram diferentes. Eu me sentia gostada. Ele me ensinava a gostar de meu corpo. Mas eu fui ficando cada vez mais fechada, me sentia ameaçada por todos em relação a C. Tinha medo de tudo. Foi um lance racial: eu estava vivendo um lance de ser mulher negra para o C. mas não tava conseguindo ser uma mulher negra para mim mesma... (Carmem, entrevistada por Neusa Souza)*[19]

Carmem, ao colocar o *ser mulher negra para o C.* e *ser mulher negra para si mesma*, estabelece alguma distinção entre essas duas perspectivas e, na medida em que não as toma como coincidentes, oferece uma pista importante.

> *Só me relacionava bem com ele [C.] na faculdade . . . Eu não conseguia nem transar meu estereótipo, minha imagem de mulher maravilhosa. Não me sentia respeitada pelos amigos dele, me sentia insegura. É como se eu apresentasse uma imagem e não fosse nada daquilo... Eu sentia vergonha do meu corpo. Eu queria transar no escuro... Eu fui ficando cada vez mais fechada . . . Tinha medo de tudo. (Carmem, entrevistada por Neusa Souza)*[20]

Carmem aponta saber que, no olhar sobre ela, havia algo muito marcado por um imaginário social, tanto que se refere a um estereótipo; mas ela diz, por outro lado, que seria possível fazer algo com isso, embora ela mesma não estivesse conseguindo: *eu não conseguia nem transar meu estereótipo*.

---

19 Souza (1990, p. 35).
20 Souza (1990, p. 41).

> *Eu não aceito ser uma pretinha. Quero ser a crioula maravilhosa. O branco aceita a mistificação do negro: "sou preta, sim, mas até consigo ser melhor que vocês". (Carmem, entrevistada por Neusa Souza)*[21]

O que Neusa Souza recorta deste trecho é a necessidade de *ser a melhor*. A autora diz o quanto esse é um dado unânime das entrevistas que realizou, consigna que seria introjetada e reproduzida por todos seus entrevistados como modo de compensar ou minimizar o "defeito", para ser aceito.

No entanto, acreditamos que daqui podemos extrair algo mais: que *Eunice*,[22] por exemplo, fale que gosta quando as pessoas lhe dizem que é inteligente ou que tenha fantasias, seja de ter muito dinheiro, seja de ganhar o Prêmio Nobel, sim, parece uma tentativa de provar que não é incapaz de ter qualidades intelectuais, como foi atribuído imaginariamente aos negros. Da mesma forma que *Luísa*, quando diz que resolveu fazer medicina, possivelmente por se sentir impelida a escolher a carreira que considerava a mais nobre. Ou quando Virgínia Bicudo, uma das pioneiras da psicanálise brasileira, diz que tirava notas boas na escola porque *ser ótima aluna e ter nota boa é uma proteção para o negativo: negrinha é negativo, nota boa é positivo* (Bicudo, 1995).[23] Nesses casos, o bom desempenho seria uma tentativa constante de provar seu valor e capacidade intelectuais, diante da fala desqualificadora do outro e do suposto "defeito" pairando como uma sombra. Mas quando *Carmem* diz "*eu não aceito ser uma pretinha, quero ser a crioula maravilhosa*", apesar de tratar-se de uma afirmação, sem dúvida, carregada do imaginário social, não parece irrelevante em relação

21 Souza (1990, p. 40).

22 Eunice é o nome fictício de outra entrevistada de Neusa Souza (1990).

23 Entrevista a Marcos Chor Maio (2010a).

às consequências psíquicas que daí poderiam advir, que tenha aí toda uma concepção do que *Carmem* seria capaz em relação à sexualidade, e não incapaz.

Sobre o campo sexual e a sensibilidade, o poder ficaria atribuído imaginariamente aos homens negros, como Fanon (1952/2008) já dissera e como vários depoimentos a Neusa Souza o dizem. Que seja uma construção imaginária, não deixa de ter seus efeitos; o imaginário é um dos registros sobre os quais o sujeito humano apreende o seu corpo, enxerga a realidade e constrói seu modo de se relacionar com o mundo.

> *. . . eu tinha uma coisa (fantasia) de que todo negro queria me comer. Todo negro ia se aproximar de mim e ia ficar chato... o que é que as pessoas iam pensar... Quando eu via um negro, eu queria afastá-lo de minha frente – é claro, iria me perturbar. (Carmem, entrevistada por Neusa Souza)*[24]

> *Tem até o estereótipo de que o negro é mais macho, é o melhor. Eu não tenho nada disso (Sales, entrevistado por Neusa Souza)*[25]

> *O homem negro é mais potente. As mulheres brancas acham isso – acho que elas têm razão. (Natanael, entrevistado por Neusa Souza)*[26]

> *O negro tem uma sensibilidade diferente. Uma forma sentimental diferente. Uma entrega maior. Tudo que*

24 Souza (1990, p. 63).
25 Souza (1990, p. 63).
26 Souza (1990, p. 63).

> *penetra. Parece que o negro tá menos amortecido pra sensibilidade. Tem mais dificuldade de ser racional, aí se joga pro emocional. Ele tem uma coisa de jogar mais sentimento no que faz. É mais primitivo, mais humano, mais artesanal. Primitivo no sentido primário, primeiro: a emoção é primária à razão. Talvez o discurso racista tenha razão quando diz que o negro é mais emocional. (Carmem, entrevistada por Neusa Souza)*[27]

O que Neusa Souza destaca nesses trechos se refere ao que considera alguns dos estereótipos que constituem o mito negro e que teriam, apenas aparentemente, uma significação positiva, apontando *dons* que seriam próprios aos negros. No entanto, a autora diz, na sequência, que seriam atributos revelando um falso reconhecimento de uma suposta superioridade negra, pois estariam associados a uma concepção de *irracionalidade* e *primitivismo* deles, em oposição à *racionalidade* e ao *refinamento* dos brancos. A musicalidade e ritmicidade, a resistência física e a extraordinária potência e desempenho sexuais entrariam nesse contexto do que seria próprio à emocionalidade do negro, aproximando-o de uma animalidade, quase sempre se contrapondo à capacidade intelectual e de raciocínio que seria característica do branco.

Nesse ponto, Neusa Souza (1990, p. 32) retoma o que Florestan Fernandes (1972/2011) havia dito anos antes, que "os traços que poderiam caracterizar o negro como superior são aqueles que simbolizam uma verdadeira inferioridade e que definem 'a besta'" (p. 206).

Proponho reler esse parágrafo invertendo-o, ou seja, partindo da hipótese de que o que caracterizaria o negro como inferior

27 Souza (1990, p. 31).

estaria no lugar do que a ele seria atribuído imaginariamente como superioridade.

Essa chave de leitura encontrei em Lélia Gonzalez (1984), quando apontou a agressividade que recairia sobre a doméstica, na medida em que ela seria a outra face da mulata. Também me foi apontada por *Selma*, quando soube ler na fala racista de uma senhora, mãe de uma filha cadeirante, sobre três meninos negros que brincavam, o retorno da imagem insuportável dessa mãe ao se dar conta da imobilidade da filha. Mas poderia dizer que essa chave de leitura também me foi dada por Neusa Souza, em uma fala pronunciada doze anos depois da escrita da sua tese e que permite ressignificar o que havia proferido antes. Se em *Tornar-se negro* (Souza,1990), texto que fora redigido em 1982, sua análise tinha se centrado em torno do Complexo de Édipo, o que apresenta em um colóquio em torno do tema o "Estrangeiro",[28] em 1994, abre outras frentes.

As mulheres negras como heteridade

Neusa Souza, ao trabalhar a questão do *estrangeiro* não como o outro, mas como aquele que habita em nós, permite trabalhar a questão do racismo e da intolerância como uma vontade autoritária de extirpar do outro o seu modo de gozo. O que estou sublinhando é que, no primeiro texto, Neusa Souza faz uso da teoria de Lacan até suas formulações sobre o complexo edípico e a relação com o outro, do ponto de vista do especular, um outro-ideal construído à imagem de um eu-ideal (Quinet, 2001). No texto "O estrangeiro: nossa condição" (Souza, 1998), é de outra alteridade que se trata.

28 Texto apresentado no Colóquio Internacional sobre o Estrangeiro, realizado pela Psicologia Clínica da PUC-SP em 1994, e publicado em 1998 sob o título "O Estrangeiro: nossa condição" (Souza, 1998).

Neusa Souza permite fazer uma nova leitura sobre o que deixara exposto e aberto, ao apresentar a fala dos seus entrevistados e mantendo nelas as ambiguidades e contradições.

> *Eu nunca dormi com uma mulher branca... com a mulher negra posso expor, discutir qualquer problema sem medo, falar, fazer. Com a mulher branca, posso fazer qualquer coisa em termos sexuais, o que é normal fazer, e ser mal interpretado: "coisa de negro, coisa suja". (Sales, entrevistado por Neusa Souza)*[29]

Quando *Sales* diz que poderia ser *mal interpretado*, não estaria dizendo o que supõe que se passaria no encontro com uma mulher branca, uma vez que, diante da estranheza desse encontro, ela poderia lhe atribuir o mal? E esse mal não poderia ser pensado como algo que não estaria nele como coisa suja, mas no olhar dela sobre ele?

> *Eu generalizo isso para todos os negros: os que chegaram às classes altas, com os brancos são racionais; com os negros soltam tudo, ficam emocionais. É o primitivismo. (Carmem, entrevistada por Neusa Souza)*[30]

Que o negro teria duas dimensões, comportando-se de modo diferente com um outro negro e com o branco, Fanon[31] já havia apontado há anos, e isso é retomado por Neusa Souza em *Tornar-se negro* (Souza, 1990). Mas, à época, ela diz que, no negro, a marca da diferença seria vivida de forma a reeditar essa desigualdade

---

29 Souza (1990, p. 30).

30 Souza (1990, p. 27).

31 Neusa Souza, neste ponto, refere-se ao trabalho de Fanon *Escucha, blanco!* (Barcelona: Nova Terra, 1970).

introjetada no seu universo psíquico, de modo que, ao conviver com outro negro, seu semelhante, reproduziria o ritual de separação, em uma cisão caricata.

Seria uma cisão necessariamente caricata o que *Sales* e *Carmem* enunciam do que se passa no encontro de um negro com outro negro? No meu entender, mais do que supor que eles teriam introjetado os valores de pseudovalorização sobre o negro, penso tratar-se do relato do estranhamento do outro no encontro com eles, em que eles ficariam os depositários de tudo que escaparia à razão.

Neusa Souza dá vários elementos que vão muito além do que fora assinalado por ela como tentativa de cumprir um *Ideal de Eu* marcado pelos ideais hegemônicos brancos, principalmente ao apresentar com mais detalhes a *história de vida* de *Luísa* e seus enigmas.

> *Meu primeiro namorado foi o David. Eu tinha 15 anos. David era branco, filho de tcheco com alemã . . . Nunca me assumiu como namorada dele. Tudo era maravilhoso quando estávamos sozinhos ou com pessoas íntimas . . . Eu nunca achei que era nada racial. Achava que era porque eu era muito feia. Aceitei o jogo dele me minimizar . . . Ele tinha muito problema de identificação – "espiga de milho", era o apelido que lhe davam. A maioria dos amigos dele eram negros. Ele me curtia como negra – coisa da propaganda – a mulata, o escracho, a coisa de ser à vontade. Eu sofria porque ele não me assumia pra fora. Mas ficava contente porque, no fundo, ele me curtia. Nunca achei que devia discurtir isso. (Luísa, entrevistada por Neusa Souza)*[32]

---

32 Souza (1990, pp. 50-51).

"Aqui o objeto amoroso é introduzido no mesmo circuito que aprisiona Luísa. Ambos compartilham de uma representação distorcida e minimizada que cada um elabora a respeito do outro" (Souza,1990, pp. 56-57).

Se pensarmos que *Luísa* sente que, *no fundo, ele a curtia* e que *tudo era maravilhoso quando estavam sozinhos ou com pessoas íntimas*, podemos supor que a representação distorcida e minimizada a que Neusa Souza se refere talvez não fosse de *Luísa* a respeito do seu namorado, e vice-versa, mas o receio de como poder sustentar esse encontro diante do discurso social, repleto dos ideais hegemônicos de branquitude.

Aqui parece se repetir algo semelhante ao que *Carmem* e *Sales* haviam dito, do estar à vontade entre negros. O namorado de *Luísa* era branco, mas parece que isso era tomado como diferença, e não como desigualdade, quando estavam entre eles. É possível supor que, para ele, também não era suportável o peso de estarem juntos, socialmente, *não porque não a curtisse*, mas talvez porque não sustentasse ser olhado como um rapaz branco com uma mulher negra, com as representações que isso poderia trazer no discurso social.

O ponto que considero importante marcar aqui é a violência do racismo, não do seu namorado sobre ela, mas do discurso social sobre eles como casal. Seria possível pensar que esse rapaz, que *Luísa* entendia ter problema de identificação consigo mesmo, também se sentiria visto em uma posição muito marcada, a posição do homem branco que estabelece uma relação com a mulher negra, sentindo na sua face os ventos que sopram do passado. Seria uma relação minimizada de *Luísa* e seu namorado, um sobre o outro, ou o peso do discurso social em que o homem branco, por décadas, foi o agressor que tomou o corpo da mulher negra como algo sobre o qual tinha o direito e a posse? Não se pode esquecer de que ele também tem cor, e supomos que, no momento em que está publicamente com *Luísa*, é a cor dele que de repente aparece, passando ele também a estar *superexposto*.

A autora aponta que *Luísa* teria feito da sua vida o discurso da avó, assentando-se nos paradigmas e estereótipos fundamentais da ideologia hegemônica, debatendo-se entre a desvalorização e a pseudovalorização; teria se fixado em uma imagem que a alienaria, o *escracho*, termo usado tanto para se definir como para definir sua avó.

"O escracho, o deboche, o estar à vontade são comportamentos que se propagandeiam, exigem e esperam da mulher negra . . . Ser mulata é ser a mulher veneno, a melhor de cama, a mais sensual. Luísa acredita no que diz este mito e a ele se submete" (Souza,1990, p. 56). Essa é a leitura que Neusa Souza apresenta de *Luísa*, mas também uma leitura que traz a pergunta: *a coisa de ser à vontade* seria uma submissão ao mito da mulher negra ou seria algo que uma mulher negra poderia querer vivenciar? No entanto, se pensarmos que fosse algo que uma mulher negra poderia querer viver, o estar à vontade, o ser escrachada, ou seja, ficar menos submetida aos ditames sociais, como sustentar essa posição, na medida em que, facilmente, essa sua maneira de ser poderia ser transformada e reconhecida pelo outro como exótica, em uma forma já capturada e degradada do seu modo de relação com seu corpo e com o outro?

É nesse sentido que acredito que a noção do *estrangeiro*, como o mais íntimo e familiar e mais estranho de si, pode ajudar. O que despertaria nos outros a presença de *Luísa*, uma mulher negra? O que despertaria nos outros a presença de *Luísa*, uma mulher negra, com seu namorado branco? Por que seria insuportável a sua presença somente como diferente, e não sob uma forma degradada? A minha hipótese é: porque o outro, não suportando o *estranho* em si, colocaria *nela* o *mal*; um *mal* que seria também muito atraente, posto que referido ao sexual.

Como lembra Antonio Quinet (2001), existiriam várias formas de rejeitar a existência do gozo do Outro, esse gozo que aparece como diferente e como absoluto, e segregar seria uma delas. Ou seja, segregar esse gozo, no outro, como se este *mal* pertencesse somente a ele, seria uma das formas de escapar dele e, aparentemente, dominá-lo.

Luísa estaria sendo depositária desse gozo segregado justamente por ser uma mulher que, pela sua presença, traria em um imaginário compartilhado socialmente a pergunta de cada um sobre o que haveria de entrega e de domínio no desejo sexual e no gozo: é o que estou propondo.

> *O Roberto foi a pessoa que durante todo esse tempo me dava toques sobre a questão racial: "por que você usa seu cabelo assim? (alisado) Ele conversava comigo, me mostrava o outro lado. Ele era branco. Era muito companheiro. Tinha muito carinho por mim. . . . Foi a pessoa com quem trepei pela primeira vez. Depois fiquei apaixonada, mas ele já estava começando o processo de um novo casamento e sofri muito. Eu fiquei de terceira. Ela era branca, mais madura, uma mulher com filho, não aprendeu a ser mulher com Roberto, como eu. Achava ela mais segura, mais forte... Fiquei achando que estava cumprindo o papel da mulher negra – a amante . . . Eu me achava mais mulher porque era negra: ser negra tinha pontos contra, mas tinha um veneno, uma coisa que segurava o homem. Eu me achava potencialmente mais mulher que ela. Porque era negra. Era uma coisa fantasiosa, me achava melhor trepando. Eu era negra, era diferente, era alguma coisa melhor. Acho que tinha uma propaganda subliminar. Os homens, o David, o Mário, o Roberto, cada*

> *um à sua maneira... eu achava que por trás dos elogios tinha um elogio por eu ser negra. (Luísa, entrevistada por Neusa Souza)*[33]

Querer se sentir a mais sensual, a *mulher veneno*, seria necessariamente esconder-se por trás de uma estereotipia? O termo *veneno*, escolhido por Luísa, parece-me extremamente pertinente, pois reúne, em um mesmo significante, algo que pode ser mortífero e excessivo, do que toca o corpo, o gozo e a morte, em uma tacada só. Como saber o que seria exatamente o *veneno* que *Luísa* se pergunta se teria e que diz que desejava ter? O que seria isso que, na sua relação com o homem pelo qual estava apaixonada, fazia-a se perguntar se teria *uma coisa que segurava o homem* ou que seguraria *este homem*? O veneno seria algo que ela teria pelo fato de ser uma mulher negra, seria como o outro a enxergava ou correspondia ao que ela fazia com isso que o outro imaginava nela?

> *Aí me apaixonei pelo Silvio, o homem negro presidente do Diretório, paixão da maioria das mulheres, bonito, inteligente, líder, casado . . . acho que o processo dele era muito igual ao meu: de não se assumir como negro, de não procurar mulheres negras . . . E eu acho que fui a primeira mulher negra por quem ele conseguiu se interessar. Mas acho que não é só isso. Era também a curtição de eu ser negra. A curtição é como ser o mais tudo: a mais bonita, a mais inteligente, a mais sensual. Daí eu achar que as pessoas me curtem por ser negra, por ser o mais. Já que as pessoas vão me pedir eu dou logo. (Luísa, entrevistada por Neusa Souza)*[34]

33 Souza (1990, p. 52).

34 Souza (1990, p. 53).

Acompanhar a fala de *Luísa* é acompanhar a fala de uma mulher com suas perguntas do que será que o outro vê nela, ou do que ela sente no encontro com o outro. É acompanhar a fala de uma mulher com suas inquietudes sobre seu corpo, uma mulher que, quando mocinha, teria tido uma estranha sensação diante do espelho, vivenciando uma crise terrível, de pavor, um medo de ver sua imagem refletida. Um corpo que não seria o corpo neutro, o corpo branco e, por isso mesmo, um corpo fadado a inquietar, a provocar reações das mais diversas, das mais passionais, no outro, simplesmente pelo fato de existir e fazer-se presente.

> *. . . E o Vitor: o mais bonito da turma, inteligente, difícil para as mulheres, o homem negro que eu queria para viver uma experiência afetivo-sexual. A transa com ele foi frustrante, no geral. Ele não era esse homem que eu esperava. Não era também o potente – fantasia da mulher branca e da mulher negra também, até minha também. Eu esperava um lance de dominação, mesmo. Esperava até aceitando, mesmo. E não pintou. Ele não conseguiu nem trepar comigo. (Luísa, entrevistada por Neusa Souza)*[35]

Neusa Souza (1990) permite acompanhar o que *Luísa* pôde lhe dizer. Provavelmente, *Luísa* não teria dito a um analista que não conseguisse escutar a questão da sua cor como um ponto importante. Tanto assim que ela faz questão de colocar o que sua cor lhe trazia de pergunta sobre o que provocaria o desejo no outro, entendido aqui como *causa*. Lembrando que o objeto da pulsão é por característica este que se desprende do outro e vai em direção ao sujeito, e vice-versa: algo que não está nem no sujeito, nem

35 Souza (1990, p. 54).

no outro, mas põe em causa e movimenta o desejo. E o corpo da mulher negra se desprenderia dela, convocando o olhar do outro, ainda que ela procurasse se esconder, porque sobre esse corpo foi entendido que qualquer um estaria autorizado a olhar quanto quisesse e como quisesse, sem um necessário assentimento prévio.

Não seria isso que Lélia Gonzalez tentou dizer também a nós, psicanalistas, ao afirmar que, "Quando se diz que o português inventou a mulata, isso nos remete exatamente ao fato de ele ter instituído a raça negra como *objeto a*" [grifo nosso]? (Gonzalez, 1984, p. 240). Ela acrescenta que tanto o homem negro como a mulher negra teriam esse lugar que, de tão privilegiado, seriam culpabilizados, sofrendo os efeitos da dominação e repressão, o que se expressaria nos altos contingentes de negros povoando os hospícios, as prisões e as favelas.

Por décadas, o corpo da mulher negra teria sido significado como aquele obrigado a proporcionar prazer ao outro, prazeres sem pudores e sem freios, o corpo que seria capaz de um gozo absoluto. A dor é que a afirmação da capacidade de proporcionar o gozo total se faria com o seu desaparecimento enquanto sujeito. Ou seja, haveria uma afirmação da possibilidade de experimentar esse gozo, algo que estava vedado às mulheres dos senhores de escravos, por exemplo; mas o preço era de não existirem enquanto mulheres respeitáveis, não existirem enquanto mulheres, não existirem.

Lembremo-nos de Lacan (1959-1960/1988b), quando fala dos limites inexoráveis de buscar atingir o gozo total, quando discute a questão da ética do desejo: no limite do gozo, está a dor, a dor de si próprio ou a dor de outrem.

> *Também teve uma coisa importante: ele me disse que a maioria das mulheres que ele tinha transado eram negras. Então, pensei, se é assim, aquele veneno que eu acho*

> *que tenho... vai ser uma prova, vai ter que surgir uma coisa verdadeira – se eu sou esse veneno que eu queria ser, teria que ser porque eu sou Luísa, independente de eu ser negra. (Luísa, entrevistada por Neusa Souza)*[36]

Acredito que o *veneno* está justamente no ponto em que, encarnando aquela que supostamente seria capaz de proporcionar o gozo sem amarras, a mulher negra se aproximaria de sua morte, sua morte enquanto ser de desejo. Lembremo-nos de que, segundo Lacan (1959-1960/1988b), o desejo é uma defesa contra o gozo, o gozo total. Pois, se este seria inatingível, conseguimos dele algumas notícias, por meio de sensações evanescentes e recortadas, de nossos objetos pulsionais, sempre parciais, que nunca tomariam nosso corpo e nosso ser como um todo. Para abrir todas as comportas do desejo, o que encontramos é a dor: a dor de outrem ou a dor do próprio sujeito. "O extremo do prazer, na medida em que consiste em forçar o acesso à Coisa, nós não podemos suportá-lo" (Lacan, 1959-1960/1988b, p. 102).

Se, buscando proporcionar o gozo sem amarras, a mulher negra se aproximaria de sua morte, ao mesmo tempo, abdicar de ser uma mulher que possa gozar também seria a morte: a morte de um corpo como corpo erógeno, capaz de sentir as pulsações do gozo que contornam as dobras e buracos nos diversos encontros com o outro.

Estou propondo que uma mulher negra poderia evocar o estrangeiro na pele, em carne e osso: no seu encontro com o homem, ela como diferente; no seu encontro com o(a) branco(a), ela como diferente; ou seja, ao ser olhada como mulher e negra e como mulher negra. Reunindo o imaginário de um corpo sexualmente mais

36 Souza (1990, p. 54).

pulsante, posto que menos atrelado às amarras da racionalidade, como sendo um corpo negro; mas também um corpo enigmático, menos atrelado às amarras do gozo fálico, posto que sendo mulher. Ela seria *a Outra*, no sentido do Outro como o mais estrangeiro; seria a encarnação de uma Heteridade.

Não seria essa a representação que tão facilmente levaria uma mulher negra, no imaginário do outro, da posição de *mulher* para a de *prostituta*? Talvez seja isso que Lacan nos indica ao afirmar que o Heteros, esse gozo mais estrangeiro, pode se declinar em Hetera (Lacan, 1972/2003b), lembrando que Hetera é, em grego, a mulher concubina (Quinet, 2001). Qualquer índice de que poderia ter desejos por um homem, de que não seria totalmente e unicamente mãe, a levaria para o lugar marcadamente de *puta*, como havia escutado na escola.

Como construir uma saída singular, uma saída que escape à captura do seu gozo pelo outro, no ato que a segrega, no ato racista ou no ato que a assimila? Ou como construir uma saída singular para cada mulher negra, que não implique abdicar do seu corpo pulsante, aderindo à figura de uma mãe casta pela exigência do outro? Saída que não implique também em deixar seu corpo menos exuberante, mutilando-o ou escondendo-o, por receio de ser consumida ou submetida. Uma saída que não implique se fixar em uma imagem alienada, acreditando que o preço de ser erótico seria o de ser devassado, subjugado ou sem valor. Um corpo que não precise ceder do seu desejo (Lacan, 1959-1960/1988b) e que também não abdique do gozo possível como maneira de se defender da suposta submissão ao gozo de um outro que, ao tomá-la como encarnação do *gozo Outro*, obrigaria que lhe satisfizesse todas as suas vontades.

É então que Neusa Souza interroga *Luísa* sobre esse veneno que ela mesma imagina que teria, por ser negra, e *Luísa* lhe diz:

> *Não sei... Talvez o medo de transar com crioulo, seja por medo de ver que essa coisa não existe. (Luísa, entrevistada por Neusa Souza)*[37]

É nesse ponto que Neusa Souza (1990) nos deixa com a fala de *Luísa*. Não se trata de um ponto qualquer, muito pelo contrário. O *tornar-se negro* como sendo a construção de uma nova identidade deixaria de fora, no meu entender, o que anos depois Neusa Souza (1998) vai salientar: o eu, esse estrangeiro que somos nós, não é idêntico a si mesmo, é sempre discordante e dividido. Trata-se menos de uma construção de uma nova *identidade* do que de manter aberta a possibilidade de inúmeras *identificações*.

Quando *Luísa* lhe fala "se eu sou esse veneno que eu queria ser, teria que ser porque eu sou Luísa, independente de eu ser negra", está colocando algo que não fica contemplado no conceito do *ser negra* como uma *identidade*. Pois, ainda que tanto ela como as outras mulheres e homens pudessem imaginariamente depositar nas mulheres negras, como um todo, um suposto veneno, o que poderia ser um veneno só seu? Esse *independente de ser negra* parece menos uma negação de sua negritude que uma pergunta que não se encerra com ela. Pois *teria que ser porque eu sou Luísa* toca justamente a questão de seu nome, seu nome que lhe é próprio, entendido como um traço especial, distintivo, que marca que a sua pergunta não pode ser respondida por nenhum outro: *quem é Luísa? Que é eu?* O seu nome só marca que ela não é o que os outros são, o seu nome a designa, mas não responde quem ela é (Lacan, 1961-1962/2003a).

O que Neusa Souza convoca a pensar é nessa singularidade dentro de um campo comum. Uma singularidade inscrita em um

---

37 Souza (1990, p. 54).

campo social que coloca *Luísa* e cada mulher negra, discursivamente, marcadas por esse corpo como *Outro gozo*. O horror, o pavor e o fascínio viriam do fato de se verem colocadas tão próximas de um campo sobre o qual ninguém tem resposta alguma: não há saber sobre o sexual. A pulsão tem sempre uma relação lábil, que não é predeterminada com seu objeto, tanto assim que o sujeito não quer saber que não há saber sobre o sexual (Masotta, 1979). E é justamente porque o sujeito não quer saber disso que *Luísa* diz que talvez *o medo de transar com crioulo, seja por medo de ver que essa coisa não existe*. Mas manter essa pergunta aberta é não ficar capturada na segregação de seu gozo pelo outro.

A possibilidade de suportar que o desejo de uma mulher permaneça sempre como questão é o que permite que cada um dos parceiros possa tirar proveito disso, usufruindo da ocasião, da singularidade e da imprevisibilidade presentes no encontro com o outro; sendo exatamente a falta de resposta que funciona como aquilo que induz ao desejo (André, 1987).

Quais estratégias cada sujeito vai encontrar diante do que se impõe como restrição ou constrição de seus modos de gozar (Rosa & Poli, 2009)? Abordarei essa pergunta a partir de uma resposta singular, a construção de um caminho que, assim como *Luísa*, *Sofia* insiste em manter aberto: não aceita ser chamada de *puta*, não aceita ser considerada só *mãe*; ao que tudo indica, ela quer manter muitos outros nomes.

Sofia e sua saída singular: nem só mãe, nem necessariamente puta

Uma mulher negra, que trabalhou como empregada doméstica em casas de família desde adolescente, que teve de abandonar a escola e voltar a estudar somente quando madura, que teve um primeiro filho ainda muito jovem, tem nove filhos sobre os quais constantemente ouve queixas na escola e é chamada à delegacia para escutar as acusações policiais que sobre eles recaem: desde que lugar essa mulher, *Sofia*, pode ter uma resposta singular que não seja se alienando em um discurso que só pode vê-la com desconfiança, como uma mulher com um corpo à disposição, como uma mãe desqualificada? Como *Sofia* poderia gostar de sua cervejinha, de se arrumar, gostar da casa com muita gente, com muitos filhos, e não querer viver dependendo de homem algum e dizer *dificilmente não conquisto o que quero*?

Ela não virou uma escritora famosa, não é uma militante, não virou uma biografia de sucesso e também não virou atriz da Globo: quantas *Sofias* existem por aí? Muitas e uma só. Ela não é única pela sua unidade, mas pela sua singularidade. É onde pretendo chegar ao final deste capítulo.

Entre folhas e chás, candomblé e pedagogia

A primeira vez que *Sofia* me contou que *não ficava calada* diante da fala recriminatória do outro, disse também que nem sempre fora assim.

> *Falo mesmo. Não deixo de falar . . . Desde que tinha uns 24 anos, desde que virei mãe. Antes eu era quietinha, não respondia, mas daí em diante, não deixo falar. (Sofia, 2013).*

Ela localiza esse momento como um ponto de virada, algo que se passou demarcando um tempo do *antes* e um tempo do *depois*.

Lacan chamou isso de tempo lógico, pois não é pela via da cronologia que essa passagem acontece (Lacan, 1945/1998a). Trata-se menos de uma transição paulatina do que de uma constatação do sujeito de que já não está onde estava antes: *virou*. Uma virada na vida do sujeito não é um mero detalhe, nem algo sobre o qual, muitas vezes, ele saiba precisar o que se passou.

No caso de *Sofia*, ela diz textualmente: *desde que virei mãe*. No entanto, ela mesma alerta que virar mãe não é um ato biológico: *virou mãe* quando já tinha seu terceiro filho.

> *Quando eu tinha meus três primeiros filhos, eu saía e tinha uma amiga . . . [que questionou] que eu saía e eu disse "por que não posso tomar minha cervejinha? Meus filhos estão com roupa, com comida, não tem nada faltando". Fiquei muito brava com ela. Mas aquilo que ela disse, tinha uma coisa que ela tinha razão. Eu saía de madrugada e se viessem roubar a casa, se acontece de pegar fogo, se acontece alguma coisa e eu não estou. Então, aí posso dizer que virei mãe realmente, eu não deixava mais eles assim. E também nunca mais deixei ninguém falar de mim, parei de ficar calada. (Sofia, 2013)*

Esse momento de virada aparece na fala de *Sofia*, durante a primeira entrevista, articulado a uma vertente da maternidade identificada com um discurso do que seria reconhecido por ela e pelo discurso social como uma boa mãe. Uma mãe que não deixa a roupa e a comida faltarem, mas que também precisaria cuidar para que nada acontecesse na sua ausência.

No entanto, em um segundo momento, trata-se de uma fala que não se encaixa no discurso social, mas se articula para ela a suas marcas e, podemos dizer também, ao Outro. *Sofia* me permite escutar, vários meses depois, em uma segunda entrevista, o que a teria possibilitado se autorizar: algo fundamental em sua vida que teria reencontrado *a partir* da relação com seus filhos, mas que não teria se fundado na relação com eles.

> *Gostava muito de sair, gosto. Tinha outras amizades, fui esquecendo algumas essências, horários pra janta, comidas que meus filhos gostam. Meu filho não toma leite, gosta de chá natural: "você nunca mais fez isso?[chás de cidreira...]". Aí percebi: "estou perdida", "desculpa, estava perdida". Voltei a cuidar, fazer o que gostavam de comer, as verduras, os chás de folhas. Acordei, quando digo acordei é: "cadê sua essência? cadê você?". A essência do alimento natural, eles gostam muito de verdura . . . Pensei, tenho filhos, não era menininha solteira, tinha que cuidar dos filhos, eles diziam: "cadê mãe, eu quero... você não fez mais?". Aquilo me partiu o coração, ver ele falando assim. Quando digo acordei é "Cadê sua essência? Cadê você?" (Sofia, 2014)*

Os chás de folha natural não são pouca coisa na vida de *Sofia*; eles apontam claramente a diferença entre o ter o que comer, não estar faltando nada em casa – que é absolutamente fundamental, não há dúvida –, e o alimento que se articula à relação dela enquanto marcada pelo desejo do Outro, que também é fundamental, e fundante.

> *Não conheci minha mãe, quando faleceu eu era bebê, tinha meu irmão e os outros dois morreram. Era uma negra muito bonita, mas não conheci, nunca vi uma imagem. Meu pai e minha avó diziam: "você é a cara*

> *dela". Me olho no espelho e acho parecida, pelo que os outros contam. Ela morreu com 23 anos, teve tuberculose. O Mauro teve tuberculose, a Rosa teve tuberculose.*[38] *Também tive, meu irmão também, minha avó tratou com ervas medicinais, chá de... é um chá natural. (Sofia, 2014)*

As ervas naturais na sua história são as marcas fundamentais de pertencimento e inscrição para *Sofia*: inscrevem-na junto ao desejo de um Outro, sua avó, aquela que foi capaz de tornar possível que ela vivesse. Aquela que exerceu a função materna lhe alimentando não com leite, mas com as ervas que ela conhecia, os chás que ela preparava. Ou seja, *Sofia* foi cuidada recebendo aquilo que sua avó produzia na medida do que ela precisou: uma avó-mãe, exercendo o lugar de saber que nomeia a criança dizendo o que ela precisa e transmitindo o desejo de que possa viver. Foi assim que sua avó lhe deu a vida, sem negar ou apagar que *Sofia* tenha tido brevemente uma primeira mãe; tanto assim que conseguia lhe dizer *você é a cara dela*. Sua avó sabia que mãe não é uma só.

As ervas da sua avó vieram de longe, conhecimento transmitido por gerações; deixam-na inscrita em uma rede de pertencimento e convidam *Sofia* a fazer parte dessa linhagem. Uma descendência que se afirma em um saber paralelo ao saber oficial, que resiste, apesar de ser considerado crendice: um campo Outro que resiste.

Sofia consegue manter essa diferença entre o saber autorizado e valorizado da academia, o saber científico e hegemônico, e o saber que vem da experiência passada, da transmissão, da pergunta e do desejo de conhecer. Consegue se reconhecer capaz de conhecer,

38 Mauro e Rosa são nomes fictícios de seus dois irmãos mais velhos.

ainda que tenha sido inscrita em um lugar social de desvalor, da ignorância e da falta de cultura.

> *Sempre fui muito curiosa, sempre gosto de saber e perguntar. Minha família vem do candomblé, muita erva, muita folha. Ervas curam qualquer doença. A erva-de-santa-maria, a que curou a tuberculose. Se estoura uma ferida, sei que elas curam mesmo, tenho essa fé. Fico lembrando a família do meu pai, "essa erva é para fazer isso". Gosto da cidreira natural: é tão melhor. Muito legal quando as pessoas se interessam. (Sofia, 2014)*

Ela conta de sua identificação com esse Outro, lugar ocupado inicialmente por sua avó. Ao reassumir esse traço de ser também aquela que prepara o chá de ervas, algo fundamental de um reconhecimento opera nela. Sem isso, ela se pergunta a respeito de si mesma: *cadê você?*

Quando Lacan fala da identificação, mais do que buscar um processo que diga como o sujeito se identificaria com um outro, diz que seria possível a um sujeito se identificar consigo mesmo, ancorar sua existência. O que faria com que ele ainda fosse ele? A partir de onde ele já não seria mais ele mesmo? Como *Sofia*, quando diz que estava perdida, já não era ela. Insiste em me contar, repetindo a frase *acordei, quando digo acordei é: "cadê sua essência? cadê você?"*.

É por isso que Lacan (1961-1962/2003a) afirma que, quando falamos da nossa experiência de *ser*, não podemos nos referir somente à dimensão imaginária; é preciso nos aproximarmos do "mais íntimo de nós mesmos, do que tentamos fazer o ancoradouro, a raiz, o fundamento do que somos como sujeito" (p. 53). É então que ele diz de um traço que não pode ser pensado como unidade unificante, na medida em que o sujeito é sempre múltiplo, dividido, mas que é uma unidade distintiva, uma *pequena diferença*, como ele diz, no sentido que *Sofia* reconhece ali, nesta *pequena diferença*, que ela *acordou*, que ela ancorou.

O que *Sofia* chama de essência, nós não chamaremos de uma *identidade*, tomaremos como um ponto desde onde ela se apoia para que seu mundo possa existir, sem ser um arremedo de mundo, aprisionado e alienado no mundo que lhe propõe e que lhe exige o discurso social.

"Em contrapartida à identidade, a psicanálise fala de identificação, marca simbólica a partir da qual cada sujeito adquire, não sua unidade, mas sua singularidade" (O. Souza, 1994, p.ii). Octavio Souza ajuda a diferenciar o que seria supostamente a identidade daquilo que seria a identificação, na medida em que a identidade se estabeleceria como uma referência ao ser, e a identificação enfatizaria a referência ao dizer.

Sofia amplia sua capacidade identificatória com outros lugares que não somente aqueles que lhe são oferecidos pelo Outro sócio-histórico: são lugares também de um tempo e de um espaço, lugares que também fazem parte da nossa cultura, mas que permitem que ela se localize e exista não como refugo do mundo, mas como tendo um lugar digno de existência.

O que *Sofia* diz é que ela quer ser mãe *e* quer ter um homem para se divertir *e* quer fazer sexo *e* não quer depender de ninguém *e* quer ter muitos filhos *e* ficou quinze anos com seu segundo marido *e* quer estudar pedagogia *e* quer ser mãe de santo *e* não quer se mudar da casa onde mora desde a infância. Diante do pedido do outro de que transforme seu *e* em *ou*, ela se recusa. E sua recusa fica claramente marcada pelos momentos em que me diz: *vou logo cortando*; não *deixo falar*; *não fico calada.*

Dando o chá de folhas naturais para os filhos, ela reencontra uma maternidade, semelhante àquela em que foi recebida, alimentada e cuidada como filha. Uma maternidade distinta da que ela sente que lhe é exigida pelo discurso social, da mãe que frequentaria as reuniões de familiares da escola. Dependendo do contexto social em que o sujeito está inscrito, seria possível ver o ato de *Sofia* como uma mãe que sabe dar e transmitir o que recebeu de melhor, ou, diferentemente, poderia ser nomeada como uma mãe relapsa e displicente.

Dando o chá de folhas naturais, *Sofia* pode ser também a curiosa, que quer saber das coisas e que quer continuar aprendendo, ser aquela que preserva a sabedoria dos seus ancestrais e gosta de transmitir, que sonha até em ser professora. Dependendo do contexto social em que esteja, poderia ser nomeada como uma mulher ignorante, aquela que abandonou a escola bem cedo e em quem o fracasso escolar dos filhos recairia como dúvida sobre um suposto desinteresse dela pelo conhecimento.

Dando o chá de folhas naturais, ela pode ser ainda a mãe que pode dar aos filhos o que eles precisam e o que eles gostam. Uma capacidade de ter e de dar o que está fora da lógica do consumo, aquela em que cada um vale pelo que pode consumir. Em certo campo discursivo, poderia ser nomeada como carente, desprovida de meios materiais, como ela mesma em certo momento se identificou, temendo que seus filhos se envergonhassem da roupa que usavam, acordando às 4h00 da manhã para trabalhar para que eles não se sentissem diferentes.

Ao apontar como as ervas, chás e folhas de *Sofia* poderiam ser nomeados em um contexto e em um recorte do campo social de um modo, e em outro contexto de um modo absolutamente diferente, estou salientando que o discurso hegemônico não recobre o campo social como um todo (Rosa, 2015). Essa indicação parece ir na mesma direção do que afirma Lacan, que o Outro não encerra um saber absoluto, e também quando diz que o campo discursivo não pode ser tomado como um universo que teria um ponto de fechamento (Lacan, 1968-1969/2008). Ou ainda, quando oferece a metáfora do traçado de uma tesoura: se passamos uma tesoura nessa matéria da qual ele nos fala quando evoca o real do sujeito, dependendo do traçado, as relações mudam, tanto que o que não podia se ver antes passa a ser visto depois (Lacan, 1968-1969/2008). Em cada uma dessas indicações, o que podemos ler é que seria preciso lembrar que as inscrições dos sujeitos - homens, mulheres, brancos, negros - no discurso do Outro não estão rigidamente fixadas; elas dependem das práticas falantes e passam por modificações ao longo da história e por deslocamentos que, embora escapem do controle das vontades individuais, como lembra Maria Rita Kehl, cada um tem, quem sabe, condições de inscrever uma pequena modificação com sua fala (Kehl, 2008).

É nesse sentido que podemos pensar que, em cada um desses traços identificatórios que partem das ervas naturais que recebeu na infância, *Sofia* pode escapar das amarras de um discurso ideológico atrelado aos padrões de branqueamento e branquitude e aproximar-se do que Neusa Souza (1990) pensara como uma identidade negra.

O passo de Neusa Souza ao perceber a necessidade do sujeito negro de não ficar capturado por uma maneira de existir branca e ser preciso buscar a desmontagem desta por meio de uma nova identidade que lhe desse feições próprias, como disse, abre uma perspectiva fundamental. Acredito, no entanto, que acaba por reforçar uma concepção de que seria possível uma identidade, uma unidade, seja ela nova ou antiga, seja ela branca ou negra.

Acredito também que a construção do sujeito com feições próprias se faça por um processo de múltiplas identificações, uma série que não se encerra, pois trata-se de um processo com seu duplo aspecto de sujeição e distinção. O processo de identificação sempre deixa de fora algo, sempre resta algo que não fica contemplado, apontando a impossibilidade de uma unidade.

Há na fala de *Sofia* traços que dizem respeito a uma história, a uma cultura, a uma origem e a uma tradição marcadamente afro-brasileiras. *Sofia* sabe e reconhece a importância disso, busca conhecer a história que a antecedeu e a de seus familiares, ainda que encontre poucos elementos disponíveis para tanto. Como já foi dito, é preciso buscar os rastros e pequenas pistas de uma história que foi deliberadamente apagada.

> *Minha família vem do candomblé, muita erva, muita folha. (Sofia, 2014)*

> *O candomblé se divide em quatro . . . O meu é Angola, minha família toda: minha bisavó [paterna] era escrava, a minha avó nasceu na época do Ventre Livre. Terminou a escravidão e meus tios nasceram livres. Toda a minha família pertencia ao candomblé, eu sou agora. Ainda levo sete anos pra pegar um diploma, entre aspas, pra ser uma mãe de santo, é como uma formação, com meu pai de santo. Todos nós quando nascemos, nascemos com um Orixá, é tipo um anjo da guarda. Não existia a igreja católica no tempo da escravidão. O candomblé é antiguíssimo, vem da escravidão, vem da África. Demorei 25 anos pra encontrar esse pai de santo . . . Só agora era o momento de eu fazer, mais madura, mais paciente, mais responsabilidade. (Sofia, 2014)*

É preciso resgatar, na arqueologia de nossas origens, alguns traços de nossa herança; mas isso não é suficiente, pois é preciso confrontá-la com uma alteridade que a instigue e que a questione, transformando-a (Sousa, 2011).

Parece que *Sofia* sabe disso.

> *Chegou final de ano, pensei: vou resolver minha vida, vou resolver meu lado espiritual, vou entrar na faculdade, terminando o ensino médio, vou fazer pedagogia e o lado do serviço, vou ter um serviço melhor pra mim. Tentei enfermagem, computação, agora vou estudar pedagogia. Minha última professora falou que tenho tudo a ver com pedagogia e esse meu pai de santo, ele é professor da faculdade. Quando vai pro candomblé, joga os búzios: "o que você tem, o que você é, o que falta pra você". . . . Falou a mesma coisa que a professora tinha dito. (Sofia, 2014)*

O que *Sofia* propõe como seu caminho está ancorado nas tradições, mas não se encerra nelas; na sequência de seus planos em que aponta a importância do candomblé na sua vida e na da sua família, e depois de nos dizer *que o candomblé é antiguíssimo, vem da escravidão, vem da África*, ela nos diz:

> *Na África a mulher não fala, a mulher trabalha que nem camela. Pra mim essa história não dá. Tem que estudar mais pra ter um emprego melhor.*

Os seus planos, nesse momento, ancoram-se nas ervas, nas folhas, na formação que está iniciando no candomblé e na procura pela pedagogia. E, quando lhe pergunto qual seria, então, seu

Orixá, *Sofia* me diz um nome que, se não dá conta de responder a impossível pergunta de quem ela é, permite, ao menos, que alguns de seus muitos nomes sejam contemplados com dignidade:

> *O meu é Iansã, que é dona do fogo, mulher muito guerreira, teve nove filhos como eu; vive no mundo, não gosta de ficar em casa, como eu; gosta de conhecer pessoas, correr o mundo.*

6. Considerações finais

> *Aqui está. Foi difícil eu me decidir a deixar que saísse de minhas mãos. . . . Ele segue completamente os ditames do inconsciente, segundo o célebre princípio de Itzig, o viajante dominical: "– Itzig, para onde você vai? – E eu sei? Pergunte ao cavalo". Não iniciei um só parágrafo sabendo onde ele iria terminar. (Freud, 1898)*[1]

Não iniciei um só parágrafo sabendo onde ele iria terminar. Tanto que esse trabalho se inicia sem nenhuma *cor*, por meio de um projeto de pesquisa nomeado "Entre a Mulher e a Mãe: a Sexualidade numa Escola Pública de São Paulo – um Estudo Psicanalítico". No entanto, seu escrito final faz saltar dos depoimentos a *cor* das mulheres que fui escutando, apontando para alguns dos efeitos subjetivos diante dessa divisão cromática e política da nossa sociedade.

---

1 Freud em sua carta a Fliess de 7 de julho de 1898, comentando seu artigo *A interpretação dos sonhos* (Masson, 1986).

A questão que me surgiu a princípio foi fruto do trabalho de vários anos em uma escola municipal de São Paulo, em que, entre tantos outros dispositivos coletivos, escutava os adolescentes por meio dos "grupos de conversas". Um desses grupos, de maneira mais explícita, trouxe-me uma indagação de por que esses adolescentes precisavam se dedicar tanto a defender a honra de suas mães. Parecia que a todo momento era necessário repetir que elas eram mulheres dignas de respeito e de valor, como resposta a uma suposta acusação de que não o fossem. O que estaria sendo afirmado sobre elas com essa acusação iminente e essa defesa fervorosa? Por que passavam tão rapidamente de *mãe* à *puta*, foi a pergunta que primeiro enunciei.

Essa pergunta inicial não aparecia isoladamente; a ela estava articulada uma outra: uma impressão minha de que haveria uma ressalva das educadoras, quando aparecia algo das mães dos alunos apontando uma posição não exclusivamente materna.

Contudo, isso não aparecia relacionado a todas as mães da escola indiferenciadamente; aparecia basicamente em relação a essas mães defendidas por seus filhos de forma tão veemente, algo que poderia ser resumido em uma fala difusa, que seria enunciada mais ou menos assim: *para se arrumar ela tem tempo, mas para cuidar dos filhos...*; ou então: *sair ela consegue, mas vir à reunião...*

O que ouvia, por meio de falas anônimas, era que essa mulher que pensa em sair, encontrar alguma paixão, divertir-se, essa mulher estaria desviando seu corpo, seu pensamento e seu olhar de onde deveria realmente estar: as suas obrigações como mãe e como mulher trabalhadora. Essas afirmações apareciam como um coro, tal qual na tragédia grega, que expressaria os temores, os julgamentos e os sentimentos da comunidade cívica, contrastando com a fala do herói. No nosso caso, o herói seria essa mulher singular que resolveu ousar se enfeitar, mostrar sua vaidade ou, ainda, sair para se divertir, *mesmo que* ou *apesar de* ser mãe.

Meu recurso foi tentar abordar o que parecia entoado por esse coro para compreender por que os atos dessas mulheres pareciam tão disruptivos. Foi assim que considerei essencial a pesquisa de alguns textos da antropologia social e da historiografia como uma maneira de me aproximar do campo simbólico e do imaginário social. Como estariam inscritas na rede discursiva essas mulheres, essas mulheres pobres? Por que, depois de tantos avanços em relação às conquistas femininas, tanto no sentido de terem um direito reconhecido em relação ao trabalho e à política como ao seu corpo e ao seu prazer, isso não parecia ser extensivo a *estas* mulheres? De que estariam sendo acusadas? Como sentiam os olhares que recaíam sobre elas?

Minhas perguntas até então envolviam mulheres com uma condição econômica bastante difícil, expressa por meio de uma história em que trabalhar tinha sido uma exigência desde que eram crianças ou adolescentes; em que o sustento dos filhos não era uma certeza; em que o espaço de moradia era compartilhado com outras famílias ou outros membros de uma mesma família estendida; em que a saúde e o ensino na rede pública não eram uma opção, mas uma necessidade.

Estava com a intenção de me aprofundar na bibliografia sobre o que seria *ser mulher*, *mãe* e *pobre*[2] em São Paulo, a fim de apreender o que estaria sendo afirmado e esperado com relação a essas mães na escola, para, assim, finalmente escutar por que tantos desconfiavam com tamanha intensidade do desejo dessas mulheres, (des)qualificadas como mães e quando faltava esse significante, como putas.

---

2 Parafraseando o título de um artigo de Claudia Fonseca (2002a).

Comecei dessa forma. Mas, então, como a *cor* entrou na minha pesquisa?

É preciso recuperar como a *cor* entrou neste estudo, pois tornou-se um dos *traços* fundamentais, um dos pilares. Acredito que situar quando a *cor* entrou para mim como algo a ser levado a sério pode ajudar a levar a sério um ponto que segue responsável por tanto sofrimento, silenciamento e desconhecimento: sabemos o quanto aquilo que não é escutado insiste, encontrando caminhos cada vez mais precários ou dolorosos diante da surdez do outro, resultando em sofrimentos do corpo e da alma. Haja vista as intervenções médicas no corpo das histéricas, antes de Freud encontrar ali uma linguagem, cuja fala precisava ser libertada (Lacan, 1953/1998d), ou o quadro depressivo tão comum em mulheres que perderam seus filhos em mortes decorrentes de confrontos violentos com a polícia, impedidas de enterrar seus mortos e de chorar por eles: medicadas, ao invés de escutadas, como aponta Sandra Alencar (2011), entre tantos outros exemplos de nossa surdez cotidiana.

A *cor* entrou nesta pesquisa por meio da escuta de *Silvana*, aquela que acabou por se constituir como caso clínico. Ela soube me mostrar e enunciar, com todas as letras, que precisava olhá-la levando em conta essa *segunda pele*, que constrói realidades, estabelece relações, marca posições no discurso social (Schwarcz, 2014).

Disse que estava fazendo uma pesquisa sobre as mulheres daquele bairro e perguntei como ela se sentia enxergada e olhada pelos outros na escola, no posto de saúde, nas ruas, e se alguma vez havia sentido algum tipo de discriminação. Ela, primeiramente, disse que não, para em seguida se lembrar de três cenas; em todas elas, a questão da cor aparecera como primordial, sendo que, em uma delas, a articulação entre sua *cor* e o fato de ser mulher fora fundamental. Ou seja, a discriminação que sentira não seria unicamente articulada ao fato de ser mulher, ou ao fato de ser mulher e pobre, mas ao fato de ser mulher, pobre e negra.

Na medida em que escutei que precisava incluir a *cor* nesta pesquisa, busquei mapear se o que ela me contara era devido a uma sensação exclusivamente vivida por ela, ou se era algo que podia se dizer de uma inscrição *comum* a outros, a outras mulheres que estariam em uma posição próxima a ela na rede discursiva. Outros também, além dela, achavam que a *cor* própria era algo que muitas vezes entrava como um marcador importante ao ser olhado e reconhecido nas relações sociais?

A *cor* que não havia enxergado a princípio nas mulheres que estava pesquisando existe em muitos lugares: existe nas letras de *rap*, existe nas denúncias das feministas negras, existe nos consultórios dos poucos analistas negros que puderam ouvir essa questão, existe nos números ultrajantes de uma determinação racial de vida e de morte nos encarceramentos e homicídios, existe na tensão decorrente da implantação das políticas afirmativas de cotas nas universidades, existe nas pesquisas da psicologia social e das ciências sociais, existe no silêncio sobre a vinda de mais de 4 milhões de africanos deportados para cá.

A *cor* existe quando diversas sensações experimentadas por sujeitos negros, os mais diversos, podem ser atribuídas ao fato de eles serem reconhecidos como negros, ou seja, diversas vivências seriam *comuns* àqueles que são reconhecidos a partir de alguns traços – principalmente a cor da pele, o tipo de cabelo, os traços faciais –, o que teria como consequência inscrevê-los na rede discursiva, atribuindo-lhes uma história ligada a um passado escravista e de submissão (Segato, 2005). A partir desses traços, que lembram e remetem aos ancestrais apreendidos e escravizados, é como se já se pudesse e se soubesse dizer, de antemão, quem são e como são esses sujeitos, uma vez que seriam enxergados a partir de uma posição, enrijecida e fixa, de servidão (Gonçalves Filho, 2008).

São inúmeros os depoimentos de negros brasileiros que dizem que sentem uma diferença entre eles e os brancos, quando entram em um lugar público, quando saem à rua, quando estão na faculdade, quando são abordados pela polícia, quando o porteiro lhes indica o elevador de serviço ao chegar ao prédio de um amigo, quando ao atender a campainha na sua própria casa lhe pedem para chamar a "patroa". Haveria algumas sensações que lhes seriam *comuns*, tanto no sentido de algo usual ou cotidiano como no de algo que não seria individual ou isolado, e, sim, partilhado.

Esses sujeitos afirmam que estão sendo olhados a partir de um lugar social que os homogeneíza, ou seja, a partir de uma suposta *identidade*. Isso significa reconhecer algumas de suas vivências como algo que não é individual, e, nesse sentido, é fundamental que possamos escutar que não se trata de um caso isolado, não se trata de uma exceção, ou seja, não se trata de uma problemática de um sujeito supostamente, ele mesmo, problemático, paranoico ou inseguro. Nesse sentido, foi necessário, além das pesquisas acadêmicas sobre racismo e relações raciais no Brasil, ouvir vários depoimentos encontrados nos mais diversos lugares – desde entrevistas em pesquisas de psicologia social ou de psicanálise, até músicas, notícias, blogues – para que essas falas ampliassem a escuta de *Silvana*, permitindo-me escutá-la desde este novo lugar: uma mulher única, mas marcada pelo imaginário social e inscrita socialmente, como tantas outras, como uma mulher negra e pobre.

Porque não pude ver isso antes, também não deve ser considerado uma problemática ou dificuldade pessoal: protagonizada por mim, com certeza, mas que não deveria caber-me individualmente e de forma exclusiva.

Como a *cor* teria encontrado caminhos tão obtusos e sinuosos de silenciamento nas pesquisas psicanalíticas?

Há, primeiramente, analistas que consideram uma suposta neutralidade do sujeito, como se as questões subjetivas não fossem atravessadas pelo campo social. Nesse caso, não existiriam nem cor, nem desigualdades sociais, como questões fundamentais no que consideram o Outro. Não posso deixar de apontar que essa posição tem sérias consequências, no sentido da manutenção, conivência e reprodução de uma sociedade extremamente desigual, como é a nossa, ainda que possa aparecer travestida de rigor teórico.

A questão seria tentar superar a dificuldade de considerar o campo das desigualdades raciais entre os analistas que atentam para a importância da inscrição do sujeito neste Outro, entendido como social e histórico. Atribuo essa dificuldade a três aspectos principais, e os três primeiros capítulos deste livro foram dedicados basicamente a desconstruir esses pressupostos, que teriam dificultado a escuta da desigualdade racial como fundamental para uma psicanálise que se pretende ética, clínica e política.

A primeira hipótese seria de que, mesmo não acreditando no mito da democracia racial, há mais de meio século questionado no Brasil, ainda sofreríamos o efeito da sua *inércia* (Munanga, 2012b). Estaríamos imersos, também nós, em um imaginário social de um racismo à brasileira, ou seja, um racismo muito sutil e dissimulado, que costuma tomar a própria vítima dos atos racistas como se fossem seus responsáveis (Munanga, 2009, 2012a). Ao mesmo tempo que o sujeito negro seria reconhecido a partir de um lugar *a priori*, como se ele não fosse ninguém em particular, mas igual a qualquer outro também incluído nessa suposta pertença racial, nesse mesmo ato seria afirmado que tal sensação é vivida por esse sujeito individualmente, como algo próprio e subjetivo, uma vez que, aparentemente, não haveria racismo, nem raças, no Brasil.

Suponho que muitos dos analistas não tenham vivido situações que evidenciem que vivemos em uma sociedade racializada, diferentemente dos relatos apresentados por alguns analistas negros brasileiros que deixaram explícita essa questão (Bicudo, 2010; Souza, 1990; Reis Filho, 2005; Nogueira, 1998). Ou seja, imersos nesse imaginário social, não teríamos nós, analistas brancos, dado-nos conta de que também temos uma *cor* que, como uma *segunda pele*, constrói realidades e inclui-nos discursivamente em uma certa posição, como detentores do "privilégio" da brancura, saibamos ou não, admitamos ou não.

De onde seria possível deduzir a importância dessa *segunda pele*?

Nós, psicanalistas, poderíamos concluir a importância desses atravessamentos na subjetividade e no psiquismo, ainda que não tivéssemos vivido *na própria pele*, se os escutássemos: mas por que não os escutamos?

Por que os sujeitos negros não viriam à análise? Por que esses atravessamentos não seriam uma questão para eles? Ou, por que os analistas não os escutariam levando em conta essa perspectiva?

Ao que tudo indica, o ponto mais acertado seria esse terceiro. Isso porque contamos com alguns poucos (mas não tão poucos) analistas negros e negras que escutaram diversos homens e mulheres negros e afirmam-nos que estes procuraram a análise pelas mais diversas razões, mas as questões relativas a viver em um mundo racializado e que, ao mesmo tempo, nega essa racialização, em algum momento se faziam presentes (Nogueira, 1998; Reis Filho, 2005). E mais: um desses analistas nos diz taxativamente que analisandos seus que já haviam passado por processos terapêuticos anteriormente se queixavam de não terem sido escutados por seus ex-analistas no que se refere a essas questões (Reis Filho, 2005), o que traz novamente a pergunta que esse analista fez: será que os sujeitos negros não falam sobre o racismo e a negritude, ou os analistas brancos, não considerando essa uma questão importante, não conseguem escutá-la?

O que o paciente precisaria dizer para ser escutado? Não esperamos que um paciente saiba nos dizer explicitamente dos silenciamentos que o atravessam e que recaem sobre ele: seria o mesmo que esperar que uma mocinha impossibilitada de viver, ao completar a idade da irmã de sua mãe que se matara, chegasse a nós dizendo: "o meu problema é que minha tia se suicidou, minha mãe não suporta admitir isso...". Ou que um menininho que fora adotado e cuja família silenciara esse fato, impedindo-o de desenvolver toda sua curiosidade em relação à vida, dissesse-nos: "há um segredo sobre o qual meus pais não suportam falar, precisamos conversar sobre isso!". Se é isso que esperamos que um sujeito negro seja capaz de explicitar a respeito de suas questões subjetivas, que ele possa, de antemão, localizar o silenciamento que recai sobre ele e sobre nós, relativo ao racismo brasileiro, é bem provável que deixaremos de ouvir muitos desses atravessamentos.

Os capítulos "Sandra: sobre a invisibilização das mulheres negras brasileiras" e "Sônia: uma história escravizada e seus rastros" foram dedicados a evidenciar a importância de escutarmos as questões referentes ao racismo e aos atravessamentos raciais. Isso foi feito trazendo depoimentos de sujeitos que apontam que vivemos, sim, em uma sociedade racializada; apresentando pesquisas que mostram a construção do imaginário sobre o *branco* como um ideal, como a cor que seria supostamente o padrão, o elemento *neutro* da nossa sociedade; lembrando que o branqueamento foi uma política de Estado e que é fundamental pensar a negritude articulada à branquitude e a essa política de branqueamento; apresentando a construção de um silenciamento sobre a história dos negros no Brasil por meio do apagamento e desconhecimento de seus nomes, suas línguas, seus ancestrais e sua cultura, quando da sua deportação para cá; mostrando um apagamento deliberado da memória dos africanos e seus descendentes que aqui viveram e se ressocializaram, construindo laços afetivos e familiares e resistindo, das maneiras mais diversas, à tentativa de transformá-los em mercadoria e objeto; apontando que, com esse apagamento deliberado da história, construiu-se uma "história oficial", segundo a qual seríamos um país mestiço, um país em que todos teríamos um pouco do negro, um pouco do índio, um pouco do branco, um país em que se poderia ver a presença da cultura negra na comida, na música e na cultura, e, assim, por meio desse mito da democracia racial, não se poderia falar em racismo; lembrando que essa versão oficial e mítica obtura a desigualdade social e racial em que vivemos, omitindo que a inclusão cultural do negro no Brasil não se faz acompanhada de uma inclusão social.

Busquei recuperar um pouco as peculiaridades do nosso passado escravista e da nossa mestiçagem como um dos pontos que seria responsável pelo daltonismo nas pesquisas psicanalíticas (Bento, 2012a), mas que não seria o único.

O segundo ponto responsável por essa ausência da cor, na nossa escuta analítica, credito a uma concepção bastante difundida: aquela que entende que a desigualdade social seria suficiente para pensar o campo das desigualdades no Brasil, já que a racial estaria a ela subsumida, como nos previne Schwarcz (2014). Se elas não são completamente indissociadas, como foi apontado, também não podem ser tomadas como sinônimas. Foi com a intenção de contrapor essa suposta equivalência que apresentei, além dos dados históricos e dos depoimentos dos sujeitos negros, nos capítulos "Sandra: sobre a invisibilização das mulheres negras brasileiras" e "Sônia: uma história escravizada e seus rastros", uma discussão, em "Suzana e o retorno das algemas", sobre a relação entre esses dois marcadores, raça/cor e diferença econômica. Apontei que, no Brasil, a pobreza *tem cor*, como a têm as prisões e os homicídios; ainda assim, há que se perceber que não podemos tomar um pelo outro. Apresentei alguns dados que evidenciam uma reafirmação dessa desigualdade a cada etapa da vida dos sujeitos, de modo que não se pode justificar a desigualdade racial que vivemos como fruto somente do passado escravista, mas de uma violência e desigualdade que continuam a realimentar-se, seja nas oportunidades que se fazem em torno da vida – trabalho, escola, moradia, saúde –, seja nas decisões e condenações que se fazem em torno da morte – homicídios, encarceramento e lutos impedidos (Alencar, 2011; Bento, 2012a; Guimarães, 2002).

É por isso que a sensação de suspeição enunciada por *Silvana*, por exemplo, que tão comumente é vivida por diversos sujeitos negros, não pode ser atribuída unicamente a ela ou a cada um desses sujeitos como fruto de inseguranças ou sensações persecutórias que lhes seriam próprias, mas também não pode ser atribuída somente a uma questão econômica ou social. Há uma divisão racial do espaço, que inclui uma divisão entre aqueles que teriam ou não direito a usufruir dos prazeres e das conquistas da vida.

É possível dizer que esses dois primeiros pontos nos deixariam surdos e cegos à questão da *cor*, pois seriam articulados a possíveis diferenças entre a posição de muitos de nós e a desses sujeitos na rede discursiva. Conforme apontou Miriam Debieux Rosa (2002), a fala dos sujeitos expostos a situações de humilhação e racismo comumente traria uma resistência a ser escutada, uma vez que essas situações seriam geradas pela ordem social da qual esses psicanalistas também usufruem.

No entanto, conseguindo ultrapassar essas duas razões que dificultariam nosso reconhecimento da *cor* como um atravessamento fundamental na vida dos sujeitos que escutamos, haveria ainda uma terceira: ao apontar a *cor* como algo essencial, que estatuto poderíamos lhe dar?

Ao tomar a *cor* como algo fundamental, parece que o risco é de que isso pudesse se transformar em uma marca identitária, ou seja, em um saber que supostamente recobriria o sujeito como um todo. A partir dessa suposta identidade, *mulheres negras*, essas mulheres se alienariam em uma forma e em uma imagem total, que lhes seria oferecida por meio dessa marca de pertença que, nesse caso, recobriria seus corpos, produzindo uma unidade sem furos, funcionando como produtora de engano e alienação, como se a partir daí não houvesse mais espaço para o não saber de si, dificultando a possibilidade de movimentar o que lhes é singular e imponderável de si mesmas.

Esse ponto é fundamental, pois traz um risco iminente para a psicanálise: tanto de desconhecermos a importância de traços identificatórios quanto de tomá-los como identidades fixas e enrijecidas.

A psicanálise pode e deve, no meu entender, considerar o sujeito articulado ao que lhe é *comum* contingencialmente, para que lhe seja possível nomear aquilo que o atravessa e contar com um repertório de significantes que lhe permita existir com dignidade, ou seja, para que o sujeito possa existir não tendo de se *conformar* a um discurso hegemônico que, muitas vezes, só lhe oferece significantes que o condenam ou excluem.

O que estou defendendo é que não podemos, com o receio de não conseguirmos manter a tensão própria desse complexo e necessário jogo de identificação e desidentificação, desconsiderar um campo fundamental de reconhecimento e inscrição do sujeito, em que é necessária a presença de outros, de uma comunidade discursiva, para fazer frente àquilo que é tomado como ideal, valor e verdade pelo discurso oficial.

São essas falas múltiplas e coletivas, produzidas por meio de identificações contingentes, que permitem que seja escutado algo que não teria inscrição ou reconhecimento no Outro se fosse pronunciado isoladamente. É o que aponta Maria Rita Kehl, ao colocar a importância da função frátria como forma de enfrentamento das verdades tidas como absolutas pela cultura (Kehl, 2000). Pois a fala de um único sujeito pode ser escutada como um desvio e um problema pessoal, o que produz um tipo devastador de solidão. A fala de diversos sujeitos, que se identifiquem em relação a algum ponto sobre o qual se sentem silenciados e violentados, pode encontrar outros mecanismos de enfrentamento dessa violência ou, ao menos, encontrar significantes com os quais possam nomear essa experiência e reconhecer-se a partir dela (Rosa, 2015). Isso não acaba com um outro tipo de solidão, mas abre possibilidades para enfrentá-la da maneira mais digna possível.

Essa é uma questão fundamental para nós, psicanalistas que trabalhamos com os sujeitos submetidos ao que chamamos desamparo discursivo, como diria Miriam Debieux Rosa (2002) e Mario Pujó (2000), ou os deserdados, tanto pelo dinheiro como pela cultura, como diria Radmila Zygouris (1998). Penso que não se pode negar a importância de identificações contingentes alegando o risco de serem tomadas como identidades enrijecidas: acredito que seria possível pensar em situações em que o mais singular e irredutível de uma subjetividade se encontre em uma lógica de algo coletivo – *comum* (Alemán, 2013).

O risco de, ao tomar a *cor* como fundamental na inscrição do sujeito no mundo, isso ser entendido como uma identidade foi algo com que me preocupei desde o início da pesquisa. Isso porque as duas vias de entrada que pareciam possíveis ao se reconhecer a importância de considerar a presença da *cor* eram, ou a partir da resposta de intolerância diante desta, o racismo, ou a resposta afirmativa sobre ela, a da construção de uma *identidade negra*. Em ambas, parecia-me que era em nome de uma identidade e um conjunto supostamente homogêneo que as afirmações se faziam.

Nesse sentido, é importante apontar que algumas contribuições da psicanálise sobre os atravessamentos raciais se fizeram, até certo ponto, acompanhadas desta formulação: o *tornar-se* negro surge como uma alternativa para escapar de uma injunção de identificação aos ideais brancos. Inspirados em Simone de Beauvoir, segundo a qual ninguém nasceria mulher, sendo possível *tornar-se mulher*, esses psicanalistas propõem que ninguém nasce negro, seria possível ou preciso *tornar-se negro* (Gonzalez, 1988a; Souza, 1990). Não há dúvida de que, como contraponto a uma suposta identidade masculina baseada na injunção aos parâmetros fálicos, tornar-se mulher seria uma conquista; mas e se questionarmos a própria noção de identidade masculina e feminina? De forma semelhante, *tornar-se negro* como contraponto a um imperativo de se constituir como um "arremedo de branco", sem dúvida é uma subversão; mas não teríamos de pensar também o dizer-se negro como um processo identificatório ou uma tomada de posição no laço discursivo, em vez da construção de uma identidade, sob o risco de transformar o que seria algo relacional e contingente, ainda que fundamental, em algo que poderia ser tomado como fixo e total, essencializando-o?

Ao concebermos a história do sujeito como a história de suas identificações, não haveria uma identidade oculta a ser resgatada para além de uma última identificação, havendo, concomitantemente a uma fixação, uma instabilidade. Ou seja, haveria sempre um movimento de instituição de pontos nodais e fixações parciais, diante de uma instabilidade do ser (Mouffe, 2001; Fingerman & Dias, 2005).

Mas o que poderiam ser, então, esses traços identificatórios contingentes, no que se refere a mulheres que se reconhecem e são reconhecidas como mulheres e negras e pobres?

Foi novamente *Silvana* quem me fez ouvir o que poderia ser *essa segunda* pele a ela atribuída: a pele que, pela sua cor, faria com que fosse reconhecida pelo outro como se ela estivesse, inexoravelmente, em uma posição servil.

Assim, a partir do capítulo "Selma: sobre a servidão, o racismo e o sexismo", abordei as representações e significações atribuídas não mais aos negros brasileiros de maneira geral, mas às mulheres negras, recuperando algo dessa história de servidão que se estende por séculos de um sistema escravista e de dominação. A herança do passado escravista, em nome de um país tão festivo e inclusivo, teria ficado omitida, obturada, principalmente no que se refere à servidão, relação compulsória que traz imiscuídos o sexo e o poder, entre mulheres negras e homens brancos. Essa nossa origem, que aponta, ao mesmo tempo, algo do prazer e da dominação, do erotismo e da violência na relação entre brancos e negros, por meio da mãe preta e da escrava amásia, não tendo sido lembrada o suficiente, admitida e reconhecida na sua complexidade, apareceria ainda presente em uma repetição e transmissão de alguns desses traços no nosso cotidiano.

Estou propondo que o corpo das mulheres negras, herdeiras de um passado que insiste em perdurar de maneira não reconciliada no presente (Gagnebin, 2010) ainda carrega as marcas de um prazer que seria ilimitado, uma vez que o corpo da mulher escrava estaria à disposição para servir: fosse amamentando o filho do senhor e da senhora de escravos, ainda que tendo que preterir o seu, fosse satisfazendo os desejos do senhor, impossíveis de serem realizados com aquela que, por ser esposa, não poderia se voltar aos prazeres da carne.

A divisão entre a mulher mundana e a mulher *de respeito* se estabelece com a máxima força nessa divisão entre a mulher cujo corpo seria visto como um corpo de gozo, mas sem valor social, a escrava, e a que seria muito valorizada socialmente à custa de um corpo assexuado, casta e educada, esposa do senhor de escravos.

Estou supondo que as marcas da mucama, da escrava amásia, continuariam sendo transmitidas insidiosamente na cultura, e isso porque escutei acusações sobre essas mulheres nas entrelinhas de algumas cenas. Fosse porque a simples presença de seus nomes trazia uma defesa e uma resposta – um dito dos filhos delas enunciado assim: *ele está chamando minha mãe de puta*, que apontava para uma afirmação não enunciada, um não dito. Fosse por meio do depoimento de *Silvana*, ao dizer que, em situações em que poderia ser reconhecida como *mãe* por estar com um de seus filhos ou por se referir a eles, foi reconhecida ou como *mulher de programa*, ou como a *empregada* que cuida do filho do patrão, ou como a que teria tido com ele um filho "bastardo".

Isso não implica que esteja sugerindo que hoje, passado mais de um século do fim da escravidão, as mulheres negras sejam olhadas e reconhecidas como escravizadas, com uma obrigação explícita de servir sexualmente a alguém, que seriam vistas, todas elas, como putas. O que estou apontando é que carregam no seu corpo algo de um imaginário social que ainda as enxerga com marcas e traços desse passado, e que facilmente são depreciadas como se não fossem mulheres *de respeito*, mulheres *de família* ou *boas mães*.

Com certeza, esses enunciados não aparecem às claras em uma sociedade que se julga racialmente democrática, mas a força da sua transmissão está justamente no fato de ela ser silenciosa, deixando como violento aquele que reage à acusação, e não aquele que a produz insidiosamente.

Não sabia distinguir quem eram as mulheres acusadas na escola, mas elas foram se mostrando as supostas herdeiras da escrava amásia, daquela que sustentaria com a satisfação do gozo dos senhores toda uma lógica do valor e do respeito na sociedade escravista. Com tantas conquistas das mulheres, com tantas conquistas trabalhistas, como pensar alguma continuidade simbólica nessa transmissão?

Essa transmissão pode ser percebida justamente em uma desqualificação cotidiana daquelas mulheres, negras e pobres, que querem ser reconhecidas como mães e como mulheres, nem só mães, nem só mulheres. Haveria toda uma concepção de maternidade, de sexualidade, de paternidade, à qual as mulheres negras e pobres estariam submetidas, como se o não cumprimento desses padrões da classe dominante as colocasse em um lugar de deslegitimação imediata. Por esse motivo, as novas configurações familiares na pós-modernidade seriam bem-vindas em determinados grupos sociais, perdurando e mantendo-se para as famílias pobres os termos depreciativos "mãe solteira", "família desestruturada" etc. (Fonseca, 2002a).

Isso significa que relações que aparentemente seriam parte de um passado empoeirado apareceram resistentes e revitalizadas a partir dos depoimentos de *Silvana* e de outras entrevistadas. Se a dominação sobre elas não se faz mais por meio das correntes e dos açoites, não deixa de ser uma forma de aprisioná-las em denominações que buscam desqualificá-las, degradá-las e reduzi-las a um *ser vil*.

A mulher pobre e negra, chefe de família, facilmente passa a ser nomeada como a mulher devassa ou a mãe relapsa. A que não mora com um marido ou companheiro passa a ser vista como a mulher disponível, com quem os outros podem mexer ou que podem abordar, pois o respeito só viria a partir da presença concreta de um homem em casa. A que está com um filho mais claro logo seria identificada como a empregada submetida a uma relação sexual forçada ou imposta pelo patrão, como a mulher escrava o era. Escutar essas mulheres fez com eu atentasse para esse encontro secreto marcado entre as gerações, uma vez que os eventos traumáticos passados, empurrando para fora dos limites da simbolização as piores passagens da história, fazem com que elas se mantenham como um universo paralelo (Benjamin, 1940/2014a; Kehl, 2010).

O que se transmitiria, no meu entender, seria essa suposta permissividade sobre o corpo dessas mulheres, um corpo que seria depositário dos desejos mais incontroláveis, uma tela sobre a qual se projetaria um gozo pleno e infinito, mas à custa de ser, esse corpo, domínio e propriedade de um outro.

Silvana soube mostrar que a cor de sua pele seria aquela tecida e constituída pelos pontos obscuros de quem a enxerga enegrecida. O que poderia recair sobre seu corpo aparece com contornos do insuportável e do sexual, na medida em que a ideia de uma mulher que seria objeto dos prazeres do outro, e que deveria lhe servir, estaria bastante arraigada ainda hoje no nosso imaginário social. Esta que deveria servir atenderia aos pedidos mais proibidos, satisfaria os prazeres mais inconfessáveis e não teria limites ao gozo, posto que não poderia ter um corpo recortado pelo seu próprio desejo, nem poderia ter respeitados os contornos do seu próprio erotismo, constituindo-se em um corpo totalmente a serviço do gozo do outro. Um corpo visto como livre das amarras da cultura, das regras e delimitações sociais, seria um corpo com um gozo sem amarras, um gozo assustadoramente Outro.

Essa via também foi indicada nas entrevistas com *Silvana,* na medida em que soube mostrar que o que aparece sob a forma de racismo pode não ser aquilo que é desvalorizado, antes o contrário: pode ser aquilo que é desejado e valorizado e que, não sendo admitido, aparece estampado e segregado no corpo do outro. Este outro é, então, tomado, por inteiro, como alguém insuportável, inaceitável, aparentemente justificando seu banimento e segregação.

Foi o que Neusa Souza (2008) também nos mostrou, ao falar do *estrangeiro*, possibilitando-nos pensar o branco e seu estrangeiro, o negro e seu estrangeiro, o estrangeiro como o mais íntimo de cada um. A mulher negra traria esse enigma do outro encarnado no seu corpo, como estrangeira para o homem, por ela ser mulher; e esse enigma como estrangeira para o branco, homem ou mulher, por ela ser negra.

Esse outro que veria seu corpo a partir do lugar de servidão procuraria revesti-la com um manto que serviria de anteparo ao que ele não suportaria ver: não o que não suportaria ver *dela*, e sim o que não suportaria ver dele mesmo, despejado e projetado *sobre o corpo dela*. Se a vida sexual da mulher adulta teria sido considerada por Freud como um *dark continent*, um lugar tão obscuro e de tanto desconhecimento para mulheres e homens, o corpo da mulher negra parece ser seu representante maior, um sexo Outro, o Outro sexo.

Nesse sentido, retomo a importante contribuição de Fanon (1952/2008), atribuindo um contorno sexual ao que seria da ordem do insuportável ao sujeito branco, no seu encontro com o negro, de tal modo que o negro seria *não eu* do branco, e vice-versa.

Vale alertar que, ao tomar essa dica de Fanon, minha via de entrada para a leitura da bibliografia que consultei se deu, a princípio, de um modo aparentemente invertido em relação à via de meus interlocutores.

Uma vertente seria atentar para o que teria sido *introjetado*, internalizado pelos sujeitos negros a partir do que o imaginário social teria lhes atribuído, ou seja, tratar do que seria insuportável *para os negros*; e outra seria apontar o que teria sido atribuído a eles ou *projetado* neles por esse imaginário social, ou seja, tratar do que seria da ordem do insuportável *para os brancos*. Acredito que essa distinção tenha se dado, inicialmente, pelo meu lugar nessa pesquisa, partindo da posição de uma mulher que não se sabia com cor, branca, enquanto os autores com os quais dialoguei fizeram uma entrada desde um outro lugar: já sabendo-se negros, foram escutar outros que se sabiam também eles, negros. Essa foi a porta de entrada, mas não foi a de saída, porque o trajeto da pesquisa mostrou que íamos de uma face à outra dessa questão sem atravessarmos fronteiras efetivamente; ou seja, o insuportável para o branco e o insuportável para o negro estavam articulados e implicados como duas faces de uma mesma questão, da mesma forma que as articulações entre o *negro como não eu do branco* e o *branco como não eu do negro.* O fato de que estejam implicados e não sejam dissociáveis não quer dizer, de forma alguma, que sejam vividos da mesma forma por um ou por outro agente dessa trama, mas justamente que a posição de um está marcada pela relação com o outro, já que não se pode pensar o sujeito fora do laço social, nem a cor, a não ser do ponto de vista relacional.

A bibliografia já existente sobre as mulheres negras tem abordado essa questão pela via do desejo de branquitude, como uma forma de algumas mulheres se manterem alienadas na figura da mulher branca como ideal de beleza e de valor. Introjetando esse discurso social e procurando negar o seu próprio corpo e a sua própria existência, como forma de atender ao ideal cultural, aparecem vários exemplos de mulheres adoecendo por não suportarem carregar o seu corpo, vivido como um fardo, por não atender aos padrões estéticos hegemônicos. Mas a partir de toda a representação desse corpo abordada anteriormente, propus que o insuportável estaria menos relacionado ao fato de ter um corpo que supostamente não seria atraente, mas justo o contrário. O que seria para uma menina, uma moça, uma mulher negra ter um corpo sobre o qual recairia o inaceitável do gozo?

Partir da ideia do estrangeiro como o êxtimo, o mais íntimo e exterior a nós, permite-nos escapar de identidades homogêneas e essencializadas, posto que se está sempre no laço. Ao mesmo tempo, dá lugar à compreensão das identificações como algo necessário para fazer frente à nossa insustentável leveza de ser (Fingerman & Dias, 2005), nossa inconsistência e incompletude, pois aponta que esse corpo, presa do olhar guloso do outro, não é algo que se viva individualmente ou que se produza por uma intenção pessoal.

E assim podemos retomar por novas vias o paralelo proposto entre *tornar-se mulher* e *tornar-se negro*. Diante da diferença sexual, em vez de delimitarmos uma identidade da virilidade e uma identidade da feminilidade, podemos propor uma cultura que conteste o discurso dominante, questionando as identidades fixas e subvertendo-as, respondendo que não há ser identitário (Julien, 2000). De modo semelhante, pensamos ser possível formular a diferença de cor de pele, de traços faciais, de tipo de cabelo, que remetem a uma origem, a uma história, a uma etnia, sem derivarmos para uma identidade ou uma raça que fique essencializada, também questionando as identidades fixas e subvertendo-as, respondendo que não há ser identitário.

As identificações contingentes são extremamente importantes quando se articulam em torno de uma pauta comum. Não dá para pensar a política sem o processo identificatório que permita dar visibilidade a reivindicações coletivas, ou mesmo para trazer modificações no campo simbólico.

É a partir de uma fala *comum* que essas mulheres podem denunciar esse olhar devorador e sem limites, sem se sentirem, cada uma delas, responsáveis e "provocadoras" desse olhar, uma vez que ele as antecede. Todavia, a contribuição da psicanálise parece incidir aí para lembrar que essas identificações são apenas contingentes, e que cada uma dessas mulheres terá de ver como isso reverbera e como se posicionarão a partir daí. Essas identificações permitem apontar algo vivido que não é individual, mas continua singular, pois não respondem ao fato de que não existe resposta para o sexual. Denunciar o engodo produzido nessa relação, em que o outro segrega no corpo de uma mulher negra o que ele não suporta reconhecer em si, pode ser propiciado por uma fala comum, e essa fala pode ser fundamental para que o que está supostamente controlado e dominado à custa dessa segregação possa retomar sua liberdade. No entanto, desprender do seu corpo a resposta precipitada do outro sobre o não saber sobre o sexual significa tão somente – o que não é pouco – reabrir uma pergunta sobre o erótico para si mesma; mas não significa já respondê-la. É esse o outro tipo de solidão a que me referi acima: cada um de nós tem *em comum* a falta de resposta sobre o sexo e sobre a morte (Alemán, 2013).

O risco dessas identificações é, justamente, tomar essas novas perguntas como respostas, uma vez que o sujeito do inconsciente seria sempre vazio, no sentido de não ter uma substância; poderia buscar-se uma suposta consistência nesse chamariz de *identidade*, chegando a lhe dar crédito demais e ficando capturado por ele. Tanto o sujeito sobre o qual recairia uma suposta identidade poderia acolhê-la como forma de escapar da sua inconsistência, ainda que sujeitando-se a significantes que possam deixá-lo subjugado, como também há o risco de uma identidade atribuída ao outro, como uma maneira de dar um contorno ao erotismo que pode se tornar insuportável por ser insabido. É o risco de o homem branco e a mulher negra serem vistos fora do laço social, virando, eles mesmos, novas categorias essenciais que só trazem novamente uma visada alienante, ainda que repaginada.

É sob os efeitos dessa captura que precisamos escutar *Silvana* mais uma vez. Ela foi apontando quanto, a cada movimento seu, a cada escolha, a cada faceta de sua existência múltipla, o outro insistia em tentar aprisioná-la em uma identidade fixa. Fosse sua escolha de ter muitos filhos, fosse sua escolha de sair para se divertir, fosse o fato de ter um marido sem os votos de uma relação eterna e indestrutível, o olhar sobre ela era sempre o mesmo: *puta*.

Ela parecia estar sempre prevenida diante de um nome único, fosse porque este a descaracterizava e desqualificava, fosse porque, por ser único, sempre seria insuficiente.

O nome que a degradava era a prova de que aquele que o pronunciava não suportava, em si mesmo, o que julgava como degradante: um gozo imaginado como desmedido, desarrimado, descomportado, inaceitável, sem limite e, por tudo isso, supostamente sem respeito.

O engodo de que, não sabendo o que fazer diante do mal-estar no encontro com ela, preferisse logo chamá-la de *puta* é quase óbvio para *Silvana*, uma vez que esse nome traria à cena novamente a relação de obrigação e trabalho com a fantasia de um sexo em que tudo seria possível.

Foi por meio da escuta de *Silvana* e da ressalva que ela colocava a cada um dos nomes com que buscavam fixá-la, congelá-la, engessá-la que pude reconhecer sua saída singular. A cada um dos nomes que o outro lhe atribuía, em um movimento que sentia de degradação e desvalorização de sua opção e de sua escolha, ela resistia: *não deixo falar*.

A cada evento, a cada encontro, a fala que escutava do outro e reproduzia na entrevista comigo era um *Nossa!*

O *nossa* dirigido a *Silvana* poderia ser a prova do espanto do outro pela sua capacidade de apontar que o discurso hegemônico não recobre o campo do Outro, pois, ainda que desvalorizadas no discurso oficial, suas escolhas encontram um lugar de existência digna, resistindo a essa aridez de significantes possíveis.

O *nossa* de *Silvana* também nos convoca ao que é *nosso*. *Silvana* aponta que sua cor não é vista se não for em uma relação e em um laço com o outro, o outro que a estranha, o outro que a acha exótica, o outro que imagina que seu corpo está disponível, o outro que imagina que ela deve ter medo de homem por ser uma mulher.

A memória sobre a história dos negros é *nossa*. Marca os negros e, não nos iludamos, marca os brancos, com os "privilégios" da brancura.

A invisibilidade vivida por tantas mulheres negras é *nossa* também. Não porque a soframos, as mulheres brancas, da mesma forma, mas porque não se pode pensar quem é invisibilizado se não se explicita quem é visibilizado socialmente.

A marca sobre seu corpo negro que a faz ser vista como uma mulher servil, uma mulher cujo corpo proporcionaria os prazeres mais impensáveis, para um outro, também é *nossa*, posto que é fruto de uma divisão entre os corpos respeitáveis e aqueles sobre os quais se poderia faltar com respeito.

O *nossa* de *Silvana* é *nosso*! É *nosso* se, de algum jeito, formos coniventes para que ela encontre estreitada, no campo social que partilhamos, a possibilidade de manter seu gozo como um enigma, intimada a ter sobre si uma resposta tão única e precipitada.

Foi nesse sentido também que *Silvana* se tornou para mim esse caso único, tão único como o *traço único*, que a tornou diferente de todos os outros casos, não por ser resposta para outras mulheres negras, mas por propiciar que as perguntas se refaçam, retomando o lugar de enigma que cada uma possa ser e possa ter, que lhes deveria ter sido um direito desde sempre.

Se ser mulher é manter esse espaço em que o gozo não seria somente o fálico, mas algo mais, a possibilidade de um gozo que não se reduz e não se comporta, constituindo-se como um *Outro sexo*, como um sexo como Outro, o ser mulher negra lhe impõe de princípio um enorme desafio. Isso porque ela poderia ser olhada de um modo muito peculiar, já que, ao mesmo tempo que há um convite, uma injunção a ser vista como aquela que movimenta o desejo e o gozo do outro de um modo desenfreado e sem amarras, há uma desqualificação social acompanhada: aquela que o faria porque seria obrigada a fazê-lo!

A forma de escapar a isso, para *Silvana*, não é desaparecer com esse corpo, torná-lo menos exuberante, enfeiá-lo, mutilá-lo ou desejar que ele fosse visto como um corpo menos sensual, um corpo casto ou comportado. A forma de escapar a isso, para *Silvana*, é continuar sendo muitas, tendo muitos nomes, e estando a toda em cada um deles.

Referências

Abrão, J. L. F. (2010). *Virgínia Bicudo: a trajetória de uma psicanalista brasileira*. São Paulo: Arte & Ciência Editora / Fapesp.

Adorno, S. (1996). Racismo, criminalidade violenta e justiça penal: réus brancos e negros em perspectiva comparativa. *Estudos Históricos, 18*.

Agamben, G. (2010). *O que resta de Auschwitz: o arquivo e a testemunha (Homo Sacer III)*. São Paulo: Boitempo Editorial.

Alemán, J. (2013). *Conjeturas sobre una izquierda lacaniana*. Buenos Aires: Grama Ediciones.

Alencar, S. (2011). *A experiência do luto em situação de violência: entre duas mortes* (Tese de Doutorado). Pontifícia Universidade Católica de São Paulo, São Paulo.

Almeida, T. (2011). Atitudes Raciais de Pretos e Mulatos em São Paulo [Resenha do livro *Atitudes Raciais de Pretos e Mulatos em São Paulo*, de V. L. Bicudo]. *Cadernos Pagu*, 36, 417-425. Recuperado de http://dx.doi.org/10.1590/S0104-83332011000100018.

Alonso, S. (2008). Prefácio. In S. L. Alonso, D. Breyton & H. M. F. M. Albuquerque (Orgs.), *Interlocuções sobre o feminino. Na clínica, na teoria, na cultura* (pp. 13-19). São Paulo: Escuta/Instituto Sedes Sapientiae.

Amaral, N. (1998). A Feminilidade é uma máscara: histeria e feminino na clínica psicanalítica. In *A clínica lacaniana: a histeria*. Rio de Janeiro: Companhia de Freud.

André, S. (1987). *O que quer uma mulher?* Rio de Janeiro: Jorge Zahar.

Aragão, L. T. (1991). Mãe preta, tristeza branca: processo de socialização e distância social no Brasil. In Luiz Tarlei de Aragão et al., *Clínica do social: ensaios*. São Paulo: Escuta.

Azevedo, C. M. M. (2005). A recusa da "raça": antirracismo e cidadania no Brasil dos anos 1830. *Horizontes Antropológicos, 11*(24). Recuperado de https://www.scielo.br/j/ha/a/JN4wR3sykFxZVxdYcV8bfBg/?lang=pt

Bairrão, J. F. M. H (2003). Corpo e Inconsciente. *Revista Olhar, 5*(8), 40-48.

Bairros, L. (2006). Lembrando Lélia Gonzalez. In J. Werneck, M. Mendonça & E. White (Orgs.), *O livro da saúde das mulheres negras* (2. ed.). Rio de Janeiro: Pallas/Criola.

Barbieri, N., & Sarti, C. A. (2011). Psicanálise e antropologia: diálogos possíveis. *Revista Latinoam. Psicopat. Fund., 14*(1), 57-69.

Baremblitt, G. (1990). Digressões metodológicas de um colaborador. In N. Souza, *Tornar-se negro ou as vicissitudes da identidade do negro brasileiro em ascensão social* (2. ed., pp. 79-86). Rio de Janeiro: Graal.

Barreto, R. A. (2005). *Enegrecendo o feminismo ou feminizando a raça: narrativas de libertação em Ângela Davis e Lélia Gonzalez*

(Dissertação de Mestrado), Pontifícia Universidade Católica do Rio de Janeiro, Rio de Janeiro.

Batista, N. (2003). Entrevista: Todo Crime é Político. *Revista Caros Amigos*, São Paulo, Ano VII, nº 77.

Batista, N. (2006). Pena pública e escravismo. *Capítulo Criminológico, 34*(3), 279-321.

Batista, N. (2007). *Introdução crítica ao direito penal brasileiro* (11ª ed.). Rio de Janeiro: Revan.

Batista, N. (2011). Sobre el filo de la navaja. Intervenção na mesa redonda Inseguridad y Política, do Congresso Internacional de Ciência Política realizado em San Juan, Argentina, de 24 a 27 de agosto de 2010. *EPOS, 12*(1).

Batista, V. M. (2008). A criminalização da juventude popular no Brasil: histórias e memórias de luta na cidade do Rio de Janeiro. *BIS Boletim do Instituto de Saúde, 44*, 19-22. Recuperado de http://periodicos.ses.sp.bvs.br/scielo.php?script=sci_arttext&pid=S1518-18122008000100006&lng=pt&tlng=pt

Batista, V. M. (2011a). O grande encarceramento. In *Introdução crítica à criminologia brasileira*. Rio de Janeiro: Revan.

Batista, V. M. (2011b).Epílogo: histórias tristes. In. *Introdução crítica à criminologia brasileira*. Rio de Janeiro: Revan.

Batista, V. M. (2012). Adesão subjetiva à barbárie. In *Loïc Wacquant e a questão penal no capitalismo neoliberal*. Rio de Janeiro: Revan.

Benjamin, W. (2014a). Sobre o conceito de história. Magia e técnica, arte e política: ensaios sobre literatura e história da cultura. In *Obras escolhidas I* (pp. 241-271). São Paulo: Brasiliense. (Trabalho original publicado em 1940).

Benjamin, W. (2014b). Experiência e pobreza. Magia e técnica, arte e política: ensaios sobre literatura e história da cultura. In *Obras escolhidas I* (pp. 123-128). São Paulo: Brasiliense. (Trabalho original publicado em 1933).

Benjamin, W. (2014c). O narrador: considerações sobre a obra de Nikolai Leskov. Magia e técnica, arte e política: ensaios sobre literatura e história da cultura. In *Obras Escolhidas I* (pp. 213-240). São Paulo: Brasiliense. (Trabalho original publicado em 1936.)

Bento, M. A. S. (2012a). Branqueamento e branquitude no Brasil. In I. Carone & M. A. S. Bento, *Psicologia social do racismo: estudos sobre branquitude e branqueamento no Brasil* (5. ed.; pp. 25-57). Petrópolis: Vozes.

Bento, M. A. S. (2012b). Branquitude: o lado oculto do discurso sobre o negro. I. Carone. & M. A. S. Bento (Orgs.), *Psicologia social do racismo: estudos sobre branquitude e branqueamento no Brasil* (5. ed.; pp. 147-162). Petrópolis: Vozes.

Bicudo, V. L. (2010). *Atitudes raciais de pretos e mulatos em São Paulo*. São Paulo: Sociologia e Política. (Trabalho original publicado em 1945).

Bicudo, V. L. (1994). Já fui chamada de charlatã. Depoimento a Cláudio João Tognolli. *Folha de S.Paulo*, Caderno Mais, 6. Recuperado de http://acervo.folha.com.br/fsp/1994/06/05/72

Birman, J. (1999). *Cartografias do feminino*. São Paulo: Ed. 34.

Birman, J. (2006). Genealogia do feminino e da paternidade em psicanálise. *Natureza Humana*, *8*(1).

Braga, A. P. M. (2016). Pelas trilhas de Virgínia Bicudo: psicanálise e relações raciais em São Paulo. In *Lacuna: Uma*

Revista de Psicanálise. Recuperado de https://revistalacuna.com/2016/12/06/n2-01/

Braga, A. P. M., & Rosa, M. D. (2018a). Articulações entre psicanálise e negritude: desamparo discursivo, constituição subjetiva e traços identificatórios. *Revista da ABPN, 10*(24), 89-107. Recuperado de http://www.abpnrevista.org.br/revista/ index.php/revistaabpn1/article/view/575

Braga, A. P. M., Souza, P. S. (2018). Racismo e sexismo: desafios da constituição psíquica de mulheres negras e homens negros. In M. D. Rosa, A. M. M. Costa, & S. Prudente (Orgs.), *As escritas do Ódio: psicanálise e política*. São Paulo: Fapesp.

Brites, J. (2008). Afeto e desigualdade: gênero, geração e classe entre empregadas domésticas e seus empregadores. *Cadernos Pagu, 29*. Dossiê: Famílias em Movimento. Recuperado de http://dx.doi.org/10.1590/S0104-83332007000200005

Brum, E. (2015). No Brasil, o melhor branco só consegue ser um bom sinhozinho. *El País*, "Opinião". Recuperado de http://brasil.elpais.com/brasil/2015/05/25/opinion/1432564283_075923.html

Butler, J. (2009). *Vida precária: el poder del duelo y la violência* (Fermin Rodriguez, trad.). Buenos Aires: Paidós.

Carone, I. (2012). Breve histórico de uma pesquisa psicossocial sobre a questão racial brasileira. In I. Carone, I. & M. A. S. Bento, *Psicologia social do racismo: estudos sobre branquitude e branqueamento no Brasil* (5. ed.; pp. 147-162). Petrópolis: Vozes.

Castoriadis, C. (2015). El Imaginario Social Instituyente. *Zona Erógena, 35*, 1997. Recuperado de http://www.educ.ar

Castoriadis, C. (1998). *Los dominios del hombre: las encrucijadas del laberinto*. Barcelona: Gedisa.

Chagas, R. S. (2009). *A união faz a força: expressões do mito familiar em famílias negras das camadas médias. São Paulo. Século XXI* (Dissertação de Mestrado), Pontifícia Universidade Católica de São Paulo, São Paulo.

Corosacz, V. R. (2013). Racismo e sexismo: reflexões a partir de algumas experiências feministas brasileiras". In A. S. Garcia & A. R. G. Junior (Orgs.), *Relações de gênero, raça, classe e identidade social no Brasil e na França*. Rio de Janeiro: Letra Capital e Núcleo de Estudos Interdisciplinares sobre a Mulher.

Corrêa, M. (1996). Sobre a invenção da mulata. *Cadernos Pagu, 6-7*, 35-50.

Corrêa, M. (2007). A babá de Freud e outras babás. Dossiê: Famílias em Movimento. *Cadernos Pagu, 29*. Recuperado de http://dx.doi.org/10.1590/S0104-83332007000200004

Costa, A. M., & Poli, M. C. (2012). Sexuação na adolescência: um ato performativo. In R. Gurski., M. C. Poli & M. D. Rosa Orgs.), *Debates sobre a adolescência contemporânea e o laço social* (pp. 73-84). Curitiba: Juruá.

Costa, J. F. (1989). Adultos e crianças. In *Ordem médica e norma familiar* (2. ed., pp. 153-214). Rio de Janeiro: Graal.

Costa, J. F. (1990). Prefácio: Da cor ao corpo: a violência do racismo. In N. Souza. *Tornar-se negro* (2. ed., pp. 1-16). Rio de Janeiro: Graal.

Costa, J. F. (2003). Da cor ao corpo: a violência do Racismo. In *Violência e Psicanálise* (3. ed.). Rio de Janeiro: Graal.

Costa, S. G. (2002). Proteção social, maternidade transferida e lutas pela saúde transferida e lutas pela saúde reprodutiva. *Estudos Feministas*, 301-323. Recuperado de http://www.scielo.br/pdf/ref/v10n2/14959.pdf

Cytrynowicz, M. M. (2013). Um percurso pela história e pela memória da Psicologia Clínica em São Paulo. *Projeto Memória da Psicologia do Conselho Regional de Psicologia de São Paulo*. Recuperado de http://www.crpsp.org.br/memoria/clinica/artigo.aspx

Damasco, M. S., Maio, M. C., & Monteiro, S. (2012). Feminismo negro: raça, identidade e saúde reprodutiva no Brasil (1975-1993). *Estudos Feministas*, *20*(1), 133-151.

Deiab, R. (2006). *A mãe preta na literatura brasileira: a ambiguidade como construção social* (Dissertação de Mestrado). Universidade de São Paulo. São Paulo.

Del Priore, M. (2000). *Mulheres no Brasil colonial*. São Paulo: Contexto, 2000.

Del Priore, M. (2009). *Ao sul do corpo: condição feminina, maternidades e mentalidades no Brasil Colônia* (2. ed.). São Paulo: Unesp.

Derezensky, E. (2008, janeiro/fevereiro). Segregación y racismo. *Virtualia, Revista digital de la Escuela de la Orientación Lacaniana*, *17*. Recuperado de www.eol.org.ar/virtualia

D'Incao, M. A. (2007). Mulher e família burguesa. In M. D. Priore (Org.), *História das mulheres no Brasil* (pp. 223-240). São Paulo: Ed. Unesp/Contexto.

Endo, P. (2008). *Corpo, cidade e violência*. Trabalho apresentado no CEU Butantã em agosto de 2008, no âmbito do Projeto Direitos Humanos nas escolas coordenado pelo Professor José Sergio Fonseca. Recuperado de http://www.dhnet.org.br/educar/textos/paulo_endo_corpo_cidade_violencia.pdf

Erre, J. (1961). *Elas...as donas de casa e Elas... as empregadas*. São Paulo: Três Marias.

Fanon, F. (2008). *Pele negra, máscaras brancas*. Salvador: Edufba. (Trabalho original publicado em 1952).

Fernandes, F. (2011). *O negro no mundo dos brancos*. São Paulo: Global. (Trabalho original publicado em 1972).

Fernandes, F. (1971). Do escravo ao cidadão. In: R. Bastide & F. Fernandes, *Brancos e negros em São Paulo* (3. ed., pp. 21-81). São Paulo: Companhia Editora Nacional.

Fingermann, D., & Dias, M. (2005). *Por causa do pior*. São Paulo: Iluminuras.

Fonseca, C. (2001). Da circulação de crianças à adoção internacional: questões de pertencimento e posse (Ethon S. A. da Fonseca, trad. do inglês). Publicado pela primeira vez em francês – La Circulation des Enfants Pauvres au Bresil: Une pratique locale dans un monde globalisé. *Anthropologie et Sociétés, 24*(3), 24-43, 2001.

Fonseca, C. (2002a). Mãe é uma só? Reflexões em torno de alguns casos brasileiros. *Revista Psicologia USP Família, 13*(2), 49-68.

Fonseca, C. (2002b). Da família ao parentesco em sociedades complexas [Participação em Mesa Redonda] O lugar da família na ciência contemporânea: desafios e tendências na pesquisa. Congresso Internacional Pesquisando a Família. In C. R. Althoff., I. Elsen & R. G. Nitschke (Orgs.). *Pesquisando a família: olhares contemporâneos*. Florianópolis: Papa-Livro.

Fonseca, C. (2007). Ser mulher, mãe e pobre. In M. D. Priore (Org.), *História das mulheres no Brasil* (pp. 510-553). São Paulo: Contexto.

Freud, S. (1974). O Moisés de Michelângelo. In *Edição Standard Brasileira das Obras Completas de Sigmund Freud* (Vol. XIII). Rio de Janeiro: Imago. (Trabalho original publicado em 1914a).

Freud, S. (1980a). Um tipo especial de escolha de objeto feita pelos homens (contribuições à psicologia do amor I). In *Edição Standard Brasileira das Obras Completas de Sigmund Freud* (Vol. XI, pp.147-157). Rio de Janeiro: Imago. (Trabalho original publicado em 1910).

Freud, S. (1980b). Sobre a tendência universal à depreciação na esfera do amor (contribuições à psicologia do amor II). In *Edição Standard Brasileira das Obras Completas de Sigmund Freud* (Vol. XI, pp. 159-173). Rio de Janeiro: Imago. (Trabalho original publicado em 1912).

Freud, S. (2010a). A dinâmica da transferência. In S. Freud, *Obras completas* (Vol. 10, pp. 133-146). São Paulo: Companhia das Letras. (Trabalho original publicado em 1912).

Freud, S. (2010b). Recomendações ao médico que pratica a psicanálise. In *Obras completas* (Vol. 10, pp. 147-162). São Paulo: Companhia das Letras. (Trabalho original publicado em 1912).

Freud, S. (2010c). Recordar, repetir e elaborar. In *Obras completas* (Vol. 10, pp. 193-209). São Paulo: Companhia das Letras. (Trabalho original publicado em 1914b).

Freud, S. (2010d). Introdução ao narcisismo. In *Obras Completas* (Vol. 12, pp. 13-50). São Paulo: Companhia das Letras. (Trabalho original publicado em 1914c).

Freud, S. (2010e). O instinto e seus destinos. In *Obras Completas* (Vol. 12, pp. 51-81). São Paulo: Companhia das Letras. (Trabalho original publicado em 1915).

Freud, S. (2010f). Luto e melancolia. In *Obras Completas* (Vol. 12, pp. 170-194). São Paulo: Companhia das Letras. (Trabalho original publicado em 1917).

Freud, S. (2010g). Mal-estar na civilização. In *Obras completas de Sigmund Freud* (Vol. 18, pp. 13-122). São Paulo: Companhia das Letras. (Trabalho original publicado em 1930).

Freud, S. (2010h). Sobre a sexualidade feminina. In *Obras completas* (Vol. 18, pp. 371-398). São Paulo: Companhia das Letras. (Trabalho original publicado em 1931).

Freud, S. (2010i). A feminilidade. Novas conferências introdutórias à psicanálise. In *Obras Completas* (Vol. 18, pp. 263-293). São Paulo: Companhia das Letras. (Trabalho original publicado em 1933).

Freud, S. (2011a). Psicologia das massas e análise do eu. In *Obras completas* (3. reimpr.; Vol. 15, pp. 13-113). São Paulo: Companhia das Letras. (Trabalho original publicado em 1921).

Freud, S. (2011b). Psicanálise e "teoria da libido" (Dois verbetes para um dicionário de sexologia). In *Obras completas* (3. reimpr; Vol. 15, pp. 273-308). São Paulo: Companhia das Letras. (Trabalho original publicado em 1923).

Freud, S. (2011c). Algumas consequências psíquicas da diferença anatômica entre os sexos. In *Obras completas* (Vol. 16, pp. 283-299). São Paulo: Companhia das Letras. (Trabalho original publicado em 1925).

Freud, S. (2014a). Conferências introdutórias à psicanálise nº 24. O estado neurótico comum. In *Obras Completas* (Vol. 13, p. 500-518). São Paulo: Companhia das Letras. (Trabalho original publicado em 1916-1917).

Freud, S. (2014b). O inquietante. In *Obras completas* (Vol. 14, pp. 328-376). São Paulo: Companhia das Letras. (Trabalho original publicado em 1919).

Freud, S. (2014c). Além do princípio do prazer. In *Obras completas* (Vol. 14, pp. 161-239). São Paulo: Companhia das Letras. (Trabalho original publicado em 1920).

Freud, S. (2014d). A questão da análise leiga: diálogo com um interlocutor imparcial. In *Obras completas* (Vol. 17, pp. 124-230). São Paulo: Companhia das Letras. (Trabalho original publicado em 1926).

Freyre, G. (2008). *Casa-Grande & Senzala*. São Paulo: Global. (Trabalho original publicado em 1933).

Frieiro, E. (1982). *Feijão, angu e couve*. Belo Horizonte/São Paulo: Itatiaia/Edusp.

Fuentes, M. J. S. (2009). *As mulheres e seus nomes: Lacan e o feminino* (Tese de Doutorado). Universidade de São Paulo. São Paulo.

Gagnebin, J. M. (2006). *Lembrar escrever esquecer*. São Paulo: Editora 34.

Gagnebin, J. M. (2010). O preço de uma reconciliação extorquida. In E. Teles & V. Safatle (Orgs.), *O que resta da ditadura* (pp. 177-186). São Paulo: Boitempo.

Gagnebin, J. M. (2011). Esquecer o passado? In K. M. Dotto, P. C. Endo, S. H. Sposito, & T. C. Endo (Orgs.), *Psicologia, violência e direitos humanos* (pp. 238–247). Conselho Regional de Psicologia.

Gas-Pa. (2014). *O lugar do racismo na luta de classes brasileira. O dilema do proletariado preto*. Publicado originalmente em www.socialismosemfronteiras.net. Recuperado de http://espacosocialista.org/portal/?p=3428.

Giacomini, S. M. (1988). *Mulher e escrava*. Petrópolis: Vozes.

Giacomini, S. M. (1992). Aprendendo a ser mulata: um estudo sobre a identidade da mulata profissional. In A. O. Costa & C.

Bruschini, *Entre a virtude e o pecado* (pp. 213-245). São Paulo: Rosa dos Tempos/Fundação Carlos Chagas.

Gomes, J. D. (2013). *Os segredos de Virgínia: estudos de atitudes raciais em São Paulo (1945-1955)* (Tese de Doutorado). Universidade de São Paulo, São Paulo.

Gonçalves Filho, J. M. (2004). Subjetividade, Humilhação Social e Sofrimento II. In M. V. O. Silva (Coord.), *Psicologia e direitos humanos: subjetividade e exclusão* (pp. 89-94). São Paulo: Casa do Psicólogo; Brasília: Conselho Federal de Psicologia, 2004.

Gonçalves Filho, J. M. (2007). Humilhação social: humilhação política. In Beatriz de Paula Souza (Org.), *Orientação à queixa escolar* (pp. 187-221). São Paulo: Casa Psi.

Gonçalves Filho, J. M. (2008). A dominação. In Instituto Amma Psiquê e Negritude, *Os efeitos psicossociais do racismo* (pp. 57-71). São Paulo: Instituto AMMA Psiquê e Negritude.

Gonzalez, L. (1979). Mulher negra: um retrato. *Jornal Lampião da Esquina*, *1*(11). Recuperado de http://www.grupodignidade.org.br/blog/cedoc/jornal-lampiao-da-esquina/

Gonzalez, L. (1982a). Beleza negra, ou: ora-yê-yê-ô! *Jornal Mulherio*, *2*(6).

Gonzalez, L. (1982b). E a trabalhadora negra, cumé que fica? *Jornal Mulherio*, *2*(7).

Gonzalez, L. (1982c). A mulher negra na sociedade brasileira: uma abordagem político-econômica. In T. L. Madel (Org.), *O lugar da mulher: estudos sobre a condição feminina na sociedade atual* (pp. 87-106). Rio de Janeiro: Graal.

Gonzalez, L. (1984). Racismo e sexismo. *Revista Ciências Sociais Hoje*, Anpocs, 223-244.

Gonzalez, L. (1988a). Cidadania de Segunda Classe. Aula proferida no Curso Cidadania e Racismo, Promoção do Instituto de Pesquisas das Culturas Negras - IPCN. Rio de Janeiro. Recuperado de http://www.4shared.com/office/TbWZ8O8k/Cidadania-SegundaClasse_Aula-n.html.

Gonzalez, L. (1988b). Por un feminismo afrolatinoamericano. In Isis Internacional & Mudar - Mujeres por un Desarrollo Alternativo. Mujeres. Crisis y movimiento. América Latina y el Caribe. *Ediciones de las Mujeres, 9.*

Gonzalez, L. (1988c). A categoria político-cultural da amefricanidade. *Tempo Brasileiro*, 92-93.

Gonzalez, L. (s.d.). *Entrevistas.* Recuperado de http://www.leliagonzalez.org.br/historia.html

Granon-Lafont, J. (1990). *A topologia de Jacques Lacan.* Rio de Janeiro: Jorge Zahar.

Guerra, A. M. C., & Martins, A. S. (2013). Psicanálise e política: contribuições metodológicas. *Revista Borromeo, 4.* Recuperado de http://borromeo.kennedy.edu.ar.

Guimarães, A. S. (2002). Texto classes, raças e democracia. In *Raça e pobreza no Brasil* (pp. 47-77). São Paulo: Editora 34.

Hassoun, J. (1996). *Los contrabandistas de la memoria.* Buenos Aires: Ediciones de la Flor.

Herkenhoff, A. (2009, 20 de janeiro). Racismo: por que se matou a psicanalista negra que fazia sucesso no Rio? *Correio do Brasil, XII.* Recuperado de https://www.geledes.org.br/racismo-por-que-se-matou-psicanalista-negra-que-fazia-sucesso-no-rio/

Hofbauer, A. (2007). Branqueamento e democracia racial: sobre as entranhas do racismo no Brasil. In: Z. M. C. Chitolina. (Org.), *Por que "raça"? Breves reflexões sobre a questão racial no cinema e na antropologia* (pp. 1-24). Santa Maria: EDUFSM. Recuperado de: https://andreashofbauer.files.wordpress.com/2011/08/branqueamento-e-democracia-racial_finalc3adssima_2011.pdf

Hornstein, B. L. (1973). *Teoria de las ideologias y psicoanalisis (modo de producción y complejo de Edipo)*. Buenos Aires: Ediciones Kargieman.

IPEA (Instituto de Pesquisa Econômica Aplicada) & DEPEN. (2014, novembro). *A aplicação de penas e medidas alternativas*, Relatório de pesquisa. Recuperado de http://apublica.org/wp-content/uploads/2015/02/pesquisa-ipea-provisorios.pdf.

ITTC (Instituto Terra, Trabalho e Cidadania e Pastoral Carcerária Nacional). (2012). *Tecer justiça: presas e presos provisórios na cidade de São Paulo*. São Paulo: ITTC.

Julien, P. (1996). *O estranho gozo do próximo: ética e psicanálise*. Rio de Janeiro: Jorge Zahar.

Julien, P. (1997). *A feminilidade velada*. Rio de Janeiro: Companhia de Freud.

Julien, P. (2000). *Abandonarás teu pai e tua mãe*. Rio de Janeiro: Companhia de Freud.

Kehl, M. R. (2000). Existe uma função fraterna? In Maria Rita Kehl (Org.), *Função Fraterna* (pp. 31-47). Rio de Janeiro: Relume Dumará.

Kehl, M. R. (2008). *Deslocamentos do feminino* (2. ed.). Rio de Janeiro: Imago.

Kehl, M. R. (2010). Tortura e sintoma social. In E. Teles & V. Safatle (Orgs.), *O que resta da ditadura* (pp. 123-132). São Paulo: Boitempo.

Kofes, S. (1994). Entre nós mulheres, elas as patroas e elas as empregadas. In M. Corrêa et al. (Org.), *Colcha de retalhos: estudos sobre a família no Brasil* (3. ed.; pp. 185-193). Campinas: Editora Unicamp.

Kojève, A. (1984, outubro/novembro/dezembro). Introdução à leitura de Hegel. Che vuoi? Tupi or not tupi... *Psicanálise na cultura*, *1*(1), 4-11.

Koltai, C. (2000). *Política e psicanálise: O estrangeiro*. São Paulo: Escuta.

Koltai, C. (2008, dezembro). Em pauta - Estrangeiro. Racismo: uma questão cada vez mais delicada. *Ide*, *31*(47).

Koltai, C. (2012, junho). O inconsciente seria politicamente incorreto?. *Reverso*, *34*(63). Recuperado de http://pepsic.bvsalud.org/scielo.php?script=sci_arttext&pid=S0102-739520120002-00004&lng=pt&nrm=iso.

Lacan, J. (1966-1967). *O seminário. Livro 14: La lógica del fantasma* (Pablo G. Kaina, trad.). Versión Escuela Freudiana de la Argentina. [S.l.]: [s.e.].

Lacan, J. (1985a). *O seminário. Livro 2: O eu na teoria de Freud e na técnica da psicanálise*. Rio de Janeiro: Jorge Zahar. (Trabalho original publicado em 1954-1955).

Lacan, J. (1985b). *O seminário. Livro 20: Mais ainda* (2. ed. corrigida). Rio de Janeiro: Jorge Zahar. (Trabalho original publicado em 1972-1973).

Lacan, J. (1986). *O seminário. Livro 1: Os escritos técnicos de Freud*. Rio de Janeiro: Jorge Zahar. (Trabalho original publicado em 1954).

Lacan, J. (1988a). *O seminário. Livro 3: As psicoses* (2. ed.). Rio de Janeiro: Jorge Zahar. (Trabalho original publicado em 1955-1956).

Lacan, J. (1988b). *O seminário. Livro 7: A ética da psicanálise*. Rio de Janeiro: Jorge Zahar. (Trabalho original publicado em 1959-1960).

Lacan, J. (1988c). *O seminário. Livro 11: Os quatro conceitos fundamentais da psicanálise*. Rio de Janeiro: Jorge Zahar. (Trabalho original publicado em 1964).

Lacan, J. (1994). *O seminário. Livro 17: O avesso da psicanálise*. Rio de Janeiro: Jorge Zahar. (Trabalho original publicado em 1969-1970).

Lacan, J. (1998a). O tempo lógico e a asserção da certeza antecipada. In *Escritos* (pp. 197-213). Rio de Janeiro: Jorge Zahar. (Trabalho original publicado em 1945).

Lacan, J. (1998b). A agressividade em psicanálise. In *Escritos* (pp. 104-126). Rio de Janeiro: Jorge Zahar. (Trabalho original publicado em 1948).

Lacan, J. (1998c). O estádio do espelho como formador da função do eu. In *Escritos* (pp. 96-103). Rio de Janeiro: Jorge Zahar. (Trabalho original publicado em 1949).

Lacan, J. (1998d). Função e campo da fala e da linguagem em psicanálise [Discurso de Roma]. In *Escritos* (op. 238-324). Rio de Janeiro: Jorge Zahar. (Trabalho original publicado em 1953).

Lacan, J. (1998e). A instância da letra no inconsciente ou a razão desde Freud. In *Escritos* (pp. 496-533). Rio de Janeiro: Jorge Zahar. (Trabalho original publicado em 1957).

Lacan, J. (1998f). A significação do Falo. In *Escritos* (pp. 692-703). Rio de Janeiro: Jorge Zahar. (Trabalho original publicado em 1958-1998).

Lacan, J. (1998g). Subversão do sujeito e dialética do desejo no inconsciente freudiano. In *Escritos* (pp. 807-842). Rio de Janeiro: Jorge Zahar. (Trabalho original publicado em 1960).

Lacan, J. (1998h). Kant com Sade. In *Escritos* (pp. 776-803). Rio de Janeiro: Jorge Zahar. (Trabalho original publicado em 1963).

Lacan, J. (1998i). De nossos antecedentes. In *Escritos* (pp. 69-76). Rio de Janeiro: Jorge Zahar. (Trabalho original publicado em 1966).

Lacan, J. (2000-2001). *O saber do psicanalista*. Publicação não comercial. Recife: Centro de Estudos Freudianos do Recife. (Trabalho original publicado em 1971-1972).

Lacan, J. (2002). *O seminário. Livro 10: A angústia*. Recife: Centro de Estudos Freudianos do Recife. Publicação para circulação interna. (Trabalho original publicado em 1962-1963).

Lacan, J. (2003a). *O seminário. Livro 9: A identificação*. Recife: Centro de Estudos Freudianos do Recife. Publicação para circulação interna. (Trabalho original publicado em 1961-1962).

Lacan, J. (2003b). Os complexos familiares na formação do indivíduo. In *Novos escritos* (pp. 28-90). Rio de Janeiro: Jorge Zahar. (Trabalho original publicado em 1938).

Lacan, J. (2003c). O aturdito. In *Novos escritos* (pp. 448-497). Rio de Janeiro: Jorge Zahar. (Trabalho original publicado em 1972).

Lacan, J. (2003d). Televisão. In *Novos escritos* (pp. 508-543). Rio de Janeiro: Jorge Zahar. (Trabalho original publicado em 1973).

Lacan, J. (2008). *O seminário. Livro 16: De um Outro ao outro*. Rio de Janeiro: Jorge Zahar. (Trabalho original publicado em 1968-1969).

Lacan, J. (1991). Algumas reflexões sobre o eu. *Boletim de Novidade Pulsional, IV*(26). (Trabalho original publicado em 1951).

Lara, S. H. (1988). Biografia de Mahommah G. Baquaqua. *Revista Brasileira de História, 8*(16), 273-274.

Luna, F. V., & Klein, H. S. (2010). *Escravismo no Brasil*. São Paulo: Edusp/Imprensa Oficial.

Magalhães, E. K. C., & Giacomini, S. M. (1983). A escrava ama-de-leite: anjo ou demônio? In C. Barroso, & A. O. Costa (Orgs.), *Mulher, mulheres*. São Paulo: Cortez/Fundação Carlos Chagas.

Maio, M. C. (2010a). Educação sanitária, estudos de atitudes raciais e psicanálise na trajetória de Virgínia Leone Bicudo. *Cadernos Pagu, 35*, 309-355.

Maio, M. C. (2010b). Introdução: a contribuição de Virgínia Leone Bicudo aos estudos sobre as relações raciais no Brasil. In V. L. Bicudo, *Atitudes raciais de pretos e mulatos em São Paulo*. São Paulo: Sociologia e Política. (Trabalho original publicado em 1945).

Mannoni, M. (1995). Os sobreviventes do genocídio. In M. Mannoni, *Amor, ódio, separação*. Rio de Janeiro: Jorge Zahar.

Masotta, O. (1979). *Lecciones de introduccion al psicoanálisis* (2. ed.). Barcelona: Gedisa.

Masson, J. M. (Ed.). (1986). *A correspondência completa de Sigmund Freud para Wilhelm Fliess (1887-1904)*. Rio de Janeiro: Imago.

Mattos, H. (2013). *Das cores do silêncio*. 3ª ed. Campinas: Editora Unicamp.

Mautner, A. V. (2000). Fui buscar defesas para o íntimo. *Folha de S.Paulo*, Folha Ilustrada, 6. Recuperado de http://acervo.folha.com.br/fsp/2000/10/06/21

Mendes, C. E. (2012). O sentido e o significado de futuro para meninas negras que participam de atividades propostas por instituições de proteção social no bairro do Capão Redondo. *Anais do VI Congresso Interno - Instituto de Psicologia - Programa de Pós Graduação Psicologia Social e do Trabalho (IPUSP)*, São Paulo, Brasil.

Mendes, C. E. (2014). *Os sentidos de futuro para jovens negras: por caminhos do Capão Redondo e do Jardim Ângela na periferia paulistana* (Dissertação de Mestrado). Psicologia Social, IPUSP, Universidade de São Paulo, São Paulo.

Moretzsohn, M. A. G. (2013). História da psicanálise: uma história brasileira. *Jornal de psicanálise*, *46*(85).

Mouffe, C. (2001). Feminismo, ciudadanía y política democrática radical. *Debate Feminista*, *7*, 1-14.

Munanga, K. (2000). Qual é a explicação dessa ausência e desse silêncio (de nossa psicologia social) sobre um tema que toca a vida de mais de 60 milhões de brasileiros de ascendência africana? [Entrevista à Antonio da Costa Ciampa]. *Psicologia & Sociedade*, 12(1/2), 5-17.

Munanga, K. (2004). Psicologia e racismo: uma autocrítica necessária. In M. V. O. Silva (Coord.), *Psicologia e direitos humanos: subjetividade e exclusão* (pp. 89-94). São Paulo: Casa do Psicólogo/Brasília: Conselho Federal de Psicologia.

Munanga, K. (2005-2006). Algumas considerações sobre "raça", ação afirmativa e identidade negra no Brasil: fundamentos antropológicos. *Revista USP*, 46-57.

Munanga, K. (2009). Nosso racismo é um crime perfeito. *Revista Fórum*, 77. Recuperado de http://www.revistaforum.com.br/blog/2012/02/nosso-racismo-e-um-crime-perfeito.

Munanga, K. (2012a). Negritude em cena. II Etapa do Evento "*Racismo e o negro no Brasil: questões para a Psicanálise*", promovido pelo Depto.de Psicanálise do Instituto Sedes Sapientiae. Recuperado de https://www.youtube.com/watch?v=FxQLI-7DAtTA&ab_channel=DepartamentodePsican%C3%A1lise.

Munanga, K. (2012b). *A educação colabora para perpetuar racismo*. Recuperado de http://www.viomundo.com.br/politica/kabengele-munanga-a-educacao-colabora-para-a-perpetuacao-do-racismo.html

Musatti-Braga, A. P. & Rosa, M. D. (2018). Escutando os subterrâneos da cultura: racismo e suspeição em uma comunidade escolar. *Psicologia em Estudo*, 23, 1-16. doi:10.4025/psicolestud.v23.e37502.

Nasio, J.-D. (1989). *Os sete conceitos cruciais da psicanálise*. Rio de Janeiro: Jorge Zahar.

Nasio, J.-D. (1993). *Cinco lições sobre a teoria de Jacques Lacan*. Rio de Janeiro: Jorge Zahar.

Nasio, J.-D. (1995). *O olhar em psicanálise*. Rio de Janeiro: Jorge Zahar.

Nasio, J.-D. (1997). O psicanalista lacaniano. In *A alucinação e outros estudos lacanianos*. Rio de Janeiro: Jorge Zahar.

Nasio, J.-D. (2000). Que é um caso? In Juan-David Nasio, *Os grandes casos de psicose*. Rio de Janeiro: Jorge Zahar.

Nasio, J.-D. (2013). ¿Por *qué repetimos siempre los mismos errores?* Buenos Aires: Paidós.

Noguchi, N. F. C. (2001). Seguro na Febem-SP: um olhar para as relações de poder em Unidades de Privação de Liberdade. *Revista Brasileira Adolescências e Conflitualidade, 5.*

Nogueira, G. A. (2011). *"Viver por si", viver pelos seus: famílias e comunidades de escravos e forros no "Certam de Sima do Sam Fancisco" (1730-1790)* (Dissertação de Mestrado). Universidade do Estado da Bahia, Bahia.

Nogueira, I. B. (1998). *Significações do corpo negro* (Tese de Doutorado). Universidade de São Paulo, São Paulo.

Nogueira, I. B. (1999). O corpo da mulher negra. *Pulsional Revista de Psicanálise, XIII*(135), pp. 40-45.

Nogueira, I. B. (2004). Psicologia e racismo: uma autocrítica necessária III. In M. V. O. Silva (Coord.), *Psicologia e direitos humanos: subjetividade e exclusão* (pp. 89-94). São Paulo: Casa do Psicólogo; Brasília: Conselho Federal de Psicologia.

Nogueira, I. B. (2008). Ninguém foge da própria história. In Instituto AMMA Psiquê e Negritude, *Os efeitos psicossociais do racismo* (pp. 40-44). São Paulo: Instituto AMMA Psiquê e Negritude.

Nogueira, I. B. (2011). O corpo negro: sentidos e significados. *Nguzu - Revista do Núcleo de Estudos Afro-Asiáticos da Universidade Estadual de Londrina (UEL), 1*(1), pp. 10-13.

Nogueira, I. B. (2012). Racismo e o negro no Brasil: questões para a Psicanálise. In *O Racismo e o Negro no Brasil: questões para a Psicanálise - Etapa III*. Departamento de Psicanálise do Instituto Sedes Sapientiae. São Paulo, SP.

Nogueira, L. C. (2004). A pesquisa em Psicanálise. *Psicologia USP, 15*(1-2). Recuperado de http://dx.doi.org/10.1590/S0103-65642004000100013

Oliveira, G. C. (2009). Duas décadas de luta feminista antirracista pelos direitos sexuais e reprodutivos. In C. H. de Campos & G. C. Oliveira (Orgs.), *Saúde Reprodutiva das Mulheres – direitos, políticas públicas e desafios*. CFEMEA: IWHC, Fundação H. Boll, Fundação Ford.

Oliveira, M. I. C. (1997). Quem eram os "negros da Guiné?" A origem dos africanos na Bahia. *AfroÁsia, 19/20*, 37-73. Recuperado de http://www.afroasia.ufba.br/pdf/afroasia_n19_20_p37.pdf.

Parker, I. (2002). Teoria social lacaniana e prática clínica. *Psicologia & Sociedade, 14*(2), 48-73.

Pimenta, V. M. (2014). *A aplicação de penas e medidas alternativas* (Relatório de Pesquisa/2014), Brasil, Presidência da República Federativa do Brasil. Secretaria de Assuntos Estratégicos. Instituto de Pesquisa Econômica Aplicada. Diretoria de Estudos e Políticas do Estado, das Instituições e da Democracia. Recuperado de https://apublica.org/wp-content/uploads/2015/02/pesquisa-ipea-provisorios.pdf.

Piza, E. (2012). Porta de vidro: entrada para a branquitude. In I. Carone & M. A. Bento (Orgs.), *Psicologia social do racismo* (pp. 59-90). Petrópolis: Vozes.

Pnad/IBGE Instituto Brasileiro de Geografia e Estatística. (2007). PNAD 2007. Recuperado de http://www.ibge.gov.br/home/estatistica/populacao/trabalhoerendimento/pnad2007/suplementos/jovens/default.shtm.

Poli, M. C. (2005). Pesquisa em psicanálise. *Revista da APPOA*, pp. 42-47.

Porge, E. (1998). *Psicanálise e tempo: o tempo lógico de Lacan*. Rio de Janeiro: Companhia de Freud.

Pujó, M. (2000). Trauma y desamparo. *El Psicoanálisis y el Hospital, 17*. Clínica del desamparo. Ediciones del seminario. Recuperado de http://www.vivilibros.com/excesos/06-a-06.htm

Quinet, A. (2001). A heteridade de Lacan. Texto apresentado no colóquio *2001 – Uma odisseia lacaniana*. Recuperado de www.antroposmoderno.com/antro-articulo.php?id_articulo=728

Quinet, A. (2002). *Um olhar a mais: ver e ser visto na psicanálise*. Rio de Janeiro: Jorge Zahar.

Reis Filho, J. T. (2005). *Negritude e sofrimento psíquico: uma leitura psicanalítica* (Tese de Doutorado). Pontifícia Universidade Católica de São Paulo, São Paulo.

Ricupero, R. (2012). Cotas e justiça histórica. *Folha de S.Paulo*, Caderno Mundo, A14.

Rosa, M. D. (2000). *Histórias que não se contam: o não-dito e a psicanálise com crianças e adolescentes*. Taubaté: Cabral Editora Universitária.

Rosa, M. D. (2002). Uma escuta psicanalítica das *Vidas Secas*. *Revista de Psicanálise Textura, 2*.

Rosa, M. D. (2004). A pesquisa psicanalítica dos fenômenos sociais e políticos. *Mal-estar e Subjetividade, IV*(2), 329-348.

Rosa, M. D. (2015). *A psicanálise e as instituições: um enlace ético-político*. São Paulo: Lepsi IP/FE-USP. Recuperado de http://www.proceedings.scielo.br/scielo.php?pid=MSC00-0000000320040001000045&script=sci_arttext.

Rosa, M. D. (2015). *Psicanálise, política e cultura: a clínica em face da dimensão sócio-política do sofrimento* (Tese de Livre-Docência), Universidade de São Paulo.

Rosa, M. D., Berta, S. L., Toma. C. T., & Alencar, S. (2009). A condição errante do desejo: os imigrantes, migrantes, refugiados e a prática psicanalítica clínico-política. *Revista Latinoamericana de Psicopatologia Fundamental, 12*(3), 497–511. Recuperado de https://www.scielo.br/j/rlpf/a/4qK39MQPRn9MyHps6BR-VC3n/lang=pt&format=pdf.

Rosa, M. D. & Domingues, E. (2010). O método na pesquisa psicanalítica de fenômenos sociais e políticos: a utilização da entrevista e da observação. *Psicologia & Sociedade, 22*(1), pp. 180-188.

Rosa, M. D., & Poli, M. C. (2015). Experiência e linguagem como estratégias de resistência. *Psicologia & Sociedade, 21*, Edição Especial, 5-12. Recuperado de http://www.scielo.br/pdf/psoc/v21nspe/v21nspea03.pdf.

Rosa, M. D.; Vicentin, M. C. G.; & Catrolli, V. (2009). Viver em tempos sombrios: a experiência e os laços com os contemporâneos. *Psicologia em Revista, 2*, pp. 51-68.

Roudinesco, E., & Plon, M. (1998). *Dicionário de psicanálise.* Rio de Janeiro: Jorge Zahar.

Safatle, V. (2010). Do uso da violência contra o Estado ilegal. In E. Teles & V. Safatle (Orgs.), *O que resta da ditadura: O que resta da ditadura: a exceção brasileira* (pp. 237-252). São Paulo: Boitempo.

Saffioti, H. (2004). Gênero e Patriarcado: violência contra mulheres. In G. Venturi, M. Recamán & S. Oliveira, *A mulher brasileira nos espaços público e privado*. São Paulo: Fundação Perseu Abramo.

Saffioti, H. (2013). Posição social da mulher na ordem escravocrata-senhorial e suas sobrevivências na sociedade atual. In H. Saffioti. *A mulher na sociedade de classes: mito e realidade* (3. ed.; pp. 230-266). São Paulo: Expressão Popular. (Trabalho original publicado em 1969).

Samara, E. M. (1989). A família negra no Brasil. In: *História*, n. 120, São Paulo, pp. 27-44. Recuperado de https://www.revistas.usp.br/revhistoria/article/view/18590/20653.

Sarti, C. A. (1996). *A família como espelho*. Campinas: Autores Associados.

Schucman, L. V. (2014). *Entre o encardido, o branco e o branquíssimo: branquitude, hierarquia e poder na cidade de São Paulo*. São Paulo: Annablume.

Schwarcz, L. M. (2012a). Racismo e o negro no Brasil: questões para a Psicanálise. In *O Racismo e o Negro no Brasil: questões para a Psicanálise - Etapa III*. Departamento de Psicanálise do Instituto Sedes Sapientiae. São Paulo, SP. Recuperado de https://www.youtube.com/watch?v=iy-FHDi1CvM.

Schwarcz, L. M. (2012b). Do preto, do branco e do amarelo: sobre o mito nacional de um Brasil (bem) mestiçado. *Ciência e Cultura*, *64*(1).

Schwarcz, L. M. (2014). *Nem preto, nem branco, muito pelo contrário: cor e raça na sociedade brasileira*. São Paulo: Claro Enigma.

Segato, R. L. (2005). Raça é signo. Palestra na Mesa Redonda "Uma agenda política e temática para a inclusão social: a contribuição das abordagens pós-estruturalistas". In *Seminário Internacional Inclusão Social e as Perspectivas Pós-estruturalistas de Análise Social*, Universidade Federal de Pernambuco, Recife.

Segato, R. L. (2006). *O Édipo brasileiro: a dupla negação de gênero e raça* (Série Antropologia, 400). Brasília: UnB. Recuperado de http://www.dan.unb.br/images/doc/Serie400empdf.pdf.

Slenes, R. W. (2013). *Na senzala uma flor: esperanças e recordações na formação da família escrava* (2. ed.). Campinas: Editora Unicamp.

Soares, L. E. (2005). *Entrevista em "Jogo de Ideias"*, Itaú Cultural, "MV Bill e Luiz Eduardo Soares. 2005. Recuperado de https://www.youtube.com/watch?v=p3ZdSBMedBc.

Sousa, E. L. A. (2000). *(A vida entre parênteses) - O caso clínico como ficção* (pp. 11-19). Rio de Janeiro: PUC.

Sousa, E. L. A. (2007). Função: Estamira. *Estudos de Psicanálise, 30*, pp. 51-56.

Sousa, E. L. A. (2011). Por uma cultura da utopia. *E-topia: Revista Electrónica de Estudos sobre a Utopia, 12*, 2011. Recuperado de https://ler.letras.up.pt/uploads/ficheiros/8907.pdf.

Souza, F. (2012). Escravas do lar: as mulheres negras e o trabalho doméstico na corte imperial. In G. Xavier, J. B. Farias & F. Gomes (Orgs.), *Mulheres negras no Brasil escravista e do pós-emancipação*. Selo Negro/Summus Editorial.

Souza, N. S. (1990). *Tornar-se negro ou as vicissitudes da identidade do negro brasileiro em ascensão social*. Rio de Janeiro: Graal.

Souza, N. S. (1998). O estrangeiro: nossa condição. In C. Koltai (Org.), *O estrangeiro*. São Paulo: Escuta/Fapesp.

Souza, N. S. (2009). Contra o racismo: com muito orgulho e amor. In A. Herkenhoff, Racismo: por que se matou a psicanalista negra que fazia sucesso no Rio? *Correio do Brasil, XII*. (Trabalho original publicado em 2008). Recuperado de: https://www.geledes.org.br/racismo-por-que-se-matou-psicanalista-negra-que-fazia-sucesso-no-rio/

Souza, O. (1994). *Fantasia de Brasil. As identificações em busca da identidade nacional*. São Paulo: Escuta.

Souza, O. (1997). Reflexões sobre a extensão dos conceitos e da prática psicanalítica. In R. Goldenberg (Org.), *Goza*. Salvador: Ágalma.

Teixeira, J. (2001). *Memória feminina: as lembranças de vida de mulheres portuguesas e afro-descendentes* (Tese de Doutorado), Pontifícia Universidade Católica de São Paulo.

Teixeira, M. R. (2012). O supereu e o imperativo de gozo. *Correio Appoa, 209.*

Teperman, M. H. I., & Knopf, S. (2011). Virgínia Bicudo: uma história da psicanálise brasileira. *Jornal de Psicanálise, 44*(80).

Vale, F. F., & Salles, L. M. F. (2011). A violência no cotidiano escolar de uma escola de periferia. *Atos de Pesquisa em Educação, 6*(3).

Vanucchi, M. B. C. C. (2012). A violência nossa de cada dia: o racismo à brasileira. *Revista da Associação Psicanalítica de Porto Alegre, 1*(1), pp. 183-192. Recuperado de https://appoa.com.br/uploads/arquivos/revistas/revista41.pdf

Vasconcelos, B. Á. (2012). O escravo como coisa e o escravo como animal: da Roma antiga ou Brasil contemporâneo. *Revista UFG, XIII* (12). Recuperado de https://www.revistas.ufg.br/revistaufg/article/view/48427/23760

Wacquant, L. (1999). Nota aos leitores brasileiros: rumo a uma ditadura sobre os pobres. In L. Wacquant. *As prisões da miséria* (André Telles, trad.) (pp. 3-9). Coletivo Sabotagem. Recuperado de www.sabotagem.revolt.org

Waiselfisz, J. J. (2014). Secretaria-Geral da Presidência da República. Secretaria Nacional de Juventude Secretaria de Políticas de Promoção da Igualdade Racial. *Mapa da violência: os jovens do Brasil 2014.* Brasília. Recuperado de www.juventude.gov.br/juventudeviva

Zanetti, C. E., Borges, F., & Oliveira, S. L. R. (2012). A construção do caso clínico e a psicanálise no contexto da clínica-escola. In A. S. S. Berger., D. H. Tinoco & M. A. Chahine (Orgs.), *A psicologia e o novo paradigma da ciência* (pp. 67-75). Londrina: EdUniFil.

Zygouris, R. (1998). De alhures ou de outrora ou o sorriso do xenófobo. In C. Koltai (Org.), *O Estrangeiro* (pp. 193-210). São Paulo: Escuta.

Série Psicanálise Contemporânea

Adoecimentos psíquicos e estratégias de cura: matrizes e modelos em psicanálise, de Luís Claudio Figueiredo e Nelson Ernesto Coelho Junior

O brincar na clínica psicanalítica de crianças com autismo, de Talita Arruda Tavares

Budapeste, Viena e Wiesbaden: o percurso do pensamento clínico-teórico de Sándor Ferenczi, de Gustavo Dean-Gomes

Clínica da excitação: psicossomática e traumatismo, de Diana Tabacof

Do pensamento clínico ao paradigma contemporâneo: diálogos, de André Green e Fernando Urribarri

Do povo do nevoeiro: psicanálise dos casos difíceis, de Fátima Flórido Cesar

Expressão e linguagem: aspectos da teoria freudiana, de Janaina Namba

Fernando Pessoa e Freud: diálogos inquietantes, de Nelson da Silva Junior

Heranças invisíveis do abandono afetivo: um estudo psicanalítico sobre as dimensões da experiência traumática, de Daniel Schor

Histórias recobridoras: quando o vivido não se transforma em experiência, de Tatiana Inglez-Mazzarella

A indisponibilidade sexual da mulher como queixa conjugal: a psicanálise de casal, o sexual e o intersubjetivo, de Sonia Thorstensen

Interculturalidade e vínculos familiares, de Lisette Weissmann

Janelas da psicanálise: transmissão, clínica, paternidade, mitos, arte, de Fernando Rocha

O lugar do gênero na psicanálise: metapsicologia, identidade, novas formas de subjetivação, de Felippe Lattanzio

Os lugares da psicanálise na clínica e na cultura, de Wilson Franco

Metapsicologia dos limites, de Camila Junqueira

Nem sapo, nem princesa: terror e fascínio pelo feminino, de Cassandra Pereira França

Neurose e não neurose, 2. ed., de Marion Minerbo

A perlaboração da contratransferência: a alucinação do psicanalista como recurso das construções em análise, de Lizana Dallazen

Psicanálise e ciência: um debate necessário, de Paulo Beer

Psicossomática e teoria do corpo, de Christophe Dejours

Relações de objeto, de Decio Gurfinkel

O tempo e os medos: a parábola das estátuas pensantes, de Maria Silvia de Mesquita Bolguese

Tempos de encontro: escrita, escuta, psicanálise, de Rubens M. Volich

Transferência e contratransferência, 2. ed., de Marion Minerbo

Os muitos nomes de Silvana: contribuições clínico-políticas da psicanálise sobre mulheres negras, de Ana Paula Musatti-Braga